抗日战争时期中国人口伤亡和财产损失调研丛书

主　编　李忠杰
副主编　李　蓉　姚金果
　　　　霍海丹　蒋建农

抗日战争时期
八路军人员伤亡和财产损失
档案选编

5

中央党史研究室第一研究部
中国人民解放军档案馆　编

中共党史出版社

211. 太行军区人员物资损失消耗统计表
（1944 年 10 月 10 日）

项目	数目 部别	十二月份	十一	十	九	八	七	六	五	四	三	二	一	总计
资材	火车厢				3					31				34
资材	查路车					1								1
我军伤亡·负伤	旅干								1			1	1	3
我军伤亡·负伤	团干					1	1		1	2		4	1	10
我军伤亡·负伤	以下干部	4	8		5	84	45	12	90	98	66	95	39	546
我军伤亡·负伤	战士	110	91	31	36	954	437	94	515	43	285	415	208	3209①
我军伤亡·负伤	其他人员	1		2	48	1	1		1	9		5	4	72
我军伤亡·负伤	小计	115	99	33	89	1040	483	106	608			523	251	8340②
我军伤亡·阵亡	旅干					1			1	1		1		4
我军伤亡·阵亡	团干									1	2			3
我军伤亡·阵亡	以下干部	16	4	4	8	35	38	14	30	55	27	53	35	319
我军伤亡·阵亡	战士	108	55	34	37	281	176	94	140	181	103	176	100	1480③
我军伤亡·阵亡	其他人员	29				2	3	6	4	9				53
我军伤亡·阵亡	小计	90④	59	38	45	319	217	115⑤	270⑥					1859⑦
我军伤亡·失连络	旅干													
我军伤亡·失连络	团干													
我军伤亡·失连络	以下干部	1	6	1	11	4	3	1		11		1	15	43
我军伤亡·失连络	战士	65	22	28	3	39	39	20	26	144		46	57	458⑧
我军伤亡·失连络	其他人员			1		1	6			44	172		1	238⑨
我军伤亡·失连络	合计	66	28	30	14	44	46⑩	21	26					725⑪

①②③④⑤⑥⑦⑧⑨⑩⑪ 原文如此，计算有误。

项目 \ 部别	月份	十二月份	十一	十	九	八	七	六	五	四	三	二	一	总计
消耗弹药	各种子弹	2447	31100	26152	21034	155243	70549	19519	68598	66863	25948	36147	40454	562054①
	各种炮弹	2	123	37	97	758	230	70	64	59	30	70		1540
	掷弹筒弹	99	261	169	223	1509	1141	319	764	642	153	274	205	5759
	手榴弹	1617	1429	631	1087	10232	5584	1208	3295	16398	1443	914	787	44626②
	化学弹		13		64							3		80
	地雷	19		25	31	69	597	26	131	105	6	70	28	1105③
	炸药							11		19		6		36
	合计			27014	22536	167811	73100④	21153						
损坏武器	步马枪	6	2	9	11	42	28	6	54	42	5	3	48	256
	短枪		7	5					2	2		1	1	15⑤
	自动步枪													
	轻机				1	13	1		1	3	1	1		21
	重机						2							2
	掷弹筒	1		1		6	4	1	1	2	2	2		16⑥

①②③④⑤⑥ 原文如此，计算有误。

部别\数目\项目		十二月份	十一	十	九	八	七	六	五	四	三	二	一	总计
损坏武器	合计	7	9	9	12	61	35	7	59					
	迫击炮								1					1
	山炮													
	炮													
	合计													
	刺刀	1			5	24	6	13	15	23	1	10	8	106
	其他刀矛													
	工具器具	185			3		2							190
损失武器	合计													
	步马枪	168	28	33	63	128	55	63	356	204	30	137	60	1325
	自动步枪	9	6								1	1		17
	短枪	7	1	6	5	8	3	2	13	5	5	15	7	75
	轻机	2	1			2		2	5	4			3	21①
	重机					1								1
	掷弹筒	21					1		1			1		24

① 原文如此，计算有误。

部别＼项目		十二月份	十一	十	九	八	七	六	五	四	三	二	一	总计
损失武器	手机枪				2	1		0			1	1		6①
	合计	196②	35③		70	140	59	67	375					
	迫击炮													
	合计													
损失弹药	各种子弹	2448	487	450	2389	3731	1351	1046	3385	7253	120	7764	2204	32628
	各种炮弹	9			7							2		26
	掷弹筒弹			28	4	15	19		51	18	12			99
	手榴弹	195	52	2	34	116	38	48	164	208		248	75	1213④
	地雷	5	3		1	3	12		6	62		2		96
	化学弹										5			5
	合计	2657	542	480	2435	3865	1420	1094	3606		137			

①②③④ 原文如此，计算有误。

项目	十二月份	十一	十	九	八	七	六	五	四	三	二	一	总计
电台											1		1
电话机	2									1	2		5
油印机													
自行车												8	8
大车													
各式军装	21	14			40	15		79	50			11	220①
粮食	1760			1460	2227								5447
电线	1200					120		360					1680
粪钞		480	200	7400			320						8400
食盐			80										80
被子			26	28	83	16		81		2	2		238
挂包			47		32								79
鞋子								40					40

（损失军用品）

① 原文如此，计算有误。

212. 冀南军区第 3 军分区全年人员物资损失消耗统计表
(1944 年 11 月 27 日)

于龙华　　　　　　　　　　　月终战斗统计表

区别	数目 部别	正	游		总计
我负伤	旅级				
	团级				
	营级		2		2
	连级	4	5		9
	排级	9	5		14
	班级	11	28		39
	战士	67	93		160
	政工人员				
	供给人员				
	卫生人员				
	事务人员				
	其他				
	小计				
我阵亡	旅级				
	团级				
	营级	1	1		2
	连级	1	1		2
	排级	4	11		15
	班级	16	17		33
	战士	56	83		139
	政工人员				
	供给人员				
	卫生人员				
	事务人员				
	其他				
	小计	78	113		191

区别	数目 部别	正	游		总计
我	旅级				
	团级				
	营级				
	连级				
	排级				
	班级				
	战士				
	政工人员				
	供给人员				
	卫生人员				
	事务人员				
	其他				
	小计				
我失联络（生死不明）	旅级				
	团级				
	营级	1			1
	连级	4	3		7
	排级	3	9		12
	班级		18		18
	战士	11	125		136
	政工人员				
	供给人员				
	卫生人员				
	事务人员				
	其他				
	小计				

数目 区别 部别		正	游		总计
日军投诚	次数				
	人数				
	枪数				
伪军投诚	次数				
	人数				
	枪数				
解放敌人统治下的人民					
	小计				
我消耗弹药	步马弹	25329	16160		25329①
	机弹	5289	35		5289②
	短弹	305	135		305③
	掷弹	79	33		79④
	炸弹	2956	424		2956⑤
	口机弹	115			115

---

①②③④⑤ 原文如此，计算有误。

数目\区别	部别	正	游		总计
我损失武器	步枪	47	279		326
	轻机枪	1	3		4
	短枪	2	8		10
我损失弹药	步弹	1552	1755		3307
	短弹	38	68		106
	炸弹	97	321		418
我损失其他军用品	刺刀	10	1		11
	大衣	23	21		44
	自行车	1	9		10
	被子	49	2		51
	粮食	2590	680		3270
	冀钞	3000	2600		5600
	伪钞	7700			7700
	牛驴	6	7		13
	收话筒	1			

213. 晋绥区民兵干部烈士登记

(1944 年 12 月 24 日)

姓名	张宽	范动儿	刘候儿	牛福喜	王年孩
籍贯	兴县一区	兴县二区	兴县四区	兴县三区	同
部别与职别	民兵 分队长	民兵 小队长	民兵 小队长	民兵 分队长	民兵
略历及死难经过	贫农、分队长五年，工作积极，侦察中牺牲。	贫苦农民，现在已翻身，侦察中牺牲。	贫农，现中农，埋雷自炸牺牲。	家贫农，为掩护群众牺牲。	贫农，现中农，为掩护群众牺牲。
备考	今年牺牲，民兵英雄。	伤后对村民说，我不活了，说罢投崖而死。	今年模范民兵	去年牺牲	去年牺牲

姓名	张占亮	张存义	乔秀	张根小	管镇南	任文甫	张永新	宋存智	张守仁
籍贯	神池长畛	神池青杨泉	神池苍儿窊	同上	五寨	神池大井沟	神池长畛	神池大井沟	神池半庄沟
部别与职别	长畛村中队长	九姑村中队长	民兵	民兵	神池二区区长	县府科员	三区助理员	四区抗联干部	三区副区长
略历及死难经过	本年敌扫荡，他尾追一个掉队鬼子兵，英勇牺牲	本年八月被敌包围俘房敌严刑拷打未吐露一些消息被敌杀死	本年八月被敌俘房虽拷打但未说我方情形，同张存义同志一同杀死	本年九月份半夜埋雷不慎走火炸死	四二年夜摸神池南关英勇牺牲	四二年被敌包围英勇牺牲	四〇年被敌包围英勇牺牲	四一年被敌包围英勇牺牲	四二年被敌包围俘房后牺牲
备考									

姓名	钟太林	吕占魁	王贵元	周四挠	李棉虎	师维义
籍贯	河曲五区	河曲一区	保德一区	保德一区	保德二区	五寨三区
部别与职别	一区区抗联干部	任二区村长	东关中队长	东关民兵	二区民兵	三区区委书记
略历及死难经过	四〇年敌扫荡被包围与敌搏斗而牺牲	今年扫荡中带民兵和敌打冲锋而牺牲	去年扫荡带民兵晚间袭击敌人而牺牲	同左	配合部队侦察而被打死在半路	被敌包围活捉到城严刑拷打始终未吐真言而最后被杀掉（四〇年）
备考						

姓名	杨生如	杨增海	陈斗岗	张子胜	秋美勋	贾子明	李英	何灵云
籍贯	五寨一区	五寨一区	五寨一区	五寨一区	五寨二区	五寨二区	五寨三区	五寨三区
部别与职别	三井副中队长	武工队组长	武工队	武工队	武工队	村长	中队长	书记
略历及死难经过	咱们一个机枪手（部队）为敌击毙，他去夺回为敌击毙	掩护其他同志突围	突围牺牲	突围牺牲	突围牺牲	英勇突围	作战	中队长牺牲去掩护尸体而牺牲
备考								

姓名	王艮朱	米罗子	三满子	贵虎子	刘材	李二仁	石怀壁	胡三亥	白马保
籍贯	五寨三区	五寨一区	五寨五区	五寨五区	五寨五区	五寨四区	四区	三区	偏关一区
部别与职别	武工队组长	南化民兵	民兵	民兵	大队长	民兵	村长	分队长	民兵
略历及死难经过	掩护别人突围而英勇牺牲	放警戒	民兵打抢粮之敌而被捕，英勇就义	同	为敌包围突围被俘英勇牺牲	保护群众英勇牺牲	同上	突围送情报被捕，不说一字而牺牲	一颗手榴弹打死自己和敌人，被包围群众突围
备考									

姓名	任在山	王宗山	申明	毕明香	孙茂林	张和子	任宝三	陈甲
籍贯	五寨四区	五寨一区	岢岚一区	五寨二区	二区	五寨杨家坡	五寨四区	五寨二区
部别与职别	中队长	区副大队长武工队队员	大队长	副中队长	武工队员	村长	武工队队员	游击队员
略历及死难经过	突击英勇牺牲	打仗带彩而牺牲	英勇冲锋	英勇突围	英勇突围	英勇突围	英勇牺牲	英勇突围肉搏
备考								

姓名	刘荣元	路斌林				
籍贯	偏关偏青区	五寨四区				
部别与职别	武工队	区助理员	大队长	中队长	分队长	民兵
略历及死难经过	英勇突围	英勇突围	3	4	1	4
备考				正副各一		

姓名	李全业	高锡在	李步云	薛保儿	刘毓国	张东印	白云孝	郝炳春	张筛机
籍贯	离石一区	离石二区	同	离石四区	离石二区	离石一区	离石二区	离石二区	离石四区
部别与职别	一区武委会主任	二区武委会主任	民兵小队长	民兵队长	民兵	民兵	民兵	民兵组长	民兵队长
略历及死难经过	打游击阵亡	被俘途中被击毙	炮击敌人自己也亡	于爆炸时被俘杀了	遭遇战被击毙	阵亡	被敌包围击毙	包围击毙	包围被杀
备考									

姓名	高呆子	高龙焕	林金栓	王臭子			
籍贯	北临永丰村	同	临北岱坡	同			
部别与职别	民兵	民兵副分队长	小队长	民兵	分队长	小队长	民兵
略历及死难经过	去年六月在本村作战牺牲	今年三月被敌打死	今年大年敌俘去杀了	今年大年敌来打死	1	1	2
备考							

姓名	范月好成	温奴则	郭海生	郝瞒孩	兰贵	郝狗则	李四喜	
籍贯	岚县郭家沟	后马宗	同	同	同	王井	刘沙沟	
部别与职别	民兵分队长	民兵	同	同	同	民兵小队长	民兵	分队长	小队长
略历及死难经过	四三年七月参加民兵四四年一月到敌占区打游击被敌抓去杀了	敌包围村中指挥群众走后被敌抓去让狗吃了	同	同	同	四五年六月敌来根据地扫荡他带民兵在山头被敌抓去狗吃了	使用地雷带花到医院了	1	1
备考								

姓名	薛守忠	薛全海		高永定	张志发	郝学仁	刘丑儿
籍贯	临南高家沟	高家沟		柏塌则村	临南	二区胡家圪垯	西沟村
部别与职别	民兵	民兵		中队长	中队长	民兵英雄	民兵分队长
略历及死难经过	围困三交时联防哨上被敌包围打死	敌人到他村他追击敌人时一枪未打准敌人被敌人返回杀死		屡次打仗都勇敢敌人从河滩上来他隐蔽在河沟要打敌人被敌人发觉打死	追击敌人中敌埋伏被俘敌人将他刺死临死尚大声骂敌人	敌人来赶紧埋地雷,上钉时走火炸伤,他要手榴弹,说我能活下,待敌人来用手榴弹炸敌人,众人不忍,抬下来死去	配合军队作战冲锋被敌人刺刀杀死
备考							

姓名	曹和昌	吕海情	木耀旺	薛还俊	李万尤	李斑九	张全大	刘光耀	王明
籍贯	一区府底村	枣圪塔	路安村	薛家坪	临南县李家坞	临南县李家坪	临南张家圪塔	临南前小峪	临南木谷村
部别与职别	民兵	民兵小队长	民兵	民兵	民兵	民兵	民兵	民兵指导员	中队长
略历及死难经过	联防哨上被包围打死	路上遭遇敌被杀	追击敌人为敌打死	全村无人只留民兵在家他回去吃饭被敌捉住	侦察敌人遇上敌人假充游击队把他捉住	放联防哨敌人充我干部到山上去枪打死	配合四个侦察员而被敌迁回上来敌人活捉他,他打了两个手榴弹,敌人不捉打死	击敌时被包围山上打死	打击敌人时被敌包围山上打死
备考									

姓名	吴满原	吴永娃	高海娃	韩凤财	穆得胖	元永	王吉恒	冯金一	刘长及
籍贯	宁武	同	同	同	大冈县	宁武	同	同	同
部别与职别	武委会村武委会主任	区武委会主任	民兵	中队长	中队长	中队长	民兵	民兵	民兵
略历及死难经过	被敌人包围于回接人牺牲	同	被敌人包围牺牲了	捉汉奸被敌人击脑袋死了	被敌人打脑袋死了	与敌人作战死了	打突围战牺牲	与敌人作战牺牲	被敌人包围牺牲了
备考									

姓名	殷长久	刘二	冠四保	李三	李喜	张二	任艮	白伦	赵海伦
籍贯	孝义	忻县四区	同	同	同	同	同	同	同
部别与职别	武委会区大队长	民兵小队长	民兵	民兵	同	同	同	同	民兵分队长
略历及死难经过	自从"七七"事变即找工作,自造地雷失火牺牲	本年反扫荡时被敌包围后打死了	同	被敌捉去拷打不说而牺牲了	同	敌人扫荡在村里坚持工作被抓去牺牲了	同	敌人扫荡被包围打死了	敌人扫荡被包围牺牲了
备考	忻县四区牺牲的								

姓名	邱才才				
籍贯	忻县三区		大队长	分队长	小队长	民兵
部别与职别	秘密民兵					
略历及死难经过	被敌包围牺牲了		1	1	1	6
备考						

姓名	郭炳
籍贯	山西怀仁县石黄村
部别与职别	党校一部通信员
略历及死难经过	一九四二年参加我军工作很好在呼家庄驻房里被特务分子高景山杀死
备考	说明：这仅是以在我们校内牺牲同志而登记的

姓名	肖扬		张万金
籍贯	山西		山西应县
部别与职别	党校一部副校长		报社校对股长
略历及死难经过	一九四四年。略历及死难经过请参考抗战日报简略介绍		打窑洞压死
备考			

姓名	王公文
籍贯	甘肃城县石家梁村
部别与职别	党校一部炊事员
略历及死难经过	三六年参加红军一贯工作勤劳在油房（兴县九原坪）驮炭于兴县魏家滩被人打伤而死
备考	

姓名	李及雨	屈松文	任殿清
籍贯	湖南大庸县	湖南大庸县	山西榆次县壁塔村
部别与职别	洪涛厂长	洪涛采买员	洪涛工人
略历及死难经过	一九三四年参加红二军团任军分区司令员经长征来晋西北四〇年病死	一九三五年参加红二军团当马兵经长征到晋西北洪涛四二年病死	四〇年参加洪涛工作四一年四月病死
备考			

抗战日报

姓名	赵石宾	李愈胜	叶飞	孙鸣珂	王瑾	张万金	解五义	朱虎岐	高锡嘏	范耀奎
籍贯	山西榆次	山西翼县	广东梅县	河北	山西汾阳	山西朔县	山西隰县	山西中阳	山西	山西忻县
部别与职别	报社总编辑	吕梁文化出版社	报社收发	报社农场主任	报社工厂排字技工	报社校对股长	报社通信员	报社理发员	报社新闻记者	报社工厂排字技工
略历及死难经过	一九四二年三月因肺病死	一九四一年七月因病死	一九四二年十月因病死	一九四一年冬季敌人扫荡河东被敌人刺死	一九四一年八月十五日得急病死	一九四四年四月打窑洞压死	一九四二年九月到六分区病死	一九四三年七月因病死	一九四〇年到汾阳组织通信员时被敌人杀	一九四二年七月介绍回地方工作，路逢河水淹死
备考										

姓名	邓吉兴	丁基	秦拴柱		田旺	胡策	王松年	王邦秀	冯善义	段开玉
籍贯	湖北石首	陕西西安	山西		河南			江西吉安	河北无极	山西汾阳
部别与职别	原岚县武工队政委	战斗报社记者	政治部大夫		战斗报社编辑	岚县武工队员	同上	民运部副部长	民运部干事	政治部管理员
略历及死难经过	任过民运科长兵工厂政委病亡于医院	任过编于方山战斗中牺牲	病亡任过战斗员		生小孩死于医院	战斗中牺牲	原宣传队员在岚县战斗中牺牲	六月在交城战斗中牺牲	六月在交城战斗中牺牲	六月于兴县战斗中牺牲
备考	党员	党员	工作模范		党员	党员		党员	党员	党员

姓名	白好德	杨好德	白士儿	白明义	王海奂	赵起堂	刘如邦	邓万祥	刘成忠
籍贯	湖北人	神府县二区	二区	二区	二区	七区	六区		米脂人
部别与职别	团参谋长	团长	连长	区干部	区干部	县干部	县干部	连长	县干部
略历及死难经过	被日本杀	被日本杀	被顽军害	被顽军害	同	同	同	同	同
备考	三八年	四一年	三六年	三七年	三七年	三六年	三六年	三五年	三六年

姓名	王殳牛	郭多祥	郭祥义	郭支庆	李催仲	温满女	贾开宗	张拴子	刘留
籍贯	二区	同	同	同	同	三区	三区	同	
部别与职别	六团连干	六团连干	同	同	同	区干部	区干部	同	连干部
略历及死难经过	被日本害	同	同	被顽军害	被日军害	被顽军害	同	同	被日军害
备考	四一年	四〇年	三九年	三五年	三九年	三六年	三六年	三七年	四〇年

红三团被顽军害

姓名	张宗仁	张守功	张宗厚	杨明星	张发善	温进小	任建福	高振碌	贺威
籍贯	三区	三区	三区	三区	三区	三区	一区	同	同
部别与职别	三团连指导员	区委书记	区委宣传	连长	连长	团长	连长	同	团政委
略历及死难经过	打仗牺牲	被白军害	被白军害	被白军杀	被白军杀	被白军杀	被白军杀	同	被日本杀
备考	三六年	三六年	三六年	三五年	三五年	三五年	同	同	三八年

独立师

姓名	贾怀礼	李同义	张亭积	张德招	高鱼财	张德	乔子生	贾岭德	王俊
籍贯	五区	七区	三区	蒗县	同	三区	五区	同	一区
部别与职别	连指导员	代团长	县干部	连政指	连长	区干部	连长	县干部	营长
略历及死难经过	被白军杀	被山西日军杀	被白军杀	被白军杀	被白军杀	被白军杀	被山西日军杀	被白军杀	被山西日军杀
备考	三五年	三九年	三五年	三六年	三六年	三五年	四一年	三五年	四一年

姓名	崔明岭	李胜全	杨茂员	李浪则	李成则	梁铁初	李根全	刘圪底	刘打花
籍贯	三区	三区	五区	三区	三区	三区	同	七区	七区
部别与职别	县干部	区干部	区干部	连长	连长	同	同	同	区干部
略历及死难经过	被白军杀	被白军杀	被白军杀	被白军杀	同	同	同	同	同
备考	三四年	三五年	三六年	三六年	三六年	同	同	同	同

姓名	李老五	贾怀耀	叶珍顺	刘日德	刘纪飞	刘增荣	马社前	薛银祥	高茂生
籍贯	三区	五区	同	七区		葭县			葭县
部别与职别	县干部	连长	同	同	团参谋长	连长	团干部	代团长	连长
略历及死难经过	同	同	同	同	同	同	同	同	同
备考	三五年	三六年	三五年	三六年	三五年	同	同		三六年

姓名	王清才	白清明	白毛旦
籍贯	五区	三区	三区
部别与职别	红三团连长	区干部	区干部
略历及死难经过	被顽军害	同	同
备考	三六年	三五年	三六年

姓名	张六子	周常米	刘福明	李志仁	赵海宽			
籍贯	静乐县七区慢墕村	崞县暖口村	崞县口家崖	静宁县唐上村人	静宁县磨官营人			
部别与职别	民兵	民兵	民兵	民兵中队长	民兵小队长	中队长	小队长	民兵
略历及死难经过	晚上家中被敌包围逃出被敌刺刀扎死	敌包围，用火枪向敌冲，敌活捉后刺刀扎死	放哨敌活捉，自己撤出时救出全村，有人拉响，牺牲，众已伤,同在一起另一个民兵跑出	打游击战，敌人冲上来打死了	被敌包围村庄冲锋时牺牲	1	1	3
备考	十七岁的小民兵	十八岁		二十二岁	二十二岁			

姓名	冯后	何清江	吴继业	韩满银	王才	寇振金	张连喜	郭志邦	杜凤祥
籍贯	朔县下井村	朔县南坪辛窑	朔县下水头	朔县下水头	朔县下水头	朔县曹家沟	朔县对九沟	平鲁熊沟梁	平鲁和尚北
部别与职别	下井行政中队长	口子上中队长	下水头小队长	下水头民兵	同	曹家沟分队长	民兵	村长民兵	民兵分队长
略历及死难经过	今年十月被叛徒告密被敌捉去朔县杀死	今年十月被黄石崖民兵失火打死	四三年九月被敌包围突围时牺牲	同	同	今年十月与敌遭遇当即奋战，众寡不敌牺牲	去年八月被敌包围捉住用刺刀刺死	今年十月被汉奸暗杀	今年十月被敌捉住杀害
备考									

姓名	梁成林	李至善	贾有	李向元	尹玉子	孙书生	吴连山	杨九	何富才
籍贯	朔县蒜瓣沟	同	朔县鲁西沟	朔县上木角	朔县白道沟	朔县廉沟	平鲁土圈沟	平鲁港子	平鲁港子
部别与职别	蒜瓣沟民兵队长	民兵村代表	自卫分队长	民兵分队长	自卫队员	自卫队员	民兵分队长	民兵分队长	民兵
略历及死难经过	去年八月被包围牺牲	同	同	今年二月被敌包围牺牲	今年十月敌人捉住叫他带路他不愿意脱逃被敌刺杀	今年十月敌扫荡中牺牲	去年四月送信被敌捉住牺牲	今年八月被敌人打死	同
备考									

姓名	高巨远	刘占阶
籍贯	隰县人	陕西
部别与职别	晋绥分区战士	三专署公安局侦察科长
略历历及死难经过	出外催粮被敌包围死了	被包围牺牲
备考	四一年十二月	四二年正月二日

姓名	马嘉林	王济堂	刘茂生	尹希魁	于士成	王道义	王吉仁	贾富	任二冻
籍贯	湖南	崞县	同	岚县	同	同	兴县	朔县	静宁县
部别与职别	三五九旅民运科长	忻崞游击支队副班长	同士兵	区长	区委书记	区公所区警	岚县县府收发员	区公所区警	三专署警卫连班长
略历及死难经过	在向河曲作督察处长被顽固打死	在阳方口和敌人打仗	在大牛店牺牲	担任过地方牺盟工作被敌包围牺牲	任过区农会工作牺牲经过同上	和敌路上遭遇牺牲	在征公粮路上和敌人遭遇牺牲	掩护群众破公路	在静宁县小峪村和敌肉搏牺牲
备考	河西被顽固打死	三八年六月份	三八年十一月	四一年九月份	同	四〇年阴十二月二十八日	四一年十月份	四二年三月份	四二年正月二日

姓名	任四只	杜四虎	郝六月保		郝文道	贾故如	刘全小	胡谷隆	孟平
籍贯	静宁县	同	静乐县		静乐县	朔县	平鲁县	平遥县	孝义县
部别与职别	三专署警卫连班长	同	同		静乐县民兵	平鲁县五区助理员	县游击队战士	洪赵总队班长	同
略历及死难经过	静乐县石泥泉村和敌人遭遇牺牲	同	同		打娄烦据点牺牲	被敌俘去不屈服敌人杀了	同	在孝义和敌作战死了	同
备考	四一年五月	四一年五月	同		四四年七月	四三年六月六日(阴历)	同	四一年十二月	四○年三月

姓名	张玉	刘哲	刘世英	杜凤英
籍贯	河北省	河北人	离石	离东
部别与职别	九分区剧社任分队长	九分区剧社社员	区干部	同
略历及死难经过	一九四二年敌人扫荡死	敌人包围打死	敌人扫荡打死	被敌人捉去很坚决杀死
备考		一九四二年（女）	一九四二年（女）	一九四一年（女）

姓名	李林	戎得胜
籍贯		山西省怀仁县黑龙地
部别与职别		左怀区任助理员
略历及死难经过	一九三九年敌人包围住打死了	一九四一年被敌人俘杀了
备考		

姓名	肖杨	刘礼年	刘礼明	朱子秀	李树春	高玉亭	贺稼祥	魏金培	乔木秀
籍贯		湖南	同	云南	岢岚	离石	临南	北平人	河北定县
部别与职别	党校副校长	七一七团政委	七一七团政治处主任	七一七团连长	临南县青联宣传	方山县青联主席	六区区委	工卫旅二连指导员	工卫旅四连指导员
略历及死难经过	病死	打宁武牺牲的	打三井牺牲的	打灵丘牺牲的	被敌包围牺牲	对敌斗争中牺牲	晋西事变	四〇年于八分区牺牲	三九年于八分区牺牲
备考	一九四四年七月	一九三八年一月	同上	一九三九年春	四〇年冬	四二年夏天	三九年		

姓名	纪真东	陈春高	闫素珍
籍贯	山东人	孝义	山西人
部别与职别	五寨县政府秘书	工卫旅指导员	工卫旅民运工作
略历及死难经过	四〇年于五寨牺牲	四〇年于八分区牺牲	三八年于汾阳牺牲
备考			（女）

姓名	王惠昌	詹泳祥	贾正	范社文	王国英	李近侯	王得胜	二连
籍贯		神池	偏关	离石	文水	同	交城	静乐
部别与职别	临县大队部任参谋	二专署视察员	二专署勤务员	偏关任抗联主任	交东二区区长	交东区抗联主任	县交通员	二专署运输员
略历及死难经过	临县庙高山杀敌中牺牲	四一年五月从偏关工作返回经楼偏汽路牺牲	同	敌扫荡被包围牺牲	被敌包围被捕牺牲	同	反扫荡中牺牲	同
备考	一九四三年七月	一九四一年五月	同	一九四四年六月	一九四一年十月	同	一九四一年六月	一九四四年八月

214. 太行军区 1944 年人员物资损失消耗统计表

（1944 年 12 月 31 日）

一九四四年太行军区作战战绩

1944. 12. 31 填

大小战斗	四四零八次	缴获自行车	一零二辆
攻克据点	六六处	军衣	一零二五件
攻克碉堡	一二九个	军毯	一零九八床
逼退据点	三九处	电线	一三一三六八斤
逼退碉堡	一三零个	粮食	一九二五零九斤
光复国土	一七零九三平方华里	爆坏兵营	一处
解放同胞	五五七一四八人	火车	一列
毙伤日军	二四四零名	汽车	五辆
毙伤伪军	七三三九名	铁路	七六里
毙伤其他人员	一六六名	公路	二五五零里
生俘日军	一七名	封锁沟	四五里
生俘伪军	三三四六名	封锁墙	四零里
日军投诚	四名	木桥	二座
伪军反正	二九次	石桥	九座
反正人数	四零二名	铁桥	一座
携带枪枝	三七五枝	电线	二四六零里
轻机	一四挺	电杆	七五根
毙敌骡马	二九三头	棉花	100000 斤
捕获骡马	七三三头	我损失	
缴获步马枪	二五零五枝	各种子弹	310082 发
短枪	二零五枝	各种炮弹	1599 发
冲锋机	四枝	手榴弹	27436 颗
轻机	五四枝		402 颗
重机	三挺		55 公斤
手提机枪	21 枝	我负伤团级干部	四名
掷筒	一四个	营以下干部	一八三名
迫击炮	五门	战士	一八八六名
炸药	一三零零公斤	我阵亡营以下干部	八四名
子弹	九九八四八发	战士	九零八名
各种炮弹	九二发	我失联络或被俘营以下	
手榴弹	三七零零颗	干部	一一名
电台	一部	战士	二八五名
收音机	一部		
电话机	三零部		
照相机	一架		
留声机	五架		
油印机	一零部		
望远镜	七个		

注：1. 此统计民兵战绩不在内。2. 八分区未统计。3. 时间是一月至十一月（十二月份算四五年的）。

部别 项目 数目		一分区	二分区	三分区	四分区	五分区	六分区	七分区	八分区	下半年	上半年	总计
资材	棉花					100000				100000		
	水塔			2						2		
我军伤亡	负伤 旅干											
	团干							4		4		4
	以下干部	13	4	23	5	2	7	86		140	43	183
	战士	56	44	445	92	57	47			741	1145	1886
	其他人员			1						1		1
	小计	69	48	472①	97	59	54	90		886	1188	2074
	阵亡 旅干											
	团干											
	以下干部	8	2	17	6	1	4	2		40	44	84
	战士	24	25	275	23	21	12	27		407	501	908
	其他人员		5	1	1					7		7
	小计	32	32	293	30	22	16	29		454	545	999
	失联络 旅干											
	团干											
	以下干部	3	1	1	1	1				7	4	11
	战士	12	14	75	7	24	3	3		138	147	285
	小计	15	15	76	8	25		3		145	151	296
	合计	15②	30③	841④	130⑤	106	73	122		957⑥	1884	2481⑦
资料	各种子弹	8475	10538	71127	31073	8744	27507	7894		155878⑧	154204	310082
	各种炮弹	78	21	549	129	11	198	49		1035	5641	1599
	掷弹筒弹	131	33	1341	377	68	876	16		2842	1535	4377
	手榴弹	792	1025	10488	2300	318	3095	420		18438	8888	27326
	化学弹							1		1		1
	地雷	107	60	35	43	2	50	10		62⑨	340	402
	炸药	30公斤		5		20				55公斤		55

①②③④⑤⑥⑦⑧⑨　原文如此，计算有误。

部别 项目	数目	一分区	二分区	三分区	四分区	五分区	六分区	七分区	八分区	下半年	总计
药	合计	9613	11660	83330	33922	9143	31746	8390		187904①	
损坏武器	步马枪			54	194		6			254	
	短枪			1						1	
	自动步枪										
	轻机	1		13	2		3			19	
	重机			1			2			3	
	掷弹筒	1		11	3		1			16	
	合计	2		80	199		12			293	
	迫击炮						1			1	
	山炮										
	炮										
	合计						1			1	
	刺刀	18		16	2	12	8			56	
	其他刀矛										
	工具器具			32						32	
	合计	18		48	2	12	8			88	
损失武器	步马枪	28	27	146	12	32	7	15		267	
	自动步枪	8				2		1		11	
	短枪			2						2	
	轻机		1	6						7	
	重机										
	掷弹筒			1						1	
	手□			3			1			4	
	总计	36	28	158	12	34	8	16		292	

① 原文如此，计算有误。

项目 \ 数目 \ 部别	一分区	二分区	三分区	四分区	五分区	六分区	七分区	八分区	下半年	总计
器 — 迫击炮			1							
器 — 炮										
器 — 合计			1							
损失弹药 — 各种子弹	615	773	2167	289	500	550	419		5313	
损失弹药 — 各种炮弹			16	14					30	
损失弹药 — 掷弹筒弹			32	2					34	
损失弹药 — 手榴弹	113	470		17	93	56	22		771	
损失弹药 — 地雷	2								2	
损失弹药 — 化学弹										
损失弹药 — 炸药	8公斤								8公斤	
损失弹药 — 合计	738	1243	2215	322	593	606	441		6158	
损失军用品 — 电台										
损失军用品 — 电话机	2								2	
损失军用品 — 油印机										
损失军用品 — 自行车										
损失军用品 — 大车										
损失军用品 — 各式军装										
损失军用品 — 粮食										
损失军用品 — 电线		2000							2000	
损失军用品 — 弹袋			1	29					30	
损失军用品 — 炸袋				23					23	
损失军用品 — 被			1	16					17	
损失军用品 — 衣服			1	4					5	

215. 晋绥军区第 8 军分区伤病阵亡登记册
(1944 年 12 月)

卫生处

队职别	二支队三连班长	大众剧社通讯员	二支队四连战士	静乐大队战士	二支队四连战士	一支队一连战士
姓名	李根全	温正成	刘长锁	王六则	刘长发	石春芳
年龄	24	19	20	26	23	20
性别	男	同	同	同	同	同
通讯地址及收信人	河北深泽	太原东堡	赵县停住	山西静乐	河北永年	河北赵县
诊断	流感	同	同	副伤寒	尿结石	肺炎
病亡日期	2 月 9 日	4.15	2.25	4.4	4.25	4.5
埋葬地点		交西上截峰				交西兑久
入伍日期						
是否党员						
主治医生	石生第	樊本元	石生第	张福利	石生第	刘振中
备考						

队职别	一大队战士	二支队一连战士	太行陆中学生	二支队司号员	二支队三连战士	六支队生产员
姓名	司文保	张顺才	刘发普	杨文坡	郭大振	高连恒
年龄		23	30	18	26	25
性别	男	同	同	同	同	同
通讯地址及收信人		河北蠡县	河南兰山	河北束鹿	河北安新	宁武白金村
诊断	发疹伤寒	猩红热	尿毒症	肺脓肿	伤寒	肺结核
病亡日期	2.6	7.3	8.23	7.26	8.5	9.20
埋葬地点	交西窑儿上	静乐大树村	交西小木沟	交西上截峰	交西小木沟	交西上截峰
入伍日期						
是否党员			是			
主治医生	兰铭祥	石生第	徐补成	樊本元	王砚章	樊本元
备考						

队职别	二支队三连战士	司令部警备连战士	二支队炊事员	二支队三连战士	司令部警卫员	一支队总支书	太行军区骑兵排长
姓名	冯生	刘怀远	王德青	代保起	郑平安	张奇	张德胜
年龄	22	21	27	18	21	25	48
性别	同	同	同	同	同	同	同
通讯地址及收信人	河北博野	嶂县崖底	河南化县	河北深县	河北束鹿	河北临城	甘肃肃县
诊断	亚急性甲状腺炎	肺结核	心脏水肿	急性肺炎	伤寒	肺结核	颈淋巴结核
病亡日期	4.4	5.6	5.16	4.15	5.12	5.15	6.19
埋葬地点	交西小木沟	同	交西上截峰		交西小木沟	同	同
入伍日期					1940		
是否党员						是	
主治医生	徐补成	同	樊本元	石生第	徐补成	同	同
备考							

队职别	一支队卫生所护生	一支队二连战士
姓名	刘龙旺	崔庆云
年龄	18	25
性别	男	同
通讯地址及收信人	清源	晋县中各庄
诊断	败血症	肠管茸肿
病亡日期	11.6	12.3
埋葬地点	交西小木沟	交东北社村
入伍日期	1944.2	
是否党员		
主治医生	任懋德	常学铭
备考		

队职别	六支队六连战士	二支队二连战士	二支队一连上士	静乐老乡	六支队收报员	一支队四连战士	圪洞伪警察所长
姓名	任锡九	王金星	王五春	段山如	郭树清	范进喜	白纯修
年龄	23	21	32	41	29	25	39
性别	男	同	同	同	同	同	同
通讯地址及收信人	汾阳大朵庄	关报田家庄	深泽马庄	静乐官庄上	湖北天门成安村	深县范家庄	河北昌平
诊断	伤寒	流感	慢性气管支炎	慢性肺炎	肾盂炎	流感	跌伤
病亡日期	6.22	11.28	12.3	7.18	6.29	10.18	11.15
埋葬地点	交西窑儿上	静乐大树村	同	交西上截峰	交西窑儿上	交东北社村	交西小木沟
入伍日期						1939.6	1943.10
是否党员							
主治医生	兰铭祥	石生第	同	樊本元	兰铭祥	常学铭	任懋德
备考							

队职别	七七一团五连班长	一支队四连班长	同	四大队一中队战士	二支队四连战士	十九团战士
姓名	张恒义	杨化普	阎小点	郭三娃	王书义	李佩堂
年龄	23	24	25	18	22	25
性别	男	同	同	同	同	同
通讯地址及收信人	河北魏县	河北博野	河北晋新	山西徐沟	河北南汾	河北凉城
负伤部位及名称	右下肢贯通伤	腹部贯通伤	头部贯通伤	胸部贯通枪伤	左股部盲贯伤	头部刺伤
伤亡日期	3.3	3.9	3.9	4.4	5.18	5.21
埋葬地点	交西小木沟				交西兑久村	同
入伍日期						
是否党员						
主治医生	徐补成	郭成生	同	同	刘振中	同
备考						

队职别	二支队一连战士	离东县高家庄村长	二支队四连战士	二支队司号员	七七一团战士	五支队三连侦察员
姓名	程习章	康米	郭根	王兆元	杨金山	尹培峰
年龄	24	30	22	20	22	28
性别	男	同	同	同	同	同
通讯地址及收信人	博野全福堡	离石柳林	河北博野	河北定县	河北	赵城侯村
负伤部位及名称	头顶额部贯通伤	胸背部刺伤	右手炸伤	左股部盲贯伤	上腹部贯通伤	右下肢炸伤
伤亡日期	9.26	1.19	1.23	2.11	1.31	2.24
埋葬地点		交西小木沟	同	交西兑久村	同	交西小木沟
入伍日期	1939					
是否党员						
主治医生	石生第	徐补成	同	刘振中	同	徐补成
备考						

队职别	静乐老乡	方山交通队班长	一支队三大队排长	一支队四连战士	六支队三连战士	二支队一连战士
姓名	段三如	郭仰贤	张青芝	王金榜	丁顺绿	陈金花
年龄	40	20	24	26	29	21
性别	男	同	同	同	同	同
通讯地址及收信人	静乐常家坡	崞县水峪沟	交东大季沟	河北武强	方山	
负伤部位及名称	下肢炸伤	左股部贯通伤	右下肢炸伤	左膝盖炸伤	头部炸伤	头部贯通伤
伤亡日期	7.19	9.13	9.26	9.29	10.5	11.28
埋葬地点	交西上截峰	交西小木沟	同	同	同	同
入伍日期		1939.5				
是否党员						
主治医生	樊本元	徐补成	同	同	王砚章	同
备考						

队职别	警备连战士	二支队三连战士	四大队班长	六支队六连政指	六支队二大队战士	静乐大队班长	一支队四连战士
姓名	郭文华	闫德元	乔吉来	刘翘光	张根全	李云奎	李根福
年龄	24	34	19	23		23	22
性别	同	同	同	同	同	同	同
通讯地址及收信人	文水南关	阳曲	太原	灵石		静乐	河北定县
负伤部位及名称	头部贯通枪伤	头部贯通枪伤	左上膊贯通伤	鼠蹊部贯通伤	左下肢贯通伤	左下肢贯通伤	左下肢贯通伤
伤亡日期	4.23	5.7	6.22	1.9	1.28	7.27	7.13
埋葬地点		交西会立村	交西小木沟	交西窑儿上	同	交西小木沟	同
入伍日期		1939.4					
是否党员							
主治医生		石生第	徐补成	兰铭祥	同	王砚章	同
备考							

队职别	二支队四连战士	一支队二连班副	一支队一连班副	一支队四连战士	四连战士	二连班长
姓名	梁树芳	周振海	刘喜来	刘鸿钧	马凌周	于廷玉
年龄	21	28	28	20	22	38
性别	男					
籍贯	河北河间	河北博野	同	河北磁县	河北定县	河北武强
伤别	胸部刺伤	腹部炸伤	头胸部刺伤	头部枪伤	同	同
阵亡日期	1.28	2.28	2.24	2.23	2.23	2.23
埋葬地点	静乐杨家坪	黄大坪	洛池咀	清源大凹村	同	洛池咀
入伍日期	1938	1938	1937.4	1937.5	1937.9	1938.5
是否党员		是	同	同	同	同
主治医生						
备考						

队职别	二支队一连副班长	一支队三连战士	六支队六连战士	六支队六连班副	交东水峪贯民兵	一支队一连战士
姓名	张兰池	张三角	王玉田	郭文喜	贾清德	苏春坡
年龄	19	26	24	18	35	25
性别	同	同	同	同	同	同
籍贯		交东麻会	汾阳	山西灵石	交东水峪贯	
伤别	头部炸伤	头部贯通伤	头部炸伤	腹部盲伤	左臂掷弹炸伤	头部贯通伤
阵亡日期	10.3	10.29	10.3	10.5	11.16	12.28
埋葬地点	同	同	同	同	同	同
入伍日期				1938.2	1942	
是否党员				是		
主治人	王砚章	同	同	同	同	刘振中
备考						

队职别	二支队二连排长	五支队排长	交西情报站长	警备连副班长	三大队排长	一大队班长
姓名	赵栓良	吴天祥	崔德功	刘双喜	廉学义	王绍才
年龄	23	23	34		28	22
性别	男	同	同	同	同	同
籍贯	河北饶阳	山西灵石	山西长治	霍县	沁源	汾阳
伤别	阵亡	同	同	同	同	同
阵亡日期	4.18	2.12	2.15	2.15	4.5	4.1
埋葬地点	古交	石村	水冲沟	下昔村	西雷庄	南庄
入伍日期	1937.7	1938				1940
是否党员	是	同			是	
主治人	赵顺					
备考						

队职别	五支队三连特务长	一连战士	四连副班长	一连战士	三连班长	二支队三连战士	二连战士
姓名	王金保	王拴贵	郭生凯	王守昌	赵兴龙	徐风荣	李丙深
年龄	33	26	20	23	32	30	33
性别	同	同	同	同	同	同	同
籍贯	汾阳	榆次	平遥	汾阳	襄陵	山东冠头	河北新城
伤别	头胸部刺伤	下腹部刺伤	头部贯通伤	同	同	左右下肢枪伤	
阵亡日期	4.13	4.13	5.4	5.9	5.29	5.16	4.18
埋葬地点	离东下昔村	西梁上	龙头山	窑庄则	汽道东边	静乐河沟村	堤石
入伍日期	1937.4	1937.9	1939.8	1939.4	1937.4		1938.6
是否党员	是			是	同		是
主治人							
备考							

队职别	三大队战士	同	同	二支队二连班副	五支队四连政指	四连班长
姓名	司深根	郑五克	白三年	王振永	史岐祥	张荣
年龄	25	22	21	22	22	22
性别	男	同	同	同	同	同
籍贯	交城	交城寨上	交城	束鹿城内	隰县	阳曲
伤别	头部贯通	腹部贯伤	同	头部贯伤	阵亡	同
阵亡日期	7.14	7.14	7.14	12.10	5.11	5.11
埋葬地点	前官庄	同	石守岩	大树	离东下昔村	同
入伍日期	1941.5	1943.10	1941			
是否党员						
卫生员	董捷三	同	同			
备考						

队职别	四大队 副班长	五大队 中队长	四大队 战士	五支队 副排长	三大队 战士	四大队 战士	三大队 战士
姓名	牛永福	李景星	张文明	丁双生	郭生富	贺先虎	王拉柱
年龄	30	27	26	25	22	28	25
性别	同	同	同	同	同	同	同
籍贯	交城	雄县	平遥	赵城	同	忻县	孝义
伤别	同	胸部枪伤	腹部盲伤	头部贯伤	同	头胸部刺伤	头部炸伤
阵亡日期	3.10	6.3	6.21	7.28	7.26	6.26	7.29
埋葬地点	清源	来堡村	驴跌山	圪洞村	吴城碉堡	驴跌山	京梁庄
入伍日期		1938.6	1937.4	1937	1939	1940.6	1940.7
是否党员		是		是			
卫生员							
备考							

队职别	二支队一 连副连长	一连 副排长	三连 班长	一连 战士	三连 战士	一支队二 连战士
姓名	石益铭	郭梦科	刘殿臣	蒋有墩	张子良	冯六只
年龄	37	21	20	19	19	23
性别	男	同	同	同	同	同
籍贯	沙河 车井村	忻县	深县 大寺理	蠡县	勋县	交城 台盘村
伤别	颈部贯伤	头部贯伤	胸部贯伤	头部打扑	胸部贯伤	头部贯伤
阵亡日期	10.25	9.25	10.3	9.25	10.3	9.9
埋葬地点	娄烦镇	同	小偏梁	甫峪	小偏梁	台盘村
入伍日期	1938	1937	1941	1939	1942	1940.2
是否党员	是	同	同			
卫生员						
备考						

队职别	五大队 特务长	一连 班长	五连 战士	四连 战士	四连 战士	五支队部 侦察排长	四连 战士
姓名	王克孝	任继玉	郭德彪	冯丕富	贾长寿	吴永祥	殷天成
年龄	44	29	21	17	22	23	24
性别	同	同	同	同	同	同	同
籍贯	离石	孝义 沟南村	平遥 梁家坡	太原北 上城	太原庄 儿上	灵石	洪洞 南秦村
伤别	阵亡	胸腿贯伤	头部枪伤	胸部刺伤	头部贯伤	胸部贯伤	头部贯伤
阵亡日期	6.22	12.24	12.27	7.28	8.13	2.24	9.11
埋葬地点	南梁上	鸦儿崖		毛儿山	刘家湾	石村	石沙峁山
入伍日期							
是否党员							
卫生员							
备考							

队职别	三连战士	三连副 班长	一连 战士
姓名	史同友	宿造闫	郝洪章
年龄	23	21	19
性别	男	同	同
籍贯	交城	深县张村	宁晋曹家庄
伤别	胸部贯伤	腹部贯伤	胸部贯伤
阵亡日期	9.19	10.11	10.16
埋葬地点	姬家庄	东坡	路庄
入伍日期	1943.3	1937.5	1941.5
是否党员	是	同	同
卫生员			
备考			

216. 新四军第3师①第7旅战斗伤亡损失消耗统计表（1944年）

抗战第七周年战斗缴获伤亡遗失消耗统计表　1944年7月7日县　战地

战斗性质・缴获枪支・缴获弹药

部别	战斗性质 袭击	伏击	攻袭	攻坚	攻击	阻击	合计	缴获枪支 卜枪	步马枪	轻机	手枪	手炮	平炮	手机枪	迫炮	重机枪	信号枪	合计	缴获弹药 重炮弹	卜壳弹	步马弹	轻机弹	手榴弹	平炮弹	手炮弹	迫炮弹	手机弹	炸弹
旅直		1	1	1			5	3	31		5	2						34		5	183							80
十九团	8	1	4		3	2	18	8	111	3	15	12	6	3	2	1	2	960	351	297	210	1985	142	21	30	18		30
二十团	4			6		3	14	66	848	10			2						90	649	13755	4040	46	21	21	12	375	149
合计	12	2	5	10		7	37	77	990	13	20	14	8	3	2	1	2	1345	387	864	15923②	4182	46	21	48	12	375	359

我损坏器・我遗失武器・我遗失弹药・我消耗弹药

部别	我损坏器 轻机枪	驳壳枪	刺刀	工具	我遗失武器 步马枪	枪榴筒	手枪	剌刀	马刀	工具	合计	我遗失弹药 步马弹	轻机弹	卜壳弹	枪筒弹	枪留弹	炸弹	合计	我消耗弹药 卜弹	步马弹	轻机弹
旅直	1				1			3			20	120	200				4	324	4	1153	479
十九团	1	2	1		6	1		23	2	14	53	1525	459			184	82	2250	56	5468	5713
二十团	1		5	15	8	1	1	92	1	69	73	1711	35	91	23	11	64	1935	520	13455	14137
合计	3	2	6	15			1	118	3	83		3356	694	91	23	195	150	4509	580	20076	20329

备注：
(1) 旅直攻克据点1，二十团攻克据点8，破公路二里，破碉堡8，旅直破碉堡二座，二十团破碉堡65个；
(2) 二十团对日战斗中阵亡马4；
(3) 骑兵连于宿北战役中阵亡马2匹；
(4) 二十团杨口战斗尚存有妇女家属等百余名未计在内。

① 新四军第3师是皖南事变后，由八路军第5纵队改编而成。
② 原文如此，计算有误。

缴获军用品

合计	刺刀	指挥刀	大衣	自行车	座钟	电话机	电线	电杆	大刀	望远镜	日旗	地图	照相机	钢盔	电台	摩托车	马刀	军毯	粮食	驴子	马匹
268					1	2	301斤	88													1
2682	2			11						2						1	1				
19169	18	2	8	17		5			1	5		3	3		2		14	30	300石	1	8
22119	20	2	8	28	1	7	301斤	88	1	7		3	3		2	1	15	30	300石	1	9

俘掳

	日 官	日 兵	伤 官	伤 兵	顽 官	顽 兵	合计
			3	40			43
			15	206			221
			20	861	9	140	1030
			38	1107	9	140	1294

我消耗弹药

重机弹	手机弹	平射炮弹	迫炮弹	手榴弹	信号弹	枪榴弹	炸弹	合计
			3	14			15	1668
943				88		78	1539	13885
2284	21	89	109		10	159	2018	32820
3227	21	89	112	102	10	237	3572	48373

我方负伤

战士	班级	排级	连级	营级	团级	合计
4		1				5
100	27	10	3	1		141
264	39	11	10	1	1	326
368	66	22	13	2	1	472

我方阵亡

战士	班级	排级	连级	营级	合计
3					3
51	10	5	1		67
103	21	6	2	1	133
157	31	11	3	1	203

毙伤

	日 官	日 兵	伤 官	伤 兵	顽 官	顽 兵	合计
			2	17			19
	3	32	5	109			149
	7	340	24	355	8	57	791
	10	372	31	481	8	57	959

我旅战绩统计　1944年7月20日

缴获枪支

项目（年月）	战斗次数	破桥梁	破公路	攻克据点	破碉堡	卜完枪	步马枪	轻机枪	手枪	手炮	花机	平射炮	手机枪	迫击炮	重机枪	信号枪	山炮	合计	重机弹	卜枪弹
第七周年	37次	2座	2里	9个	65个	77	990	13	20	14		2	3	2	1	2		1345	387	864
七年来	356次	72座	130里	54	179个	429	9208	127	119	25	20	3	31	27	20	11	3	10017	3183	4148

补注：1. 七年来破铁路100里，破大路780里。

缴获军用品

项目（时日）	刺刀	指挥刀	大衣	自行车	座钟	电话机	电线	电杆	大刀	望远镜	照相机	电台	摩托车	军毯	粮食	马刀	皮包	钢盔	工具	军衣	大车
第七周年	20	2	8	28	1	7	301斤	88	1	7	3	2	1	30	300石	2					
七年来	141		1230	192		70	1582	909		25	8	8		616	180389斤	24	69	287	343	3495	96

补注

收获弹药

步马弹	轻机弹	手枪弹	手机弹	平炮弹	手炮弹	迫炮弹	花机弹	炸弹	烟幕弹	合计
15923	4182	46	375	21	48	12		259		22119
231044	28970	210	1394	96	142	1338	105	496	12	275591

俘房

日官	日兵	伪官	伪兵	顽官	顽兵	合计
4	10	38	1107	9	140	1294
		153	3857	256	4140	8320

毙伤

日官	日兵	伪顽官	伪顽兵	合计	毙俘敌骡马
10	372	39	538	959	10
172	4018	238	6972	11400	938

缴获军用品

罐头	纸烟	帆布	皮衣	大小汽车	民船	棉花	子弹盒	军用摩电马达	造枪弹厂	口罩	帐篷	西药	洋布	米袋	绑带	帽子	汽船	收音机	日地图	防毒药包	防毒面具	钢笔	钟表	水壶饭盒	雨衣	油印机	皮鞋	饭包
2690	1474	120	103	88	11	1000	43	12	1	110	280	333	72	650	370	2820	3	4	8	196	163	420	104	174	554	2	501	24
筒	条	匹				斤						箱	匹													1		

一九四二年全旅战斗次数缴获伤亡俘护等统计

1942 年 12 月 25 日松东沟

部别	战斗性质										缴获枪枝							缴获弹药			
	袭击	伏击	遭遇	破击	攻坚	袭围	清剿	阻击	攻击	合计	卜壳枪	步枪	手枪	轻机	手机	手炮	合计	卜弹	步弹	轻机弹	手炮弹
旅直	1	1		1						3	2	26					28	26	142		
十九团	29	5	9		2	1	1	6	3	56	11	184	2	1	1		199	20	711	75	
二十团	4	2	3	1			1			11	4	89	4				97	29	1968	1155	13
二十一团	10		3					3		16	5	84		1		1	91	162	1080		3
合计	44	8	15	2	2	1	2	9	3	86	22	383	6	2	1	1	415	237	3901	1230	16

部别	我损坏武器			我方遗失武器						我方损坏遗失弹				我方消耗弹药			
	步枪	洋锹	镐	步枪	卜壳枪	洋锹	刺刀	马刀	合计	步弹	卜弹	炸弹	合计	卜弹	步马弹	重机弹	轻机弹
旅直														23	259		
十九团		2	1	10	2	9	36	10	67		5	9	14	73	7393	300	2250
二十团	1	3												21	1559	80	2051
二十一团				12					12	352			352	21	1734		160
合计	1	5	1	22	2	9	36	10	79	352	5	9	366	138	10945	380	4461

附注：

1. 从敌伪手中夺加粮食数千斤，牛羊数百头，都归还群众并救出百姓五百六名；
3. 十九团于淮海区与日军作战，击毁敌汽车五辆，缴伪军马七匹，击毙二匹；

缴获弹药 · 缴获军用品 · 其他

缴获弹药 合计	炸弹	指挥刀	大衣	自行车	电杆	法币	小车	粮食	子弹盒	军衣	留声机	望远镜	攻克据点	收电线
168	2	2	1	13	71									270
806				5			10	9000					4	482
3165	14		5	7	296	450		3000	43	8	1	1	2	400
1245	13			6	143								4	
5384	29	2	6	31	510	450元	10	12000斤	43	8	1	1	10	1152斤

俘护

合计	日 官	日 兵	伤 官	伤 兵	顶 官	顶 兵
7				7		
260			19	149	26	66
100			1	96	1	2
176			7	130	5	34
543			27	382	32	102

（伤 合计 409；顶 合计 134）

缴获弹药

迫炮弹	信号弹	炸弹	合计
		22	304
6	3	924	10960
13		430	4157
	3	81	1996
19	3	1457	17387

我方负伤

战士	班级	排级	营级	连级	合计
72	10	2	2	2	86
13	1	1	1		15
25	5	1	1	2	33
110	16	4	4	4	134

我方阵亡

战士	班级	排级	连级	营级	团级	合计
41	3	3	3	1	1	52
1						1
15	3	1		1		16
57	3	4	3	1	1	69

毙伤敌俘顶

合计	日 官	日 兵	伤 官	伤 兵	顶 官	顶 兵
24			1	23		
577	3	74	12	448	2	38
118			3	93	2	20
143	1	7	5	102	3	25
862	4	81	21	666	7	83

（日 合计 85；伤 合计 687；顶 合计 90）

2. 击毙日寇大队长中队长警长警务股长分队长等四名，俘护伪大队长、县长、秘书等大小官员27名，俘顶官长32名，取缴获军用品尚有许多未能统计上去。

4. 全旅一年共进行大小战斗九十几次（尚有多次遗漏掉，此仅记录者）。

1943年全年全旅一年来战斗缴获伤亡损失消耗统计表

　　　年　　月　　日于　　县　　地　战斗

项目/数目　部别	战斗性质									缴获枪枝									缴获弹药					
	袭击	伏击	阻击	截击	攻击	破袭	遭遇	袭围	合计	卜枪	步马枪	轻机	重机	手枪	迫炮	手炮	手机	合计	卜弹	步马弹	轻机弹	重机弹	手机弹	手枪弹
对日伪战斗	6	4	17	2	3	2	1	2	37	16	62	1	1	3				68		1236		300		32
对顽伪战斗					2		1		3	33	383	21	2	5	1	1	1	446	584	12985	3417			4
对顽伪战斗	9	3	2	4	2				20	8	179	3		4	1	1		196	148	3094	256		8	
合计	15	7	19	6	7	2	2	2	60	57	624	25	3	12	2	2	1	710	732	17315	3673	300	8	36

备注：
1. 对日伪战斗尚缴有马2匹，手弹盒14个，迫炮弹12发，捉日官1，当时打死；
2. 与顽伪战斗尚有缴到电台一架，马5，驴1，牛2，黄包车4辆，法币800元，日旗2，民船5。击毁日寇船2，
3. 全年大小战斗60次，攻克据点7处。

项目/数目　部别	我损坏武器				遗失武器							我遗失弹药					我消耗弹药					
	步马枪	轻机枪	剌刀	工具	卜枪	步马枪	轻机枪	重机枪	剌刀	工具	合计	步马弹	卜弹	枪榴弹	炸弹	合计	步马弹	卜弹	轻机弹	重机弹	手机弹	手炮弹
对日伪战斗	4	2		16	8	125	6	1	78	73	291	2707	140	12	28	2887	12548	156	10647	490		2
对顽伪战斗			7	6		15			1		16	1150			24	1174	4138	188	4598	1186	8	
对顽伪战斗	2								3	5	8	131			14	145	3622	89	2323			
合计	6	2	7	22	8	140	6	1	82	78	315	3988	140	12	66	4206	20308	433	17568	1616	8	2

备注：

缴获弹药

	手炮弹	手机弹	炸弹	合计
	6		84	1658
		310	72	17372
	15	13	41	3567
合计	21	323	197	22597

缴获军用品

	刺刀	指挥刀	大衣	自行车	马刀	工具	粮食	烟幕弹	军衣	望远镜	皮包	地图	日币	银币	收音机	照相机
	10	2	2	8	4	102	6000	6	4	2	1	4	100			
	15			4												1
	2		8	16			300			1				107	1	
合计	27	2	10	28	4	102	6300	6	4	3	1	4	100	107	1	1

俘虏

	日 官	日 兵	伪 官	伪 兵	顽 官	顽 兵	合计
	1		2	133			136
					21	438	459
			6	276			282
合计	1		8	409	21	438	877

我消耗弹药

	信号弹	迫炮弹	炸弹	合计
	3	50	1615	25511
	7	23	1121	11261
	1	9	412	6464
合计	11	82	3148	43236

我方负伤

	战士	班级	排级	连级	营级	团级	合计
	208	15	10	4	2		239
	95	17	9	7	1	1	130
	23	3	1				27
合计	326	35	20	11	3	1	396

我方阵亡

	战士	班级	排级	连级	营级	合计
	196	20	9	8	1	234
	19	6	1	1		27
	14	3	1			18
合计	229	29	11	9	1	279

毙伤

	日 官	日 兵	伪 官	伪 兵	顽 官	顽 兵	合计
	10	73	26	736			845
					13	87	100
			8	176			184
合计	10	73	34	912	13	87	1129

217. 晋绥军区部队抗战七年来伤亡统计表
（1944年）

数区分 职目	周年别	第一周年 旅级	团级	营级	连级	排级	合计	战士	总计	第二周年 旅级	团级	营级	连级	排级	合计	战士	总计	第三周年 旅级	团级	营级	连级	排级	合计	战士	总计	第四周年 旅级	团级	营级	连级	排级	合计	战士	总计
人员	负伤		八	一一	七五		二三六	四五四三	四七七九		一一	四八	一七四	三二〇	五二一	六〇四三	六五七四		五	三三	二四六	二六八	四五一	六九二八	七三八九		五	三四〇	一八〇	一五四	四七三	三四四九	三九二二
人员	阵亡		二一	七七	二六三		一五九	一五四八	一七〇七		二〇	一二〇	一七八	一五三	二三二	二四八二	二七一六		二二	一一	七八	一五四	二五八	三三七八	三六三六		四	二二	一八八	一四七	二五一	一六二四	一九七五
说明																																	

续表

周年 数目区分	第五周年								第六周年								第七周年								总计
职别	旅级	团级	营级	连级	排级	合计	战士	总计	旅级	团级	营级	连级	排级	合计	战士	总计	旅级	团级	营级	连级	排级	合计	战士	总计	总计
人员　负伤		一	一八	一〇四	一一一	二三四	三四四八	三六八二		二	二二	三四	四七	八六	一二八一	一三四一①		一	二	三六	四一	八二②	六三三	七一五③	二八四〇一④
人员　阵亡	一	一一	七	六八	八二	一五八⑤	一七六六	一九二四⑥			三	二四	四五	七二	六〇二	六七四		一	四	二〇	三六	六一	四五六	五一七	一三一四九⑦

说明：①②③④⑤⑥⑦　原文如此，计算有误。

·1900·

218. 晋绥军区烈士名册

（1944 年）

姓名	吕占祥	程必达	孙玉白	周峰	邢口政	李瑞明	刘青	王宝贤	赵明远
籍贯	河曲一区	山西五寨			宁三区李家沟人	河北			岢岚
部别与职别	村长	绥中专员	崞县工作员	崞县助理员	村长	工作员对敌斗争秘书干事	临南义罗峪检查站长	村长	石云县长
略历及死难经过	今年反扫荡中与敌人冲锋而牺牲了	38年任动委会主任，39年到山大历任绥中、绥南专员，奋斗六年，于战斗中牺牲	同上	9月27日在峪道庸被敌包围牺牲	对敌斗争被捕去刺死了	被敌捕去刺死了	病故	六月八日出水病故	

姓名	王长林	梁成林	李志善	刘万义	李内娃	李向堂	杨元	杜凤祥	苏世兴	郭治邦
籍贯	同上	同上	同上	朔县	曹家沟	贺兴村	剪子村	和尚沟	同楼沟	平鲁兄沟梁
部别与职别	县农会委员	同	民兵	县政府通讯员	农会秘书	人民合作社经理	民兵	自卫队分队长	老年组长	村长
略历及死难经过	同年9月28日埋下地雷自打死	同上	同年8月16日汉奸报告敌人打死	敌包围打死了	同年8月1日汉奸报告敌人打死	对工作积极同年4月20日汉奸打死	同年8月4日给政府送东西敌打死	对工作好,同年8月10日汉奸打死	同年8月24日敌出发埋地雷打死	对工作好1944年8月一日汉奸打死

姓名	段栓儿	武达则	郭汝奴	许狗粪	薛保儿	郭炳	赵承辉	□有光	□二狗
籍贯	静乐五区	同	同	同	山西离石	河南新安县人	山西交城	山西灵石	朔县曹家沟
部别与职别	工人民兵	煤工	沙锅工	铁工	民兵	兴县抗联主任	交东县武委会主任	决死二纵队指导员	民兵队长
略历及死难经过	和二支队侦察员探敌情被敌打死	敌于三交杀了	被敌毒死	同上	敌人捉去杀了	在河西病故	于交城姬家庄牺牲	汾阳战斗牺牲	44年9月11日与敌相遇奋斗打死

姓名	张二虎	陈二	孙铁柱	张长栓	樊三	樊红栓	燕候小	鸡摸作	郝文道	薛文俊
籍贯	朔县另山村	朔县下井村	朔县白道沟	同	同	神池	同	岢岚县	静乐县	山西离石
部别与职别	民兵	民兵	民兵	同	同	村干部	同	老百姓	民兵	书记
略历及死难经过	同上	今年4月被敌包围捉去杀了	今年3月因拆洗炮弹被炸死	同	同	在县选劳英被敌人包围被[杀]死了	在今年敌人扫荡时他给部队送情报被敌人打死	在今年敌人扫荡时他给部队送衣服被敌打死	打娄烦据点牺牲	敌人捉走杀了

姓名	唐三永旺	唐二喜	柳占奎	林金拴	王丑则	孙年保	范栋儿	贾朋明	王羊栓
籍贯	朔县下井村	同上	河曲	北临	北临	兴县	兴县	兴县	兴县
部别与职别	民兵	民兵	二区村长	民兵小队长	村民兵	民兵	民兵	民兵	游击区战士
略历及死难经过	今年十月被敌包围捉走牺牲	同	敌扫荡河曲时被敌杀死	敌包围杀死	敌包围捉住杀死	反扫荡中被敌杀死	同上	同上	同上

1903

姓名	闫切儿	任成金	冯大臣	李维祥	李权业	岳建文	马如福	高秀英	田不完	高尚牛
籍贯	交东	交东	离石一区一尺木窊	离石二区杜家里	离石	离石	离石	兴县	兴县	兴县
部别与职别	闾长	通讯员	民兵	青年战士	区大队长	新四连班长	民兵队长	特务团战士	特务团战士	特务团战士
略历及死难经过	被敌人的狗咬死的	捕捉而死	因捉汉奸被敌捉住而死	与敌打仗而牺牲	2月间捉汉奸被敌包围捉住至死没说我方事情	被敌刺死临死时骂敌人	被敌捉去杀死很坚强至死没说真话	反扫荡中阵亡	同上	同上

姓名	张红	王秀花	李贵花	王动俊	张天富	郭炳	王公文	张万金	肖扬	武福青
籍贯	离东三区	一区交西中庄	交西	汾阳	交东	山西	甘肃	山西朔县	山西	交东
部别与职别	区抗联主任	妇救会任干事	农会会员	自卫队员	老百姓	党校一部通信员	党校一部炊事员	报社股长	党校一副校部长	民兵
略历及死难经过	今夏敌人扫荡捉回据点被杀	被敌抓住打了个死他没说真话		埋地雷被敌杀	今年8月被敌杀死	42年参加工作工作好被特务分子高景山杀死	36年参加红军一贯勤劳在兴县魏家滩被人打伤而死	打窑洞压死		5月间与敌作战而牺牲

姓名	张三有	王吉恒	梁红货	周峰	陈武白	白龙作	康三	陈福于	崔补才	任子玉
籍贯	宁武马隆	宁武新堡村	岢岚二区作沟	同	崞县	忻州	同	静宁	离东二区	离东三区
部别与职别	民兵	民兵	民兵	助理员	助理员	民兵	民兵	主任代表	群众	助理员
略历及死难经过	战斗牺牲	与敌战斗牺牲	被敌人打死	同	被敌包围牺牲	战场牺牲	送信被敌捉杀了	被敌捉住要他找区长他不被刺死了	被顽军杀了	被敌包围捉走因他坚决被敌杀了

姓名	王臭则	林金栓	高龙换	张根小	乔秀	张存义	张占亮	刘侯儿	张宽
籍贯	临北岱坡	临北岱坡	北临永丰村	同上	神池花儿洼	神池青家杨	神池长畛	兴县四区	兴县一区
职别与部别	民兵	小队长	民兵	民兵	民兵	民兵中队长	民兵中队长	民兵中队长	民兵分队长
略历及死难经过	今年过大年被敌打死	今年过大年被敌打死	今年三月被敌打死	今年9月半夜埋雷炸死	与张存义同志一道牺牲	8月被敌俘房敌严刑烤打他没吐露一些消息被敌杀死	今年反扫荡中追一个掉队的敌人牺牲了	中农今年在反扫荡中埋雷炸死（模范民兵）	贫农小队长五年在今年反"扫荡"中侦察牺牲（区民兵英雄）

姓名	刘三狗	赵三喜	赵高子	阴二清	桑世文	张先眼	李候三	崔步财	崔丑藤
籍贯	同	同	交东冀家庄	交东阴家沟	交东神明沿	离东回龙塔	离东北海沟	离东朱化	离东严村
职别与部别	同	同	民兵	民兵中队长	民兵	同	同	同	民兵
略历及死难经过	同上	同上	44年10月在冀家庄工作被敌包围在突围中与赵承辉同志一起牺牲	44年9月被敌包围在突围中牺牲	44年5月反扫荡被敌捉去杀死	今年11月被敌捉去坚决不说村中情形被打死	今年6月被敌包围捉住杀死	44年10月被33军捉去杀死（秘密民兵）	44年11月顽固军33军到该村突击为保卫群众而牺牲

姓名	薛交钱	高润生	郭秋林	尹玉子	李向元	杜凤祥	郭志邦	冠振金	何清江	冯后
籍贯	离东庙底村	同	离东下昔村	朔县自道沟	朔县上木角	平鲁和尚北	平鲁陡沟梁	朔县曹家沟	朔县南坪	朔县大井村
职别与部别	同	民兵	民兵小队长	自卫队员	同	民兵分队长	村长民兵	民兵分队长	同	民兵中队长
略历及死难经过	今年6月反扫荡中担任拉雷雷拉后未回敌接近被打死	和郭秋林在一起战斗中牺牲（被打死）	今年9月敌合击下昔他掩护群众退却子弹打光敌接近而自杀	今年10月敌人抓住要他带路他不肯脱逃被敌人刺死	今年2月被敌包围牺牲	今年10月被敌抓住杀死	今年10月被汉奸暗杀	今年10月与敌遭遇当即奋战牺牲	被黄石洼民兵走火打死	今年10月被叛徒告密被敌人抓去杀死

姓名	□口旺	□存小				□文凤	□□奴	□臣喜	□班脸
籍贯	岚县	宁武小井沟				静乐□庄	静乐□	静乐石家庄	静乐蒲岐村
职别与职别	自卫队小队长	老百姓				同	民兵小队长	民兵	民兵小队长
略历及死难经过	与部队送饭被敌打死	在村放哨被敌捉而杀他很坚决	说明：以上大队长2人，中队长3人，小队长7人，民兵19人。另外还有14名（阳曲7人静乐1人离东4人交东1人清源1人）因姓名不详尚未计入			44年5月到娄烦据点抢粮被敌大炮打死	44年10月在困围娄烦活动中牺牲	同年同月到娄烦侦察被敌大炮打死	44年5月□

姓名	张开福	任玉成	潘千汉	张明亮	武三小	李来孩	贺五儿	杨年初	吕永权	苏振贵
籍贯	同	交西米家庄	阳曲西坪村	阳曲北小店	阳曲静一区松沟村	阳曲静区下马村	阳曲梁庄	阳曲长口村	宁武	阳区静二区娄烦镇
职别与职别	同	同	同	同	同	民兵	同	民兵分队长	静二区民兵副大队长	静二区民兵大队长
略历及死难经过	44年8月在米家庄伏击敌人战斗中牺牲	44年7月正在村中起地雷被敌人碰上打死	44年7月反扫荡中牺牲	44年二月反扫荡中牺牲	44年9月反扫荡被敌捉去而牺牲	44年7月反扫荡中被敌捉去牺牲	44年二月反扫荡中牺牲	44年7月反扫荡掩护群众退却被敌捉住打死	44年2月区上开会被敌包围坚持三小时冲出后被敌打死	44年2月在县里开完会往回走的路上与敌遭遇光荣牺牲

姓名	冯祯海	杨占元	武文昌	秦拴柱	丁基	张守智	李芳	宋光普		□兴光
籍贯	山西临县	河北人	四川人	山西人	西安	河北新乐县	江苏人	东北人		岚县
部别与部别	同上	同上	军区侦察连侦察员	军区政治部炊事员	军区政治部战斗报社记者	同上	二科侦察参谋	军区司令部二科股长	军区直属各部牺牲登记	村长
略历及死难经过	10月反扫荡中牺牲	10月反扫荡侦察遇敌牺牲(党员)	10月反扫荡腹部中弹牺牲(副班长)	10月间因病积劳牺牲	8月在赤尖岭冲锋牺牲（党员）	5月岚县唐家沟战斗突围牺牲了(党员)	4月兴县南沟与敌冲锋小腹中弹十余粒死了（党员）	5月岚县唐家沟察被敌包围打死(党员)		在这次反扫荡中牺牲

姓名	牛最连	李三多	贾来福	张耀	刘云	崔俊山	丁成玉	高尚荣	栗信星
籍贯	同	兴县	清源	祁县	清源	神池	文水	临县	天津
部别与职别	同	同	二连战士	同	二连班长	二连排长	一连伙夫	一连战士	二十一团一连连长
略历及死难经过	同	同	同	同	同	7月岚县黄签战斗	一月间因伤寒病死亡	5月间南沟口战伤	7月间岚县河口镇与敌肉搏牺牲

姓名	郝长富	邓吉兴	李天喜	刘文秀	王银山	张土荣	张占林	杨志献
籍贯		湖北石首	山西静乐	同	同	同	河北人	山西汾阳
部别与职别	后勤工厂伙夫	岚县武工队政委	同	同	同	同	同	军区警备连战士
略历及死难经过	病亡	任过民运科长兵工厂政委病亡于医院（党员）	4月间开荒劳动过度死亡（劳动模范者）	同	同	同	同	10月反扫荡中腹部中弹（党员）

姓名	蔡福田	孟岭	吴宝祥	赵德明	郭鑫	陈仲起	张子清	韩宝贵	王德良
籍贯	容城	任丘	大兴	安次	永清	涞水	神府	宛平	河北固安
职别与部别	同	10连战士	10连班长	10连副连长	同	同	9连战士	同	37团8连上士
略历及死难经过	同(理发员)	同(党员)	同(党员)	11月车家沟撤退时(党员)	同(党员)	同	11月9日冯家沟战斗	在黄河淹死了	11月8日兴县羊土村战斗(党员)

姓名	段二维	白侯银	游步成	李宽大	蒋维	陶福天	郝谦英	白春富	武丑三	高万斗
籍贯	静乐	兴县	河北		交城	交城	文水	兴县	徐沟	兴县
职别与部别	同	兴岚支队班长	兴岚支队大队长	同	四连战士	四连班长	同	三连战士	三连火夫	二连战士
略历及死难经过	同	7月岚县界河口战斗	7月岚县河口镇战斗与敌搏斗阵亡	11月兰家塔战斗	二月病亡	10月反扫荡兴县沟门前战斗	11月病亡	同	10月反扫荡界河口战斗	7月岚县黄签战斗

姓名	王典隆	杨洛西	张春德	黄树清	王国均	晋天苍	张有才	杨瑞田	吴铁
籍贯	深县	任丘		定县	房山	房山	涞水	蠡县	河北高阳
部别与职别	29团政委	十连班长	同	同	同	同	同	十一连战士	战士
略历及死难经过	同	同	病亡	同	同	同	11月沟门战斗	11月焦楼战斗	沟门前战斗(党员)

姓名	刘宝和	李子江	任双喜	孟非中	刘长有	李万银	张殿增	邢俊升	陈仓	刘殿英
籍贯	河北任丘	河北遵化	河北任丘	河南郑州	河北清苑	河北房山	河北永清	河北定县	河北安新	辽宁金县
部别与职别	通讯员	副班长	十一连战士	十一连战士	十一连战士	十一连战士	十一连战士	十一连班长	十一连班长	十一连副连长
略历及死难经过	同（党员）	同	同（党员）	同	沟门前战斗(司号员)	同	11月焦楼战斗	同（党员）	同（党员）	10月沟门战斗

姓名	于云雨	李新友	徐小怀	李春德	赵老化	孟老三	李迎花	佟连祥	陈有海
籍贯	河北乐亭				永清		河北高阳		河北
部别与职别	六连战士	同	同	同	四连战士	同	四连班长	同	二十七团三连班长
略历及死难经过	走火打死				同（党员）		7月毛地战撤退（党员）		炭窑庄战斗

姓名	张春德	贾俊荣	李俊	王景新	范书田	谢树尧	冯文彬	李成	马子河	赵春笃
籍贯					固安	清苑	深县	饶阳	安新	安新
部别与职别	十一连	八连	司务长	特务连战士	特务连战士	四连战士	二连班长	一连战士	十二连战士	十一连战士
略历及死难经过	同	同	同	同	同	同	同	同	同	同

姓名	志二小	高登成	孙来步	李侯小	关通职	刘云候	高秀云	吕金山	贾木明
籍贯	同	岚县	静乐	同	同	同	兴县	岚县	兴县
部别与职别	同	同	同	同	同	同	兴岚支队战士	同	兴岚支队班长
略历及死难经过	同	同	同	同	同	同	7月岚县界河口战斗	同	7月间岚县界河口战斗

姓名	王廷弼	刘宝昌	崔田	贾什荣	乔振东	侯双虎	赵洪彬	王宪瑞	刘润田	高文波
籍贯	任丘	永清	新城	高阳	河北涿县	容城	霸县	固安	安次	雄县
部别与职别	同	同	八连战士	八连副班长	七连战士	七连战士	同	同	七连班长	二十团七连连长
略历及死难经过	11月8日兴县□汉村	同	11月9日马家梁战斗（党员）	病亡（党员）	同	同	11月7日孙家窑战斗（党员）	11月6日曲家沟掩护时（党员）	同（党员）	11月7日孙家窑战斗撤退时（党员）

姓名	张继贤	闫三	吴三拴	刘化元	张世杰	高锁镇	汤白	吴清乡	三军区分区牺牲人员登记簿（一年来）
籍贯	河北饶阳	同上	山西偏关	山西崞县	河北清源	宁武中泉村	神池红乃子	保德清道沟	
部别与职别	团部参谋	四连伙夫班长	三连班长	武工队干部	同上	同上	同上	分区侦察员	
略历及死难经过	9月10日神池富田高村阵亡	病亡	病亡	9月在水泉被敌袭击打死	7月间山岔石庙观察敌人打死（党员）	同上（党员）	同月、日车路上埋地雷敌打死（党员）	6月12日山岔杨家埋地雷敌打死（党员）	

姓名	□申	马登水	冯文宾	李咸	王金魁	杨海则	康喜则	张文化	李心明	白整齐
籍贯	河北安州	蠡县	深县	河北饶阳	静乐	同	岚县	河北	静乐	岚县
部别与职别	同	二连战士	二连班长	二十七团一连战士	同	同	同	同	同	兴岚支队战士
略历及死难经过	11月8日车家沟战斗	舍□塥战斗（党员）	病亡	急性盲肠炎	同	同	同	同	同	7月岚县界河口战斗

姓名	路德标	张有才	于润海	刘为新	侯玉唐	唐俊廷	李炳文	吴子清	魏子英	魏德胜
籍贯	山西平鲁	保德马家滩	山西大同	河曲人	右玉磁窑沟	山东济宁	山西榆次	贵州城内	山西朔县	陕西
部别与职别	同	同	同上	同上	同上	一连战士	一连班长	同上	骑兵连班长	骑兵战士
略历及死难经过	同上（非党员）	肠部重伤而死 党员	同	西梁墕战斗阵亡	同（非党员）	五寨西梁墕战斗阵亡（非党员）	6月20日西梁墕腹部中弹而亡（非党员）	同右（党员）	同上（党员）	9月10日八角坪五里战斗阵亡

姓名	周春发	王二孩	廉满	徐尚义	郭有成	金凤严	周森	高四福	夏俊德	张占海
籍贯	陕西神涉卯	右玉神家湾	犬同下甲江	神池南窑村	章子景郭平	河北阜平	怀仁马营	山西怀仁	右玉周大庄	河北寿阳
部别与职别	骑兵连司号员	骑兵连战士	同上	骑兵连战士	同上	九团骑兵连排长	同上	同上	团[特]务连侦察员	团直上士
略历及死难经过	同上	九月十八日在八角五里坪战斗	六月二十日白爷庙战斗阵亡	九月十日河曲寺墕负重伤送卫生部途中死（党员）	九月十日八里坪重伤而死（党员）	同上（党员）	六月二十日白爷庙山负重伤送卫院而死（党员）	九月八日八角南窝阵亡（党员）	六月二十日在白池神龙庙阵亡（党员）	一月岔在被叛徒打死 一山死

姓名	阎增福	安述彪	吴树云	张爱成	李树枝	贺三有	杨其昌	庞富	刘龙虎
籍贯	山西文水	山西交城	山西离石	山西文水人	神池史家人	偏关	湖南	山西右玉	河曲巡镇
部别与职别	武工队组长	团特务连侦察员	民兵工作员	团部训练排长	三十六团侦察员	战士	骑连排长	一连副班长	一连骡夫
略历及死难经过	岢岚三井被包围	五寨碾子嘴与敌遭遇	五寨王家沟被包围(党员)	五寨武王城战斗	一月二十九日在五家寨武家梁战斗阵亡	同上党员	双台塌战斗牺牲(党员)	因病于马镇病故(党员)	十一月六日韩长沟牺牲

姓名	云中和	刘玉珍	李三俊	杨三后	高顺	闫三	贾毛仁	王志满	刘福云	张德胜
籍贯	绥远和林	神府	偏关海子北	河曲巡镇	偏关	偏关	河曲石村	绥远种中	山西崞县	河北北平
部别与职别	一连班长	一连排长	三连通讯员	三连战士	同	三连班长	同	二连战士	同	同
略历及死难经过	韩长沟牺牲党员	同上冲锋而死(党员)	五寨界牌南梁战斗而亡	同（非党员）	同（非党员）	山岔柳河被敌包围自杀（党员）	河曲韩坊沟被敌人刺死	六月十日五寨上窊战斗亡	西梁塌战斗	六月二十一日西梁塌抢枪战斗机枪死（非党员）

姓名	李永德	刘文义	郭党生	郭玉小	陈九顺	管自文	焦成魁	葛三毛	赵存英	栗荣春
籍贯	离石安后沟	河北	保德东局	岢岚甘钦	河北南乐寨里	偏关	五寨眼龙凹	神池平沟	崞县长梁沟	宁武马坊村
部别与职别	七连排长	七连副连长	同上	七连战士	七连班长	六连战士	四连战士	四连战士	四连班长	四连排长
略历及死难经过	武王城战斗（党员）	八月二十九日五寨界牌战斗（党员）	同上	同上	二月二十八日武王城战斗	一月十五日寨常乐坡战斗（党员）	七月八日道寨强袭战斗	同上	同上	二月二八日武王城战斗

姓名	刘德夫	雷虎林	岳兴龙	张润浦	张有	马润罗	□金财	刘改过	王允中	王福国
籍贯	平鲁	五寨宫咀林	五寨寒岭平	五寨前所村	五寨西梁塔	五寨任家坡	山西阳曲	山西五寨	山西文水	山西岢岚
部别与职别	二营四连副政指	同上	同上	同上	同上	团属五大队冲峰队战士	团属五大队二中队排长	武工三队组长	武工三队组长	武工队工作员
略历及死难经过	八月二十六日五寨王可牌战斗（党员）	同上	同上	同上	同上	1月五寨洗□水击敌战斗	五寨□家水战斗（党员）	五寨汉奸王治中打死	五寨被包围手弹打尽而死	同上

姓名	赵双锁	于二口	赵旺仁	崔振岐	李存仁	徐治国	冯智	刘德富
籍贯	山西太原	五寨杨家坡	岢岚大润	保德崔家瑪	岚县李家瑪	文城	岚县	山西平鲁
部别与职别	九连战士	九连战士	七连战士	六连班长	六连副班长	五连排长	五连排长	五连副政指
略历及死难经过	2月2日保德曹虎战斗（党员）	4月5日岢岚化栗子战斗	4月28日岢岚井儿上战斗	2月5日保德曹虎战斗	同上（党员）	同上（党员）	同上（党员）	8月29日在五寨安吉村战斗（党员）

姓名	杨维世	高万锁	杨银	张羊孩	李玉龙	闫才	李才禄	任民	李文成	王金保
籍贯	保德寨马	宁武	保德马家滩	保德	文水	交城	岚县	五寨徐村	山东	山西永和
部别与职别	三连战士	四连副班长	四连班长	同上	三连战士	二连班长	一连班长	监口员	饲养员	八连副班长
略历及死难经过	1月五寨旧寨战斗(党员)	6月安吉村战斗（党员）	6月五寨安吉村战斗（党员）	同上	同上	7月11日五寨杨家坡战斗	11月五寨杨家坡战斗	七月岢岚杨岩战斗	1月保德桥头战斗	武王城战斗

姓名	刘春光	李小堂	姚有治	严鸣武	孙继文	毕丕文	崔朝昆	丁少柏	
籍贯	河北	河北	河北	湖南	河北	河北	山东	江西	三军分区各部牺牲登记
部别与职别	一连司号员	一连班长	一连排长	一连副连长	通讯连班长	通讯连侦察组长	政治处教育干事	特务团三营政治教导员	
略历及死难经过	同	同（党员）	同（党员）	9月方山开府战斗（党员）	被敌包围不屈逃跑被打死	11月曲亭遭遇战	同（党员）	8月离石官庄垣战斗（党员）	

姓名	白连山	赵庆德	史换成	刘双羊	王小树	郗瑶昌	董风台	王福林	李俊尧
籍贯	博野	河北	定县	无极	河北	平山	定县	清苑	河北
部别与职别	四连副班长	四连小炮班长	四连班长	四连班长	四连班长	四连事务长	四连事务长	四连副排长	三连排长
略历及死难经过	5月大岩战斗	同	同	同	6月马家圪台战斗	10月圪洞战斗	同	6月马家圪台战斗	9月李家埂战斗

姓名	赵凤山	薛金保	陈云汉	吕四庆	尹朱儿	王四	康子东	胡增来	苏子干	牛仁久
籍贯	兴县	兴县	兴县	兴县	兴县	兴县	兴县	兴县	兴县	山西兴县
部别与职别	一连战士	一连战士	一连战士	一连战士	一连战士	一连战士	一连战士	一连战士	一连战士	一连战士
略历及死难经过	同	同	同	同	同	同	同	同	同	同

姓名	陈学增	李满治	业猫	丑牛	赵来喜	高玉熬	崔振德	高世昌	王记成
籍贯	山东	四川	兴县	兴县	兴县	山西兴县	河北	河北安平	山西离石
部别与职别	十连战士	三营医生	九连战士	九连战士	九连战士	九连班长	九连班长	九连班长	九连班长
略历及死难经过	8月官庄垣战斗	11月蔡家崖战斗	同	同	同（党员）	同（党员）	同（党员）	同（党员）	8月离石官庄垣战斗（党员）

姓名	刘桂山	张清和	张长顺	魏怀林	李满川	张小五	宋茂林	刘振保	李火头	解义民
籍贯	蠡县	定县	河北	河北	定县		定县	定县	定县	定县
部别与职别	五连排长	五连指导员	四连战士	四连战士	四连战士	四连战士	四连战士	四连战士	四连战士	四连战士
略历及死难经过	5月神仙山战斗	8月西属巴战斗	同	同	同	同	同	同	同	6月马家圪台战斗

姓名	崔勤	韩双茂	柳长根	郝思富	冯其有	高清孔	张树山	王文功	张成德
籍贯	河北	河北献县	离石	离石	离石	离石	离石	离石	离石
部别与职别	侦察员	分区侦察排长	三中队队长	二中队战士	二中队四班长	一中队队员	一中队队员	一中队副班长	大队部侦察员
略历及死难经过	同	7月牛家岭战斗（党员）	7月病亡（党员）	同	十月李家垣战斗（党员）	三月石家峁战斗（党员）	8月龙花垣战斗	王家峁战斗（党员）	三月石家峁战斗（党员）

姓名	张逢洲	王建国	孟昭志	扈俊英	王世俊	刘金山	刘五奇	王香友	张明霄	马荫权
籍贯	无极	蠡县	蠡县	蠡县	河北	无极	安平	安国	清苑	河北
部别与职别	四连排长	一营机枪班射手	一营重机枪排长	一营教导员	侦察员	侦察员	侦察员	团侦察员	侦察队副队长	十七团作战参谋
略历及死难经过	6月马家圪台战斗	8月西属巴战斗	马家圪台跳崖牺牲	马家圪台伤后被俘不屈打死	5月在临五区被俘打死	4月在圪洞被捕不屈被打死	同	3月在圪洞被敌包围亡	10月三交战斗	8月西属巴战斗

姓名	彭茂同	谢会生	齐振江	张正月	杨秋保	王金英	杜海金	冯纪坡	苏振坤
籍贯	定县	束鹿	保定	深泽	行唐	安国	定县	安国	河北无极
部别与职别	六连战士	六连班长	六连班长	五连战士	五连战士	五连战士	五连战士	五连副班长	五连班长
略历及死难经过	同	8月西属巴战斗	五月方山战斗	同	同	同	8月西属巴战斗	5月神仙山战斗	8月西属巴战斗

姓名	铁毛	张开	高坨追	郭光华	闻贞受	宋文汉	张庆支	刘吉生	李树华	郝德荣
籍贯	临县	临县	临县	临县	临县	临县	临县	临县	临县	临南
部别与职别	临北大队部放羊生产员	二中队战士	一中队战士	一中队战士	一中队战士	一中队战士	一中队战士	一中队班长	通讯员	大队部侦察员
略历及死难经过	唐家沟打狼致死	5月被俘	5月病亡	2月病亡	6月被俘牺牲	同	同	三交战斗	11月被俘牺牲	6月三交阵亡

姓名	孙古仁	韩子耀	任世清	何冲林	任曹东	贾树义	黄金良	高如林	马七儿
籍贯	兴县	兴县	山西	静乐	山西孝义	河北	河北	山西	山西兴县
部别与职别	五连战士	五连炊事员	六连政指	五连班长	五连班长	二营营部卫生员	三连班长	三连政指	二连战士
略历及死难经过	同	9月沙坡底战斗	9月病亡（党员）	同（党员）	9月临县沙坡底战斗（党员）	9月开府撤退时(党员)	同	9月赤尖岭战斗	11月兴县李家集战斗

姓名	刘四有	任成金	张志	韩纪福	王金生	王国祥	郭纪春	展丙礼	徐纯芝	杜三娃
籍贯	离石	离石	元氏	定县	蠡县	安国	饶阳	蠡县	清苑	河北
部别与职别	大队部侦察员	大队部侦察副班长	十二连战士	十二连副排长	十二连排长	十一连战士	八连班长	八连连长	七连班长	六连战士
略历及死难经过	9月在介东战斗	10月在王家坡牺牲	3月马家圪台战斗	3月圪洞战斗	4月张家山战斗	1月亡	同	8月交口战斗	7月店坪战斗	9月被特务暗害

姓名	王志有	刘振斌	刘炳德	杨生	曹振东	刘俊升	李少清	王治山	田汉子
籍贯	兴县	河北	河北	河北	河北	河北	河北	河北	山西兴县
部别与职别	二连战士	二连班长	二连班长	二连班长	二连班长	二连排长	二连排长	二连排长	一连战士
略历及死难经过	7月郑家□撤退时	9月赤尖岭战斗（党员）	9月开府伏击阵地	同（党员）	同（党员）	同（党员）	同（党员）	11月兴县李家集战斗（党员）	9月方山开府战斗

姓名	胡昌国	郭来后	张振胜	樊鸿云	武风城	高阵胜	白任有	彭见令	杨保章	李茂花
籍贯	湖北	兴县	兴县	兴县	兴县	兴县	兴县	河北	四川	兴县
部别与职别	九连排长	七连战士	七连战士	七连战士	七连战士	七连战士	七连战士	七连副班长	七连政指	五连战士
略历及死难经过	8月离石官庄垣战斗（党员）	同	同	同	同	同	同	同	同	同

姓名	郭福桃	郭德宋	陈有海	于云雨	韩宝贵
籍贯	临县	临县			
部别与职别	侦察员	一中队侦察员	三连班长	六连战士	八连战士
略历及死难经过	3月在大西沟牺牲	3月被俘牺牲	炭窑压死	走火打死	淹死

姓名	刘玉拉	裴起科	杨占全	任炳支	白旺信	张秋香	王志明	任不久	王克清	高特拉
籍贯	兴县	兴县	兴县	兴县	兴县	兴县	兴县	兴县	兴县	兴县
部别与职别	二连战士	二连战士	二连战士	二连战士	二连战士	二连战士	二连战士	二连战士	二连战士	二连战士
略历及死难经过	同	同	同	同	同	同	同	同	同	11月兴县李家集战斗

姓名	张□□	郑三	赵培福	常纯生	杨汉杰	姚曲训	谢礼云	曾锦云	
籍贯		朔县	山西	陕西		江西	江西	江西永新	塞北分区牺牲人员登记（军区政治部调查）
部别与职别	二营六连政指	二营五连排长	二团一连排长	骑兵连长	特务连长	分区二科长	组织科长	分区政治主任	
略历及死难经过	同上	清河菲业庙战斗			平鲁南北丈子战斗	同上	同上	河曲黄树坪被敌包围	
备考									

姓名	张银桂	王艳斗	张有富	白在前	宫新民	蒋根通	高二	高尚喜	武媚柱
籍贯	山西临县	山西崞县	山西静口	山西兴县	山西静宁	山西静乐	山西□□	山西临县	山西神池
部别与职别	同上	同上	同上	同上	同上	一中队战士	一中队副班长	一大队一中队班长	十九支队特务连副连长
略历及死难经过	木瓜山战斗牺牲	宁化北屯战斗牺牲	同上	4日12日上寺村战斗牺牲	同上	同上	8月南芦子战斗牺牲	9月木瓜山战斗牺牲	本年5月宁化北屯战斗亡

马□□	张树林	张发生
		河北
骑兵特务连长	机务员	特务连政指
病亡	河曲黄树坪被敌包围	南北丈子战斗

姓名	郭自金	崔善福	闫德海	梁恒江	沈计堂	李俊河	武双和	赵玉贵	张明星
籍贯	忻州	忻州	忻州	忻州	忻州	崞县	忻州	忻州	山西忻州
部别与职别	游击队班长	同上	同上	同上	同上	八中队战士	八中队伙夫	八中队通讯员	八中队班长
略历及死难经过	同上	4月贯上村战斗	同上	同上	同上	同上	同上	同上	忻州门闲石战斗

姓名	王尚进	王东有	高喜进	刘喜艮	解宝泉	梁栋	王儿	梁万贵	赵永生	张廷士
籍贯	山西静乐	河南	山西临县	山西临县	山西崞县	山西崞县	山西忻州	山西崞县	山西静乐	山西临县
部别与职别	三大队八中队文书	同上	同上	七中队战士	七中队战士	三大队七中队战士	三大队部侦察员	五中队战士	二中队战士	一中队通讯员
略历及死难经过	忻州门闲石战斗	同上	同上	南古子村战斗	同上	7月忻州门闲石村战斗	5月定方李家庄战斗	南沟口战斗牺牲	红崖上战斗牺牲	木瓜山战斗牺牲

姓名	郭王小	王会法	高来贵	王殿仁	高国伟	孙善保	吕风祥	梁德大	王进德	李万清	杨新	张庆山
籍贯	朔县		临县	汾阳	临县	山西	山西	山西	山西	绥远	山西	河南
部别与职别	三连战士	崞县武工队工作员	三连战士	三连战士	三连战士	三连战士	三连战士	三连战士	三连班长	二十支队三连排长	武工四大队副政委	四连排长
略历及死难经过	塌坡泉战斗中阵亡	在临县战斗亡	宫地村战斗中亡	同（党员）	同	同	同	同上	同上	崞县马底沟牺牲（党员）	同上	同上

姓名	□	温□五	李少山	刘伟	赵兴科	石玉小	刘双亮	王满喜	王六元	董二牛
籍贯	□	忻县	河北	偏关	忻县	岢岚	忻县	忻县	忻县	崞县
部别与职别	四连排长	原十九团四连政指	原十九团四连连长	原十九团一连副政指	同	同	同	同	队员	忻六区游击队长
略历及死难经过	同	同	在刘家坞战斗	在官庄战斗	同	静三区口子沟战斗阵亡	同	同	同	忻州石块林战斗阵亡

姓名	王金榜	李忠甫	钟金中	马堂周	刘洪钧	闫小点	赵志高	□玉栓	杨化普	许造兰
籍贯	同	同	同	河北	河北磁县	河北	河北	山西崞县	河北	河北晋县
部别与职别	同	同	同	同	同	同	四连战士	四连副班长	四连副班长	三连副班长
略历及死难经过	9月太汾路扰敌战斗亡	清太边战斗亡	大水战斗亡	同（党员）	接二十五团战斗亡(党员)	花头起战斗亡	木曹战斗亡	清太边接二十五团亡(同)	9月花头起战斗亡(党员)	9月在太汾公路战斗阵亡

姓名	李长贵	贾□	王英花	张维汗	范茂盛	王英杰	冯建国	吴保鸿	郝尚清	苏占表	王英夺	李克林
籍贯	静宁	宁武	临县	朔县	垣曲	垣曲	中阳	宁武	临县	交城	阳曲	亭县
部别与职别	七连班长	七连班长	四连战士	四连战士	四连排长	四连排长	三连排长	同	同	一连班长	一连连长三十五支队	参谋长三十五支队
略历及死难经过	细腰战斗中牺牲	病亡(党员)	病号	沟口战斗中亡(党员)	木瓜山冲锋中(党员)	病亡(党员)	病亡(党员)	木瓜山战斗	石家庄战斗	潘家湾战斗中牺牲	9月3日在木瓜坡斗争中牺牲(党员)	潘家湾战斗冲锋

李清魁	刘玉喜	武文祥	任守玉	李清芳	梁鉴		牛雨顺	刘常胜	□常发
山西赵城	山西霍县	同	山西灵石	河南	山西离石县		同	赵县	河北唐县
支队侦察员	情报所长	侦察员	副侦察排长	支队侦察排长	五支队五大队参谋	以上系八分区二支队牺牲登记	同	同	四小队战士
离东马家庄包围被敌捕杀（同）	离东三区下昔村被包围牺牲（同）	2月离东二区被包围牺牲（同）	同（同）	6月在马家被敌捕杀了（同）	1月敌人扫荡在高宋庄被敌俘去刺死（党员）		同	同	病亡

李华春	王玉山	王大忠	狄亮进	李炳生	周振海	赵拴良	张奇		郭文华
河北	河北	河北	束鹿	河北	博野	饶阳	河北临城		
同上	同上	同上	二连战士	二连副班长	二连副班长	二连排长	一支队总支书记	以上系八分区直属牺牲登记	八分区警备连战士
同上	同上	3月25日十家河战斗亡	3月接芦二十五团阵亡	3月25日十家河战斗亡（党员）	3月清山太边接芦二十五团战斗亡（党员）	三月十家河战斗亡（党员）	6月病亡（党员）		离东游击中阵亡

八分区牺牲人员登［记］（军区政治部调查）

姓名	胡涛	要尖	刘钜	张汗成	郭仰贤	赵润生	杜世俊	张育华
籍贯	太原	朔县	偏关	阳城	崞县	朔县	太谷	山西宁武
部别与职别	同上	同上	交通员	方山县交通组长	方山县交通副组长	交西县情报所长	交通员	清太交通队副分队长
略历及死难经过	同上	同上	同上	同上	遇敌袭击突围中阵亡	汾阳阵上金庄与敌肉搏阵亡	同上	清太道山被敌包围负伤冲杀时阵亡
备考								

姓名	张兰池	马树仁	郭明克	石以明	廉子意	张三交	司补根	郑玉	白山羊
籍贯	河北博野	河北蠡县	山西忻州	河北沙河	山西清源	山西东县	同	同	山西交城县
部别与职别	一小一队副班长	一小队班长	一小队副排长	二支队副连长	二中队排长	同	同	一中队战士	三大队一中队班长
略历及死难经过	伏击敌人（党员）	病故	攻碉堡亡（党员）	袭击敌人亡（党员）	4月在西雷庄战斗亡（党员）	9月交东上庄头反扫荡中亡	同	同	6月14日在水峪宝战斗亡（党员）

姓名	王耀武	田永川	张得庆	张松才	牛上学	陈锡章	张凤先	杨寿生	刘春玉	蒋田埻
籍贯	河南林县	河北深县	河南林县	同	同	河北蠡县	河北涿县	河北博野	同	河北蠡县
部别与职别	二小队班长	二小队副政指	一小队伙夫	同	同	同	同	同	同	一小队战士
略历及死难经过	因病走路摔死了	病亡	病亡	病亡	同	同	同	攻碉堡亡	（党员）	攻碉堡亡

姓名	王拉珠	李太元	赵兴隆	尹培风	赵良生	丁双生	王金保	王拴贵	李守富	李堆琦
籍贯	孝义	山西	河南	赵城	孝义	山西	山西赵城	同	同	山西孝义
部别与职别	同	三连战士	三连班长	同	三连侦察员	三连排长	三连事务长	一连战士	一连班长	一连连部通讯员
略历及死难经过	杨湾村战斗亡	2月峪口村与敌遭遇亡	离东三区战斗亡（党员）	同上受重伤退后休养后亡	在下昔被敌包围从窑洞里突击出来打死敌人后自亡（党员）	袭击津良庄战斗亡（同）	离东下昔村被敌包围亡（同）	2月离东西梁战斗亡（党员）	袭击津良战斗亡	1月西山湾战斗（党员）

姓名	尹天城	贾长寿	郝丑小	郭生凯	刘兰生	史柏庆	蔡龙有	张云	史岐祥	高振基
籍贯	赵城	清源	清源	平遥	霍县	孝义	孝义	太原	隰县	山西赵城
部别与职别	同	同	四连战士	同	同	同	同	班长	四连政指	三连战士
略历及死难经过	下昔战斗亡	烧王营庄碉堡牺牲	2月毛儿山战斗亡	3月离东龙头山战斗阵亡	一月反扫荡西山湾战斗亡(党员)	离东高家村敌捕刺死亡(党员)	1月反扫荡(不明)阵亡(党员)	同(党员)	离东下昔冲锋阵亡(党员)	因病药误注而亡

姓名	侯学深	冯生	郭大锁	李根全	戴保喜	张子良	徐风云	刘殿臣	陈福禄	王召炎
籍贯	河北德河	河北	河北	河北	河北	河南	山东	河北深县	河北	河北定县
部别与职别	四小队排长	同	同	同	同	同	三小队战士	三小队班长	二小队战士	二小队司号员
略历及死难经过	攻碉堡亡(党员)	同	同	同	病亡	同	同	伏击战斗亡	冲锋阵亡(党员)	病亡

姓名			贾培景	张得功	贺龙山	王玉谦	郭文喜	王全	贺凤兆	丁凤龙
籍贯	以上系八分区六支队	另有一名杨班长袭击东社牺牲不记名字了	晋东南	山西隰县		山西	山西灵石		隰县	山西赵城
部别与职别			同	九连班长	同	同	三连战士	三连	三连班长	三连侦察员
略历及死难经过			同	下昔战斗亡	同	同	9月攻打五元城敌住院牺牲	同	同	协和堡战斗亡（党员）

姓名	崔银海		郭生富	赵音海	贺东西	王学良	李景星	张荣保	贺生虎	张文明
籍贯	山西汾西县	附说另有五大队一战士家庄阵亡不记名字（以上系八分区五支队）	山西赵城	河南	同	山西离石	河北	徐沟	山西忻县	山西平遥
部别与职别	六支队三连副排长		吴城游击队员	同	同	五大队战士	五大队一中队长	同	同	四连战士
略历及死难经过	协和堡战斗□□□战斗英雄他汾大四十一，又劳英（党员）战斗亡是阳战勇之一，是动雄（党员）		袭击吴城亡	9月横尔伏击战斗亡	同	1月反扫荡高家庄战斗被敌刺死	4月在离石被敌包围亡（党员）	8月北四沟战斗亡	同	6月骡蹄山战斗亡

以上系八分区十六支队

姓名	史喜亮	刘兆□	曾安□	马永通	李清明	韩松林	于广顺	范维中	侯义智	要文翰	石尚英	庞金印
籍贯	同	同	同	同	同	山西文水		山西文水	汾阳	山西大同	山西汾阳	
部别与职别	情报员	战士	侦察班副	同	同	班副	同	班长	排长	二大队政指	二大队队副	一大队战士
略历及死难经过	与敌遭遇牺牲	西社战斗阵亡	同	赵村战斗牺牲	袭击西社牺牲	阵亡（地址不明）	同（党员）	麻堡割电线牺牲	同	争夺芦村堰牺牲（党员）	打汾阳攻击中牺牲	平顺战斗牺牲

姓名	殷全福	张明雄	刘达忠	寇方信	李应第	刘家成	宋保成	王绍才	王俊清	闫宗荣
籍贯	同	同	同	同	山西汾阳	河南	同	山西汾阳	河北	山西灵石
部别与职别	侦察员	同	同	同	同	一大队战士	同	班长	一大队排长	十六支队文水边情报所长
略历及死难经过	同	平川战斗牺牲	同	突围中牺牲	追击中牺牲	突围中自杀	同	同	突围中牺牲	吕家山被汉奸打死

姓名	赵海有	刘波	胡天玉	王存初	梁金明	贺力生	姜子明	王金祥	
籍贯	山西神池	山西平鲁	山西闻喜	湖南长沙	河北平山		山东德平	山西宁武	烈士名册(军区卫生部调查)
部别与职别	二旅战士	塞北战士	四纵队班长	后勤工人	荣誉队司务长		武工队组长	保德兵站司务长	
略历及死难经过	8月尿毒症	8月胸膜炎	2月胃溃阳	1月肺结核	3月害肺结核	2月害肺结核	害心脏麻痹病故	44年三月害恶液质病故	

姓名		史新原	杨万芝	尚玉瑞	王瑞生	冯□□	李三云	李计文	李法思
籍贯	以上系八分区十八支队	静乐	静乐	隰县	交城	平遥	李义	湖南	山西文水
部别与职别		战士	卫生员	通讯员	战士	六大队政指	大队战士	阳曲大队中队长	炊事员
略历及死难经过		米家庄伏击牺牲	袭击开栅牺牲	同	同	苏家塌突围牺牲	掩护转移牺牲	掩护退却牺牲(党员)	赵村战斗牺牲

姓名	孙彬	姜维	赵云丰	杨胜祥	刘文贞	郎同文	吴子荣	黄振发	郭振海	刘换文
籍贯	河北定县	山西文水	河北蠡县	山西方山	河北武强	河北定县	河北定县	河北献县	河南开封	山西离石
部别与职别	分局研究员	工卫旅战士	八旅青年干事	游击大队长(方山)	三二团战士	十七团炊事员	十七团排长	三二团战士	七七一团司务长	民兵队长
略历及死难经过	9月肺肠结核(病)	8月肺TB(病)	4月肺TB(病)	4月肺TB(病)	4月肺出血(病)	4月腹水(病)	4月脑髓炎(病)	4月右腹贯通(同)	4月下指贯通(受伤)	44年5月炸伤

姓名	李金生	王存斋	李贵生	吴廷英	郭侯明	高长杰	许久爱	韩培智	郭兴申	周生
籍贯	河北定县	山西文水	山西定襄	山西五台	山西岚县	山西临县	山西岢岚	山西晋城	山西崞县	山西河曲
部别与职别	十七团战士	后勤护士	毛职工人	绥德药房	岚县民兵小队长	六分区战士	二旅战士	八分区班长	后勤会计	二旅九团战士
略历及死难经过	5月黑热病	6月肺炎	8月咯血	7月腹水	9月肺坏疽	9月上肢贯通骨折(伤)	9月黄疸	9月腹膜炎	同上	44年8月脑膜炎

姓名	李月生	范景春	黄奴棒	张正芳
籍贯	山西朔县	山西河曲	山西兴县	山西汾阳
部别与职别	塞北分区战士		工卫旅战士	7 月剧社演员
略历及死难经过	11 月肝□血（病）	（不明）	8 月肺肠结核（病）	44 年 8 月肺气肿（病）

219. 晋绥军区烈士名册

(1944 年)

烈士登记表

姓名	高飞鸿	刘俊	玉兰	范明华	李康	赵子英	王伯魁	张希豪	程必达
籍贯	河北	山西	绥远	山西	山西和顺	绥远隆县	山西静乐（娄烦）	东北辽宁	山西五寨
部别与职别	抗大毕业武川三联区区长	骑支司令部工作员	绥察行署通讯员	绥察行署文书（他是党外人）	绥中区武川县县长	绥中专署建设科科员（年十九岁）	绥中专署财政科担任勤力员	绥中专署民政科长	绥中专员
略历及死难经过	在武川百灵庙区与适宪兵特务队战斗牺牲他只带一班人他牺牲后班长带一班人继续战斗把特务队长击毙打死特务五人缴马子六七匹步枪六支连枪一支将特务队消灭	在百灵庙区被敌人拉场时要求讲话向伪蒙古军讲抗明喊产万岁路口后牺牲 灵域敌他刑他要将在场时要求讲话敌古了光共万路万岁号荣牺牲	于四年明敌前救行牺牲了	于四二年在武川二区被敌执行枪毙时他与他的通讯员玉兰同志在敌人面前唱了救亡进行曲一同牺牲了	于四三年回绥中坚持工作在归武县与敌战斗因弹尽援绝拼到最后留他一人自杀了不动摇不屈服的共产党员气节	四年斗花捕有他降敌作他声骂死不亡奴喊倒本国义刺 于一战带被敌要投替人事喊大我也当国高打日帝主死刀下	农民于四一年随成上大绥中专署任勤务工作在敌扫荡中被捕专署财政积存项与群众关系凡四说什么都知道告诉用马刀讲一个字（他是候补党员）专署绥中财政放大烟款粮食枪弹及与群众关系他都知道 四风山署员二因有追政科款来他都不人刺未来刑刑至死	抗大毕业于四一年派武川县布置工作在战斗中牺牲	于一九三八年任五寨动委会主任委员于三九大工派山历任绥中专员艰苦奋斗六年四四年战斗中牺牲
		年十八岁							备考

烈士登记表

姓名			刘润	卫金佩	王占万	王志雨	张保莲	张保香	程世荣
籍贯			山西兴县	河北	山西临南	汾阳	山西汾阳	山西汾阳	山西洪洞
部别与职别			兴县四区助理员	剧团指导员	交通总站机务科书记	四区助理员	延安部艺	交城区妇救会工作	绥武中川区归区武区长特
略历及死难经过			一九四一年敌人扫荡游击阵亡	一九四〇年牺牲	一九四二年十月廿五日因病致死	五次强化牺牲	病故	被敌俘半路刺死	于一年四归武到川开平工辟作务被逮捕害死特
备考					党员对工作认真负责细心				

烈士登记表

姓名	赵维祥	曹必银	孙培贵	马三	王三娃	王美平	李绍春	吴醒世
籍贯	平遥县	文水县下曲镇	保德	安邑县	绛县	山东	山东	平陆县
部别与职别	决死十一总队战士	八地委警卫队指导员	苟岚牺盟特派员后在牺盟游击队	同战士	同战士	同一大队副班长	决十一纵队一大队战士	决十九团排长
略历及死难经过	战场牺牲	负伤后牺牲	被日本人打死	同	同	同	蒲县血关战斗	小学生在离东战斗
备考		共产党员						

烈士登记表

姓名	王其昌	武金瑾	苏片左	郭寿珍	郭中柜	赵进祥	朱云南	陈金龙	贾力更	巴增秀	李万青
籍贯	南方不详	文水	平遥	交城	河南	保德	沁源	湖南	绥远土木特旗	绥远土木特旗	临县
部别与职别	工卫旅指导员	工卫旅教导员	工卫旅敌军科长	工卫旅民运科长	工卫旅敌军科长	决死队	死十总队决二队班长	大青山李支队工科长死时任二大队政委	北区署行政蒙处长		公安总局科员
略历及死难经过	文水北家和堡战斗中牺牲	在交城东斗中牺牲	同	同	在交城敌区被杀	反固斗争顽中在战场上牺牲	在作战中牺牲	一九四三年月在绥凉县敌人第一次大围攻中牺牲	满山带敌在汗一被人打死	在大青山病死	病死
备考	同	同	同	党员				曾在七一五团长征干部共产党员		共产党员	共产党员

烈士登记表

姓名	崔一生	袁克宽	刘国元	孟明山	杨三让	邢成科	邢开元	韩昌太
离石	平陆	兴县	朔县	同上	同上	崞县	离石	籍贯
部别与职别	三地委组织部长	梁城县县长	行署仓库主任	行署驿站	牺盟秘书	八旅独立一团	九旅七一八团	离石县长
略历及死难经过	被敌包围打死	被敌俘掳	被特务害死	病死	被敌人打死	团部通讯员（作战牺牲）	战士（作战牺牲）	被特务毒死
备考	一九四二年年节时	一九四二年	一九四二年	一九四三年	一九三八年	一九三八年	一九三八年	一九四三年

烈士登记表

姓名			邢四奎	仁二洞	刘占熬	侯子英	杨克栋
籍贯			静乐人	静乐三区人	陕北	汾西	孝义
部别与职别			三地委交通员	三分区公安分局政卫连班长	三分区公安分局执行科长	丰镇四区秘书	丰镇四区长
略历及死难经过			同上	同上	四二年一月静乐水浴被敌包围牺牲	被捕杀死	被捕杀死
备考						一九四一年	一九四一年

烈士登记表

姓名	贾耀德	王廷英	陈兆栋	张有义	赵唐风	李贯三	岳五儿	岳忠惠	王立根
籍贯	汾西	介休	孝义	文水县	文水县	崞县	文水县	文水县	文水县
部别与职别	一九四〇年行署粮秣科长	同上（战士）	决死二纵队游三团二连班长	文水县五区区长	文水县县政府科长	文水游击大队副教导员	文水公安局侦查员	文水公安局侦查员	文水公安局侦查员
略历及死难经过	为工作操劳过度病死	在文水被敌包围英勇战死	在孝义下土井伏击战打死敌（领导全班向敌汽车内掷手榴弹）	遭敌包围杀死	病死	被敌捕后刺死	被敌捕后刺死	被敌捕后刺死	被敌捕后刺死
备考	共产党员		同上	同上	同上	同上	同上	同上	共产党员

烈士登记表

姓名	洛森	刘效尧	王治	梁二保	王温良	李导生	佰成华	刘凤林	赵廷琛
籍贯	湖北	崞县	汾西县	文水县	保德	保德	汾西	石楼	汾西
部别与职别	汾阳五区区委	独立二团工作团民运股长	文水县第二区基干队长	文水公安局警卫队战士	三五八旅青年干事	崞县牺盟特派员	洪赵支部教育干事	石楼牺盟县分会宣传部	晋西南汾西区公所助理员
略历及死难经过	病死	被敌包围牺牲	被敌捕获后刺死	病死	工作中患病在反扫荡中死了	工作积劳成疾死	积劳成疾病死	积劳成疾病死	晋西南往晋西北走被顽固军打死
备考	同上	同上	共产党员		共产党员	共产党员	共产党员	同上	共产党员

烈士登记表

姓名	王合全	石大烈	王银	刘纪明	唐全耀	乐琪	刘福元	卫士文	张柏祥	王一青	张富峰	李荣	苏明
籍贯	江西	洪洞	四川	河北	山西	洪洞	河北	同	同	山西	河北	汾阳	洪洞
部别与职别	二纵队四团长	游五团班长	同	同	一二〇师班长	游团特务长	一二〇师战士	同	同	一二〇师连政指	一二〇师班长	牺盟	永和县委
略历及死难经过	四一年在八分区边山牺牲	晋西事变牺牲	同	同	打辛屯堡牺牲	晋西事变牺牲	辛屯堡战斗牺牲	打石友三战斗牺牲	百团大战中牺牲	同	辛屯堡战斗牺牲	被敌人包围突围牺牲	晋西事变牺牲
备考													

烈士登记表

姓名	王玉明	吴季兰	韩雨田	张宾	王树春	吕文清	陈春告	郭仲苏	魏敬佩	肖黑子
籍贯	山西孝义	山西平陆	山西孝义	山西孝义	河北	山西平遥	山西孝义	河北	河北北平	河北任丘县
部别与职别	工卫旅卫生处医生	在平陆县政府任二科科长	工卫旅八连学员	工卫旅第八连任副班长	工卫旅第八连第九班班长	在工卫旅宣传队做民运工作	工卫旅第九连工作员	在工卫旅八连指导员	在工卫旅剧团任指导	战火社宣员 剧传
略历与死难经过	在八分区敌人包围四〇年牺牲了	四〇年被敌人打死了	打仗牺牲了	作战牺牲了	在周家山作战打死	三九年病死了	打仗牺牲了	下平川打敌人牺牲了	下平川工作被敌人打死了	在晋北四〇年冬敌人扫荡地寒病死，工作极积的演员 西〇季人在得伤积很好的演员
备考										

· 1946 ·

死难烈士登记表

姓名	石耀山	刘连道	郭兴家	张明	郭三娃	冯武世	宫承天	赵唤然	孟明山	赵廷生	李国双
籍贯	汾西	汾阳	嶂县	中阳	徐沟	保德	山西神池	河北安国县	右玉	汾西	四川
部队与职别	洪赵总队供给主任	八专署文书	后勤部会计	离东县农校秘书	清太游击队班长	二大队特务副班长	经济局总科员	一二零司令部测绘员	粮局食粮员	地方干部	陈支队一团十二连连长
略历及死难经过	一九三六年参加红军七七事变后回本县地方工作曾在洪赵地委任秘书一九四○在平川因病牺牲	曾在永中学习过一九四一年因被敌人打死	曾一九二○当信后电在勤工因病牺牲 在二师通员学台后部作病牺牲	一九三年革命一四命九二被人抓去了耙牺牲的	在家农敌工区作敌人打死	在家务农参部在一九四○因病牺牲	病死	在教导营业毕习九三二占在曲占工作牺牲	本县区会书秘在本过农鲁加干学一四月因病牺牲	太原中业本三教数在九零反固争晋南牺牲	经过长征一九四○年反顽固斗争在临县战斗中肺部负伤在医院牺牲
	党员		党员						党员	党员	备考

姓名	董一飞	周洪涛	冯奋家	张有权	郭选	曾震之	周作清
籍贯	辽宁	陕西西安	山西离石	山西离石	山西交城县	安徽	江苏
部别与职别	晋西北新军总指挥部民运科长	太原县长	同前	担任离石一区敌区地方党的秘密工作	工卫旅旅政治部民运科长	清源县青救会秘书	太原中心区青救会筹备委员会秘书
略历及死难经过	任过决死纵队十团团长。四零年到八分区时与周洪涛一起殉国	三九年任决死四纵队干部十二分校政治队政治教官。四零年调任太原县长，在敌扫荡八分区时他被敌包围于交城原平川下石沙沟村、他与董一飞于突围中被敌打死	敌人进占离石城后即参加韩昌泰率领的游击二大队后到地方上工作与张有权同时被捕同时被敌处死	抗战爆发后在战总会指导组织交口村自卫队工作敌人进占离石后参加地方游击队打过游击敌人进占柳林后即深入敌区工作被柳林之敌由殿则塌村捕去，在汉奸冯元广证实下被敌杀死于柳林	四一年夏季他深入交城平川工作时被工卫旅合作社的一个叛徒投敌后第二日清晨带交城之敌捉去、敌人用尽一切诱降的手段伎俩、他始终未动摇遂被敌于深夜拉到刑场刺死	抗战爆发后来到延安中国青年训练班学习三九年到晋西北初到交城县青救会任组织部长在清源工作被捕去装入麻包刺死	一九三九年夏季深入文水敌占区开辟工作，于工作告一段落，在归途中被文水敌人捕去，在敌刺刀逼迫下自挖坑被敌活埋
备考			张有权与冯奋家的工作与死离东县委冯树同志详知		他于临死前犹呼打倒日本帝国与中国共产党万岁等口号	他被敌捕去后敌让在伪县府工作但他仍做抗日工作结果被敌发现遂被刺死	其略历张九同志可能清楚

姓名	翁萃	赖辉	刘森		田零云	李茂华	宋成孩	李伯英	张永泰	岳志德
籍贯	山西				湖南	山西临县	绥远武川	山西五寨	山西五寨	山西忻县
部别与职别	绥中武川民政科长	毛支队政委	毛支队三大队教导员		雁北六支队二营教导员	绥中专署管理员	老百姓	平鲁青救秘书	雁北农联宣传	雁北青联组织部长
略历及死难经过	四二年川联敌牺牲 四二年武斗在一区作战牺牲	三九年西曲阳庄战牺牲	三八年与敌作战牺牲		四零年二月敌八次围攻屯南在张崖沟被敌瓦斯毒死于煤窑	四二年敌扫荡绥中被捕不屈被敌杀害	四二年为救绥中专署管理员李茂华被敌枪毙	四零年跟岳志德一块被捕不屈被打了靶	三九年敌七次围攻右玉南山在张崖沟牺牲	四零年到平鲁检查工作被顽固乔获不屈被打了靶
备考										

魏智初	薛占海	陈忠群	向阳	石秀英	曾洪文	张桂兰	何秀兰	穆秀花	张华	武同英	李桂芳	许可
陕北	陕北	山西	四川	朔五区		平鲁	平鲁	平鲁	朔县	平鲁	陕北瓦窑堡	晋南
绥察行署警卫连政指	绥察行署警卫连长	绥南凉县委	雁北青联	区妇救干部		平鲁妇救	右玉妇救		朔五区妇救干部		雁北妇联秘书	绥南和林县委
二与一在斗争中牺牲 四年薛同战中牺牲	二于凉区神沟敌斗牺牲 四年归一山庙与战中牺牲		三九年病死	同李	同李	同李	同李	同李	同李	同李	零敌次攻南敌斯死张沟 四年八围右被瓦毒于涯	四一年于和林黑土崖被敌包围牺牲
		牺牲情况不明			华侨							

烈士登记表

姓名	张署虎	宁应才	包罗	郭岗	王要娃	王孚萍	郭寿天
籍贯	山西宁武县	山西河津县	山东人	山东人	新绛县	襄陵县	襄陵县
部别与职别	三五八旅游击支队第三大队班长	静宁县区农救秘书	五分区洪涛报社社长后又担任六区队支队参谋	五专署政卫连政指	政卫二支队第一大队第三中队队员	政卫二支队第三大队大队长	二一三旅五八团团政治主任
略历及死难经过	宁武被敌包围而牺牲	四零年九月被敌包围打死	过去上大学在雁北因病牺牲	过去在旧兵游北叭围当导击在下被敌流血过多而亡 业后卫作时弹过前战自敌退炮血过自撤中因抗战参加农抗战参队加与	参加抗战回家政府工作后游击被敌人牺牲 过红前县工厂战在加抗参队加被围	第六师毕业三年参盟导加工作被敌人围牺牲 范过员当教县作游打人 牺击领包	
备考							

姓名	钱斋	崔玉林	闫世英	蛮娃
籍贯	山西文水	山西汾西县	山西汾西县	徐沟
部别与职别	晋绥边区第八军分区游击支队政治部秘书	牺盟会做地方工作	决死二纵队游击五团三营七连工作员	徐东二区通讯员
略历及死难经过	一九四一年敌人扫荡被捕死病	一九三九年十二月被顽军抓住光荣牺牲	晋西事变后在洪赵纵队汾西游击大队和顽固军作战而牺牲	徐东遇榆次敌被捕当时在一村切草刀凹而死
备考				

姓名	刘根有	刘兆选	董子悬	赵海隆	高德荣	张学光	梁还海	张有根	郭根银	周根年	王鑫	郭明远	李连寿	张德武	韩林科
籍贯	离石	离石	离石	忻县	忻县	忻县	忻县	忻县	忻县	忻县	忻县	汾西县	阳曲	静乐	静乐
部别与职别	本县警卫队员	同	本县公安局侦查员	忻民兵中队长	忻公安局排长	忻公安局班长	忻公安局通信员	忻公安局战士	忻区抗联秘书	忻公安局战士	忻区委	阳曲县委部长	阳曲财政科长	三地委组织干事	静乐一区委书记
略历及死难经过	击柳林阵亡	被敌俘去刺死	被敌俘喂洋狗吃了	战斗牺牲	战斗牺牲	战斗牺牲	战斗牺牲	战斗牺牲	被敌包围牺牲	战斗牺牲	被敌包围牺牲	被俘至太原不屈打死	被俘牺牲	在阳曲被敌俘去烧死	被敌包围打死
备考															

姓名	籍贯	职务	牺牲情况
刘世英	离石	离二区妇救会秘书	被敌包围打死
程宗显	隰县	离石县抗联干部	被敌包围打死
范国良	偏关	该县区武委会主任	抗顽固牺牲
李唐	偏关	该县公安局排长	在敌扫荡时死
张秉升	陕西	偏关公安局长	打顽军牺牲
刘文智	偏关人	方一区除奸助理员	打顽军牺牲
张生儒	方山县	方山县青救主席	被敌俘去杀了
高玉清	大宁县	方山县宣传部长	被敌包围牺牲
温元清	岚县		牺牲
张建益	临南	该区农会秘书	被敌包围烧死
石镇华	文水县	永田中学文书	被敌俘去狗咬死
李嫩只	岚县	岚县公安局侦查员	开展敌工作失火牺牲
高兰旺只	岚县	岚警卫连战士	战斗牺牲
余世成	岚县	岚三区委书记	战斗牺牲
张东科	兴县	兴二区稽征局办事处主任	被敌扫荡包围牺牲
任鸣令	文水	工卫旅二十二团二营四连指导员	战斗牺牲
韦金培	北平市	工旅二十一团三营八连指导员	战斗牺牲

烈士登记表

姓名	籍贯	部别与职别	略历及死难经过	备考
王耀云	汾阳	五区助理员	在汾阳五区牺牲	
向来旺	平陆	二纵队六团侦察排长	在汾阳七区被敌人打死	
蒋三	汾阳	汾阳大队平川工作队长	因他很有威信敌人想尽法在唐兴庄包围打死	
侯中敬	汾阳	地方秘密干部	因病在家被敌人捕去刺刀刺死	
李荣	汾阳	汾阳牺盟干部	学一四年本牺组部被义人去和军城敌赶捕后伪出被人来刀刺死中生九零任县盟织长孝	
朱连长		十八二的连长	十团营一连九被务一收本指员班在五上村死了是八二的个三年特骑军买连导及长朔区街打了	
王保	平鲁		被争取过来几个伪军打死的	
二英子	平鲁	平鲁县政府勤务员	四二年阴八月十六在平鲁白辛庄窝被敌包围牺牲	
时芒	忻州	平鲁公安局长	四二年阴八月十六在平鲁白辛庄窝被敌包围牺牲	
吴进堂			被敌人在平鲁左小峰牺牲	
李林	福建	晋绥边区牺盟会宣传组织部长及秘书	被敌包围牺牲	

郑河	石尚英	高勋飞	闫显升	张超	蒋四	宋保玉	任应基	任茂生	芦肇乾	田振兴	申久富	郭仲书	田茂生
五台	天镇	河北	湖南	山西	汾阳	山西静乐	山西孝义	同	山西汾阳	山西汾阳	山西汾阳	河南	山西汾阳
汾阳县大队长	二纵队六支队参谋	汾阳县大队长	洪赵纵队团长	二纵队六支队敌工科长	县大队队员	三分区游击队任连长	工卫旅任指导员	工卫旅宣教干事	工卫旅四连副政指	工卫旅一个班长	工卫旅四连副排长	工卫旅部政指导员	工卫旅宣传员
牺牲时系公安局长	系太原中学毕业	牺牲于汾阳五区	在汾阳六区运粮牺牲	牺牲于汾阳七区	牺牲于汾阳七区	被敌包围牺牲	在一九四二年交城敌扫荡牺牲	牺牲于四二年扫荡时	同	牺牲于一九三八年会立战斗	牺牲于一九四二年交城南峪口被敌刺死	牺牲于一九四二年往兴县转移	同

备考	

烈士登记表

姓名	成子明	崔一生	李云	冀尔太
籍贯	祁县	山西离石		山西汾阳县西官村
部别与职别	文水县二区区助理员	三地委组织部长	在汾阳担任县青救干事	在汾阳二区担任区青救会组织干事
略历及死难经过	曾当过教员与教育科科员被文城内敌人捕去英勇牺牲	住过陕公在区党委作过统计科长后到三地委在四二年二月敌人包围牺牲	在汾阳二区被日本鬼子逮捕在孝义城他后来争取伪军一名一块逃出孝义城被敌人看见杀死	高小毕业在汾阳二区董家庄被日本鬼子杀死他至死没说出我们的组织
备考				

军区卫生部后方医院抗战第五周年统计

部位	头颈部 枪伤贯通	枪伤盲贯	炸伤	刺伤	擦伤	跌伤	挫伤	计	胸腹部 枪伤贯通	枪伤盲贯	炸伤	刺伤	擦伤	跌伤	挫伤	计	背部 枪伤贯通	枪伤盲贯	炸伤	刺伤	擦伤	跌伤	挫伤	计	臀部 枪伤贯通	枪伤盲贯	炸伤	刺伤	擦伤	跌伤	挫伤	计	上肢 枪伤贯通	枪伤盲贯	炸伤	刺伤	擦伤	跌伤	挫伤	计	下肢 枪伤贯通	枪伤盲贯	炸伤	刺伤	擦伤	跌伤	挫伤	计	总计
原有	2	1						3	3 4	3	2 2					2 13	4	5	1					10	6 7	3							16 24	8	1					1 34	21	1	1 7	3	2 35			11 1	
增加	20	3	24 5	7 3				2 64 27	2	33 16 14						92 13	18 5						1 5 42 15	16 15						9 55 74	16 35	12 1					13 8	73 12 17 7						23 62 2 3	
治愈	13	2	16 4	7 3				45 17	2	24 16 14						1 74 11	19 5						1 5 46 14	20 18						9 61 85	15 43	10					15 3	69 11 15 9						20 58 9 8	
转院																																															
死亡	5		2					7 4	4							4																1								1		2					5 16	
逃亡																			1					1	1								1								1							2	
现有	4	2	6 1					2 15 10	3	3 11 2						1 27 5								5	5 7	3							10 12 1		3 2 18						31	7	9 1 5					12 8 53 8	

晋绥军区卫生部后方各所抗战第六周年

部位	头 枪伤 贯通	头 枪伤 盲贯	头 炸伤	头 刺伤	头 擦伤	头 跌伤	头 计	颈部 枪伤 贯通	颈部 枪伤 盲贯	颈部 炸伤	颈部 刺伤	颈部 擦伤	颈部 跌伤	颈部 计	胸腹部 枪伤 贯通	胸腹部 枪伤 盲贯	胸腹部 炸伤	胸腹部 刺伤	胸腹部 擦伤	胸腹部 跌伤	胸腹部 计	背部 枪伤 贯通	背部 枪伤 盲贯	背部 炸伤	背部 刺伤	背部 擦伤	背部 跌伤	背部 计	臀部 枪伤 贯通	臀部 枪伤 盲贯	臀部 炸伤	臀部 刺伤	臀部 擦伤	臀部 跌伤	臀部 计	上肢 枪伤 贯通	上肢 枪伤 盲贯	上肢 炸伤	上肢 刺伤	上肢 擦伤	上肢 跌伤	上肢 计	下肢 枪伤 贯通	下肢 枪伤 盲贯	下肢 炸伤	下肢 刺伤	下肢 擦伤	下肢 跌伤	下肢 计	总计
原有	4	2	6	1			13								10	3	11	2			27								7	3					5	10	12	1				18	31	7	9	1	5		53	103
增加	8	2													22	5	17	10	4		70								8	32	13		5		77	58	91	20	73	7	2	204	59	59	92	3		26	246	247
治愈	10	3														5	23	10	4		82								14	32	13		5		81	64	96	21	67	7	2	205	74	64	91	4		24	267	272
转院																					2											1																		
死亡	2															1	1	1			3			1				1																2	1				3	8
逃亡																																										1							1
现有	1	2					3								3		2	5	2		13								1			3			4	7	6					17		2	9			7	32	69

· 1958 ·

军区卫生部后方医院抗战第七周年统计

部位	头颈部							胸腹部							背部							臀部							上肢							下肢							总计
	枪伤		炸伤	刺伤	擦伤	跌伤	计	枪伤		炸伤	刺伤	擦伤	跌伤	计	枪伤		炸伤	刺伤	擦伤	跌伤	计	枪伤		炸伤	刺伤	擦伤	跌伤	计	枪伤		炸伤	刺伤	擦伤	跌伤	计	枪伤		炸伤	刺伤	擦伤	跌伤	计	计
	贯通	盲贯	伤	伤	伤	伤		贯通	盲贯	伤	伤	伤	伤		贯通	盲贯	伤	伤	伤	伤		贯通	盲贯	伤	伤	伤	伤		贯通	盲贯	伤	伤	伤	伤		贯通	盲贯	伤	伤	伤	伤		
原有		1	2					3 4	2	2 5				13										3				4	7	2	6		3	1	17	14	2	9		7		32 69
增加	28 2	2	14 10	2 4				60 10 4	6	45 69 7		5		23 6	55 5	18 33	2	2 3			11 8	28 5	13 39 5					4 89	18 3	37 96 11		23		35 0 8	94 14 8	20 4	12 57 26	4	12		47 12 68① 3
治愈	19 2	2	12 7	2 3				45 8 9	5	44 56 7		3		20 4	41 3	17 33	2	3			9	22 3	9 39 5					4 79	14 8	34 98 7		20		30 7	87 12 7	20 9	12 55 15	4	9		43 7 11 71
转院																																											
死亡	4 1	1	2		1			7 1	2	1 3 1				7	7	1		2			2	3	3					6	1	1		2		2	1	3	2				3 21
残废					1			1 3						1 4	2	1					9	9 3						6 13	13	2		1		16 11	7	9	2				22 58
现有	5	2	2 3					10 14	2	2 3 14				1 34 7	34 7	1		8			8	4 4	4					8 28	2	2 4		5		5 1 42	21 11	2	9		2		14 11 43 5

① 原文如此，计算有误。

221. 晋绥军区卫生部后方医院烈士统计表

(1944 年)

说明

1. 此名册是由四零年至四四年仅是在后方医院牺牲的（前方未有）尚不够太完全。

2. 表内备考内是牺牲的年月。

3. 抄此材料时是以所为单位抄的故月份有"无次序"之处。

烈士名册

军区卫生部调查

烈士登记表

姓名	李金生	王存荀	李贵生	吴廷英	郭侯明	高长杰	许久爱	韩培智	郭兴甲	周生	赵海存	刘波	胡天玉	王存初	梁金明	贺力生	姜子明	王金样
籍贯	河北定县	山西文水	山西定襄	山西五台	山西岚县	山西临县	山西岢岚	山西晋城	山西嶂县	山西河曲	山西神池	山西平鲁	山西闻喜	湖南长沙	河北平山		山东德平	山西宁武
部别与职别	十七团战士	后勤护士	毛织厂工人	绥德药房	岚县民兵小队长	六分区战士	二旅战士	八分区班长	后勤会计	二旅九团战士	二旅战士	塞北战士	四纵队班长	后勤工人	荣誉队司务长		武工队组长	保德兵站司务长
略历及死难经过	病（黑热病）	病（肺炎）	病（咯血）	病（腹水）	病（肺坏疽）	伤（上肢贯通骨折）	病（黄疸）	病（腹膜炎）	病（脑膜炎）	病（脑膜炎）	病（尿毒症）	病（胸膜炎）	病（胃溃疡）	病（肺结核）	病（肺结核）	肺结核	心脏麻痹	恶液质
备考	四四年五月	四四年六月	四四年八月	四四年七月	四四年九月	四四年九月	四四年九月	四四年九月	四四年八月	四四年八月	四四年八月	四四年八月	四四年二月	四四年一月	四四年三月	四四年二月	四四年一月	四四年三月

烈士登记表

姓名	籍贯	部别与职别	略历及死难经过	备考
赵连	山西岢岚	二旅毛织厂工人	病（肺口血）	四三年四月
李同生	山西朔县	塞北分区战士	病（肝口血）	四四年十一月
庞福	山西右玉	二分区班长	病（肺炎）	四四年十二月
范景春	山西河曲	二专署犯人		四四年十二月
郝兼美	山西文水	工卫旅战士	病（肠结核）	四四年八月
黄奴棒	山西兴县	工卫旅战士	病（肺肠结核）	四四年八月
张正芳	山西汾阳	七月剧社演员	病（肺气肿）	四四年八月
丁玉成	山西文水	二十一团伙夫	病（肝脓疡）	四四年九月
孙彬	河北定县	分局研究员	病肠肺结核	四四年九月
姜维	山西文水	工卫旅战士	病（肺T、B）	四四年八月
赵云丰	河北蠡县	八旅青年干事	病（肺T、B）	四四年四月
杨胖祥	山西方山	方山游击大队长	病（肺T、B）	四四年四月
刘文贞	河北武强	三二团战士	病（肺出血）	四四年四月
郎同文	河北定县	十七团炊事员	病（腹水）	四四年四月
吴子荣	河北定县	十七团排长	病（脑髓炎）	四四年四月
黄振发	河北献县	三二团战士	伤（右腹贯通）	四四年四月
郭振海	河南开封	七一团司务长	伤（下肢贯通）	四四年四月
刘焕文	山西离石	离石民兵队长	伤（炸伤）	四四年五月

烈士登记表

姓名	刘满顿	张受成	王仁全	刘凤林	李应世	赵金山	崔厚生	王学义	孙亚芳	高机	张建堂	王文安	王秉义	冯全英	田旺	陈华
籍贯	河北灵寿	山西	河北河间	河北雄县	山西偏关	山西静乐	山西静乐	河北灵寿	河北井陉	河北饶阳	河北肃宁	山西宁武	山西静乐	山西孝义	河南	湖北明石
部别与职别	抗大伙夫	卫生部马兵	司令部伙夫	八旅班长	二旅工人	工卫旅战士	被服厂运输员	司令部报务员	二纵队教导营学员	师政工作员	八旅六团战士	特务团排长	静乐游击队战士	分局	政治部民运干事	八旅六团排长
略历及死难经过	病（阿米巴赤痢）	病（肺结核）	病（肺结核）	伤（头骨骨折）	病（肺结核）	伤	病	病	病	病	病	病	伤	病（略血）	病（子宫出血）	病（腹膜炎）
备考	四三年一月	四三年六月	四三年五月	四三年五月	四三年五月	四三年三月	四三年三月	四三年二月	四三年二月	四三年二月	四三年二月	四三年二月	四三年一月		四三年六月	四三年六月

烈士登记表

姓名	籍贯	部别与职别	略历及死难经过	备考
史举兴	河北高阳	九旅战士	病（神经病）	四三年六月
郭月花	山西文水	党委伙夫	病（流感）	四三年七月
刘子玉	四川	二分区班长	病（肺T,B）	四三年六月
张寿成	山西武乡	卫生部马兵	病（肺T,B）	四三年六月
陶世信	大众剧社管理员		不明（意识昏迷不说话）	四三年五月
宋三秀	不明	不明	不明（入院已不会说话了）	四三年五月
肖子菁	湖南龙山	师警排长	病T,B	四三年五月
宋秀廷		行署文书	病（心脏衰弱）	四三年五月
张鲁	绥远照县	察绥党委秘书	病（肺空洞）	四三年四月
高普照	山西汾阳	后勤排长	病（腹水）	四三年四月
石光祥	湖北米子	师政司务长	病	四三年三月
刘道萼	湖南石门	陆中学员	不明	四三年三月
王万洪	陕西富平	后勤马兵	病	四三年一月
江福林	湖南荼里梁	抗大学员	病	四三年一月
申三金	山西昔阳	后勤战士	病（肠T,B）	四三年一月
许向胂	河南滑县	二纵队工人	病（肠结核）	四三年一月
李新海	河北河间	后勤伙夫	病（肠结核）	四三年一月

烈士登记表

姓名	李更生	李占同	张运堂	李纪洪	梦飞	牛永玉	刘长喜	陶士信	秀林	张福成	王德光	李应大	刘凤德	侯二海	周炳忠	宋有清	赵开珍
籍贯	河南	河北		广东	陕西	陕西	湖北石门县		四川	山西	四川南江	山西偏关	河北雄县	绥远	江西	湖南新贵	山西平县
部别与职别	妇联	特务团战士	三五八旅战士	神府三区书记	政指	托儿所上士	陆中学员	大众剧社管理员	托儿所	卫部马兵	军区卫生部总支书	二旅工人	三五八旅二营班长	二旅战士	抗大娱乐干事	五分区连长	师部警卫班长
略历及死难经过	病（坐骨N痛）	病（脊髓炎）	病（肺T,B）	病（伤寒）	病（肺T,B）	病（伤寒）	病（呼吸困难）	病（肺T,B）	病（白喉）	病（肺萎缩）	病（肺结核）	病（肺结核）	伤（脑膜炎）	伤（腹贯通）	病（伤寒）	病（T,B）	病（喉结炎）
备考	四二年十二月	四三年二月	四三年二月	四三年二月	四三年二月	四三年四月	四三年三月	四三年五月	四三年五月	四三年六月死亡	四三年六月	四三年五月	四三年五月	四二年七月	四二年十二月	四二年十一月	四二年十二月

烈士登记表

姓名	籍贯	部别与职别	略历及死难经过	备考
张世昌	河北邢台	新军总部马兵	病（脊髓炎）	四二年十月
王经安	山西宁武	特团排长	病	四三年二月
赵金山	山西	工卫旅一团战士	伤（枪伤双足断）	四三年五月
孙联华	河北	二纵队教导员学员	病（肺结核）	四三年二月
崔信生	山西静乐	被服厂运输员	病（肺T、B）	四三年三月
王仁全	河北	师部	伤	四三年三月
杨章元	河南	工卫队工人	枪伤	四二年七月
路中奎	山西	七月剧社演员	病（气管支喘息）	四三年六月
史国章	河北静海	抗大二分校国文教员	病（黄疸）	四三年五月
郭子龙	山西文水	党校伙夫	病（腹水）	四三年七月
冯全英	山西	党委	病（肺T、B）	四三年七月
赵凤明	河北交河	卫生部材料厂	病（肺结核）	四三年八月
陈光郁	河北阜平	行署	病（肺T、B）	四三年九月
张玉其	河北霸县	特团班长	病（肺肠T、B）	四三年九月
朱富其	山西	抗报社理发员	病（肺结核）	四三年八月
刘兴云	河北宁县		病（腹水）	四三年九月
石玉柱	河北高阳	师被服厂工人	病（黄疸）	四三年十月

烈士登记表

姓名	籍贯	部别与职别	略历及死难经过	备考
曹子平	江苏武镇	八R参谋	病（肺结核）	四二年四月
张子胇	山西汾阳	工卫旅战士	病（天花）	四二年四月
马晨良	四川石柱	师警卫营伙夫	病（膀胱结石）	四二年四月
段成礼	山西大同	二所上士	病（肠加答尔）	四二年四月死亡
王毛罗	山西兴县	被服厂工人	病（肠炎）	四二年四月
刘四青	山西保德	化学工厂工人	炸伤	四二年三月
董孙景	河北河间	特务团文教	病（肺结核）	四二年二月
刘子光	河北深县	抗大学员	病（伤寒）	四二年三月
李天全	湖北天门	抗大七分校运输队长	病（轻性黄疸）	四二年一月
王万通	河北深县	七分校工人	病（肠炎）	四二年二月死亡
李少轩	湖北汉川	八B供给部出纳	病（心脏病）	四二年九月日死亡
袁怀亮	山西兴县	特务团战士	病（肺结核）	四二年死亡
叶乃	广东	抗战日报社干事	病（肠结核）	四二年死亡
曹连生	山西汾阳	抗大七分校生产员	病（肠结核）	四二年死亡
刘荣合	山西兴县	新军总部马兵	病（伤寒）	四二年死亡
刘化南	河北饶阳	被服厂工人	病（气管支炎）	四二年死亡
贾来保	山西保德	师电台勤务	病（肺结核）	一九四二年死亡
魏金良	河北	后勤战士	病（气管支喘息）	一九四二年死亡

烈士登记表

姓名	籍贯	部别与职别	略历及死难经过	备考
尚子凤	河北固安	八旅六团勤务	病（胃溃疡）	四二年六月
王四子	山西孝义	后勤马兵	病（流感）	四二年六月
范志民	河北安国	师染织厂工人	病（肺T,B）	四二年六月
王文喜	陕西	师特团战士	病（伤寒）	四二年六月
刘振青	河北行唐	亚六团一营战士	枪伤（胸部贯通）	四二年五月
刘武	山西太原	二旅伙夫	病（脊髓炎）	四二年四月
何万营	甘肃	师电台伙夫	病（肠T,B）	四二年四月
李仁乃	山东王县	师部参谋	病（肠结核）	四二年五月
闫三旬	山西静乐	工卫R伙夫	病（肠出血）	四二年五月
让里纯	山西五寨	二R电话员	炸伤	四二年五月
刘王明	山西岚县	特务团工人	病（睾丸炎）	四二年五月
李相臣	天津	附属所司务长	病（蜂窝织炎）	四二年三月
姚志平	四川巴州	师部参谋	病（水肿）	四二年四月
彭和初	湖南	八旅供给员	伤	四二年三月
张金山	河北唐县	工卫旅排长	病（伤寒）	四二年三月
张凤葆	西孝义	工卫旅政指	病（大叶性肺炎）	四二年四月
王海宽	山西五台	工卫旅战士	病（T,B）	四二年四月
任子新	山西文水	工卫旅政指	炸伤	四二年四月死亡

烈士登记表

姓名	郑友林	袁金俊	硕文志	吴殿奎	董凤元	王存良	刘喜云	刘凤山	王贵合	韩来虎	杨生林	韩国平	宋存小	齐维益	徐环山	齐庄月	郭友儿	夏阳
籍贯	山西宁武	河北蠡县	河北高阳	山西交城	山西太原	河北深县	甘肃	晋西	河北饶阳	山西静乐	陕西公县	河北安平	山西朔县	山西神池	四川	河北平山	山西赵城	四川
部别与职别	二纵队六团战士	八旅六团班长	师电台木工人	被服厂伙夫	民干校勤务	一旅特连通讯员	后勤二十一兵站管理员	行署马兵	后勤老年队员	师侦察员排长	工卫旅特连排长	师部运输员	卫部通讯员	九旅供给部运输员		第一河防司令部班长	二纵队伙夫	区党委组织干事
略历及死难经过	病（赤痢）	病（心脏瓣膜病）	病（入院时已昏迷）	病（赫尔尼牙）	病（伤寒）	病（赤痢）	病（肺T、B）	病（痢疾）	病（肠炎）	病（赤痢）	病（下痢）	病（肺T、B）	病（胸结核）	病	病（下痢）	伤（下肢盲贯）	病（赤痢）	病（肺T、B合并肺疸）
备考	四二年五月	四二年五月	四二年七月	四二年七月	四二年七月	四二年七月	四二年七月	四二年七月	四二年七月	四二年七月	四二年九月	四二年八月	四二年八月	四二年十月	四二年九月	四二年四月	四二年十一月	四二年十二月

烈士登记表

姓名	籍贯	部别与职别	略历及死难经过	备考
冯文华	河北清苑	特务团班长	病	一九四一年一月
于石明	山西岢岚	一旅文书	病	一九四一年一月
李大兴	四川宣汉	医院看护班长	跌死（墙塌压死）	一九四一年一月
郭崇孔	河北高阳	教导团学员	病	一九四一年一月
于合年	河北饶阳	八旅战士	病	一九四一年一月
张富河	河北蠡县	师警连战士	病	一九四一年一月
李应中	河北无极	供给部马兵	病	一九四一年一月
刘成衣	河北安平	六团战士	伤（枪伤）	一九四一年一月
郭有林	山西兴县	总公安局战士	病	一九四一年一月
杨春德	山东博山	一一五师一团战士	伤愈病发	一九四一年一月
张云祥	山西清源	特务团战士	病	一九四一年一月
李麻岚	河北肃宁	八旅战士	脓疥	一九四一年一月
纪小平	山西岢岚	供给部炊事员	病（肺T、B）	一九四一年一月
杨万山	山西寿阳	特务团战士	病	一九四一年一月
任耀池	山西文水	特务团战士	病	一九四一年一月
陈维恒	山西崞县	报务班学员	病	一九四一年一月
孟庆祥	河北新城	老年队队员	年老病重（50岁）	一九四一年一月
王月利	山西汾阳	医院管理员	病	一九四一年一月

烈士登记表

姓名	籍贯	部别与职别	略历及死难经过	备考
韩四堂	河北永德	工卫旅战士	病亡干菜元沟	四一年一月
冯玉川	绥远归绥	师侦察连战士	病亡干菜元沟	四一年一月
高玉亭	河北饶阳	一旅班长	病	四一年一月
李洪云	山西文水	特务团战士	冻伤	四一年一月
程永林	河北雄县	八旅战士	冻伤	四一年一月
贺洪非	河北任丘	一旅政治部誊写干事	冻伤	四一年一月
刘孟凯	河北安平	八旅勤务	脓疥	四一年一月
赵东民	河北饶阳	八旅炊事员	伤	四一年一月
金敏	辽宁	四纵队组织科长	病（肺T、B心脏衰弱）	四一年二月
高耀文	河北雄县	师供管理员	病亡干菜元沟	四一年二月
霍明正	河北冀县	卫生部公务员	病	四一年二月
王中林	河北深县	八旅排长	冻伤带病	四一年二月
段平山	山西文水	工卫旅战士	冻伤、带病	四一年二月
侯德俊	河北固安	四团看护长	病	四一年二月
曾相友	湖南	医院管理员	病	四一年二月
李登喜	山西文水	供给部工人	病	四一年二月
马富必				（不会说话了）四一年二月
常中玉	河北无极	一旅战士	病兼疥	四一年二月

烈士登记表

姓名	周金元	窦白高	侯德盛	郑富年	刘东亮	孟定邦	曹中合	李怀成	杨广林	胡红廷	靳守义	杨念繁	庞进金	张连友	王山瑞	游全表	秦明玉	崔金山
籍贯	山西忻县	山西兴县	河北蠡县	山西阳曲	河北肃宁	河北深县	河北无极	山西岚县	湖南龙山	河北饶阳	山西交城	河北阜平	河北深泽	河北献县	陕西三原	河北深县	河南开封	河北肃宁
部别与职别	二旅战士	医院看护	三支队战士	二旅卫生员	三支队伙夫	八旅伙夫	卫生部马兵	行署战士	师政工作员	七团马兵	暂一师班长	新总参谋	特务团战士	教导团学员	供给部马兵	教导团勤务	雁北班长	八旅战士
略历及死难经过	病（流感）	病、挤兼病	伤	病	病	病	病	病	病	病	伤	病	病	病	病	病	病（肺炎）	病（肺T、B）
备考	四一年三月	四一年三月	四一年三月	四一年三月	四一年三月	四一年三月	四一年三月	四一年三月	四一年三月	四一年三月	四一年三月	四一年三月	四一年三月	四一年三月	四一年二月	四一年三月	四一年三月	四一年二月

烈士登记表

姓名	马耀清	刘中正	田纪荣	冯玉华	屈忠义	孔祥中	李树平	张绍公	李星	韩来福	李怀玉	王石头	刘启国	霍建勋	张殿刚	许正	李庆昌	赵义同
籍贯	甘肃辉县	河北无极	河北无极	山西宁武	河南开封	山西岢岚	河北饶阳	河北固安	河北饶阳	山西寿阳	河南口阳	河北高阳	山西临县	山西文水	河南南阳	湖南溆浦	河北安平	河北饶阳
部别与职别	医院排长	医院看护	一旅班长	二旅战士	党委供给员	暂一师战士	一旅伙夫	八旅看护	八旅伙夫	医院看护	八旅伙夫	三支队战士	西北笔墨厂会计	特务团战士	新总民运干事	特务团文书	特务团排长	八旅看护
略历及死难经过	病（伤寒）	病（伤寒）	病（伤寒）	病	病	伤	重冻创疥	病兼疥	疮	病	病	病故于陈家岔（去延安的路上）	伤	伤	病（水肿）	病	病故于中梁上	病
备考	四一年四月	四一年四月	四一年四月	四一年三月	四一年四月	四一年四月	四一年四月	四一年四月	四一年四月	四一年四月	四一年四月	四一年四月	四一年四月	四一年四月	四一年三月	四一年三月	四一年三月	四一年三月

烈士登记表

姓名	于建明	路振辉	刘四儿	马来根	李金田	曾朗垣	张绍武	王信	高坦如	于福顺	熊德明	祝阴寒	赵玉光	张近喜	刘岗	常成彪	刘自玉	高开门
籍贯	河北献县	河北无极	山西文水	陕西佳县	山西崞县	广东	山西崞县	山西静乐	河北河间	河北文安	湖北孝感	浙江	山西兴县	河北深泽	山西太原	山西忻州	四川	山西
部别与职别	特务团宣传员	八旅战士	特务团马兵	医院看护	雁北文书	公安总局干部科长	卫生部战士	师部测绘员	后勤文书	供给部运输员	师部电话员	分局生产员	特务团战士	二十二团战士	特团副政指	公安总局工人	晋察冀八旅班长	三五八旅班长
略历及死难经过	不明	两足冻死中毒	冻伤兼病	病（流感）	病	病（伤寒）	病（恶性脓疡）	疮	病	伤	神经病	病（呼吸困难）	病（脑膜炎）	病（口发性腹膜炎）	病（伤寒肠出血）	病（T、B喉结炎）	病（头肺狭窄）	伤（头部贯通）
备考	不明	四一年四月	四一年四月	四一年四月	四一年五月	四一年五月	四一年五月	四一年五月	四一年五月	四一年五月	四一年五月	四一年八月	四一年九月	四三年十一月	四三年十一月	四三年七月	四三年七月	四零年一月

烈士登记表

姓名	籍贯	部别与职别	略历及死难经过	备考
孟心友	山西	三五八B通讯员	病（流感）	四零年二月
任占元	山西宁武	七一四团马兵	病（心脏肌衰弱）	四零年二月
蔚海全	山西朔县	十九团一连战士	病（心脏瓣膜病）	四零年二月
杜飞瑞	山西蒲城	六团政治处特派干事	病（肺炎）	四零年二月
程兑礼	山西宁武	游击师班长	病（伤寒）	四零年二月
赵山武	山西交城	独一旅一营伙夫	病（流感）	四零年二月
牛子镦	山西清源	三五八旅文书	病（肺炎）	四零年二月
王国斌	山西	五二团二营班长	伤（右腿贯通）	四零年二月
纪清华	河北献县	高训班伙夫	病（腹膜炎）	四零年二月
牛美壮	山西清源	七一四团战士	冻疮	四零年二月
刘喜臣	河北博野	七一四团二营伙夫	冻疮	四零年一月
白凤池	河北任丘	六团十连战士	病（肺坏疽）	四零年一月
郭川子	山西	十九团一营伙夫	病（伤寒）	四零年一月
魏占奎	河北	一支队团三营战士	伤（头部贯通）	四零年一月
赵同杜	河北	十九团一营二连战士	病（冻疮及流感）	四零年一月
王建业	山西太谷	二五师二团部伙夫	病（伤寒）	四零年一月
戴正兴	河北高阳	一一五师二团战士	枪伤（头部贯通）	四零年一月
王建督	山西崞县	二五师五团连战士	炸伤	四零年一月

烈士登记表

姓名	张田善	曹问明	赵德选	叶海进	王福鸣	董世鸣	郝岭	李凤林	牛海觅	郭得成	白良保	白杜芝	王运	任盛余	祁海生	贺长玉	许营福	温清和
籍贯	山西平遥		山西忻县	山西崞县	山西朔县	山西	察省	山东	山西交城	山西汾阳	河南礼祥	山西平原	山西	山西	山西	山西	山西	山西
部别与职别	一一五师三五二团战士	二纵队伙夫	独一团通信员	二零三旅班长	十八团战士	二十二B三营文书	五二团团部特务员	工卫旅班长	独二团战士	七一四团班长	二十R三营战士	二纵队班长	三五八B通讯连战士	陈支队一团战士	三五八旅二团一营战士	三五八旅通讯连伙夫	独一团战士	三五八B团一营战士
略历及死难经过	病	病	病（流感）	伤（腰部贯通）	炸伤	伤（枪伤）	病（肠炎）	病（伤寒）	病（脓疡）	伤（右上肢盲贯）	伤（左下肢贯通）	病（神经病）	病（流感）	病（贵肠）	伤（大腿贯通）	病（肠炎）	病（流感）	病（肺炎）
备考	四零年三月	四零年三月	四零年三月	四零年三月	四零年三月	四零年三月	四零年三月	四零年三月	四零年三月	四零年三月	四零年二月	四零年二月	四零年二月	四零年二月	四零年二月	四零年二月	四零年二月	四零年二月

烈士登记表

姓名	籍贯	部别与职别	略历及死难经过	备考
王玉祺	陕西	一所护士班长	病（伤寒）	四零年四月
贾富成	山西	暂一师特团战士	病（肺炎）	四零年四月
张德胜	山西文水	三五八旅战士	病（伤寒）	四零年四月
吕勤	山西交城	工兵团伙士	病（流感）	四零年四月
李生亭	湖北	特务团排长	伤（枪伤）	四零年四月
赵文都	河北	三五八 B 炮连战士	病（脱肠）	四零年三月
任全营	山西	一二零 D 六团班长	不明病	四零年三月
刘培华	山西	抉死队战士	病（伤寒）	四零年三月
李树华	山西岚县	一二零 D 政治部通讯员	病（败血脓毒）	四零年三月
张靖国	山西太原	三五八 R 供给处战士	伤（扑打伤）	四零年三月
白莲子	山西	二零三 B 朴充营勤务	病（肺 T，B）	四零年三月
高玉奎	河北邢台县	三五八旅电台拾线员	病（淋症）	四零年三月
萧石贵	山西	独支队政处工作员	病（流感）	四零年三月
佐洪森	河北	独一支队二团班长	病（流感）	四零年三月
李光荣	山西平遥	同前	病（伤寒）	四零年三月
李忠秀	山西祁县	二零七团二营战士	病（伤寒）	四零年三月
张汉臣	山西文水	一二零师教导团教员	病（伤寒）	四零年三月
张志明	山西文水	朴充营战士	病（腹水）	四零年三月

烈士登记表

姓名	赵立锦	刘文江	王国清	许内智	黄玉珠	彭好	向有德	蓝明宾	周成华	刘玉均	郭根大	贾树林	李友仁	冯配玉	杜天赐	宋占山	张书祥	李树州
籍贯	山西	河北霸县	绥远	河北	湖南	山西	山西	山西	安徽	河北	河南	山西	四川	河北	山西文水	山西静乐	河北	河北
部别与职别	一五D排长	独一旅二团战士	三五八B战士	特务团副班长	三五八B排长	三五八B伙夫	陈支队战士	七一四团战士	二团五连班长	一一五D通讯员	独二团战士	七一四团战士	师部司号员	八旅二营七团支书	特团班长	二纵队战士	被服厂工人	三五八旅宣传员
略历及死难经过	病（急性肠炎）	伤（炸伤）	病（肺T.B）	伤（背部首贯）	炸伤	病（流感）	病（流感）	伤（上肢骨折）	病（赤痢）	病（腹水）	病（腹加答尔）	病（赤痢）	病（肋膜炎）	病（痢疾）	病（肺T.B）	病（慢性胃炎）	病（腰椎结核）	冻疮（重）
备考	四零年四月	四零年四月	四零年四月	四零年四月	四零年四月	四零年四月	四零年四月	四零年四月	四零年四月	四零年四月	四零年四月	四零年四月	四二年一月	四二年一月	四二年一月	四二年一月	四二年一月	四二年一月

烈士登记表

姓名	彭福忠	冯明臣	王玉娃	苏珍	刘文江	王国清	许内智	黄玉杰	彭好	魏山	贺文祺	武天陵	陈才起	芮炳兴	孙凤山	陈德胂	张德义	张宝祥
籍贯	河北完县	河北深县	山西太原	陕西	河北霸县	绥远	河北	湖南	山西	山西	河北省	山西	河北	河北	河北安平	江苏	山西	河北新城
部别与职别	七十团战士	二十二团文化教员	特团伙夫	（女）	独一旅二团战士	三五八B战士	特团副班长	三五八B排长	三五八B伙夫	三五八B马夫	亚五团副班长	二团二营通讯员	特务团伙夫	特务团排长	七一五团战士	决死队战士	三三军战士	三支队八团班长
略历及死难经过	病（下痢）	病（赤痢）	病（赤痢）	病（肺T，B）	伤（炸伤）	病（肺结核）	伤（背部贯通）	炸伤	流感病（）	冻疮合并腹水	病（赤痢）	病（气管支喘息）	病（腹水）	伤（骨折）	伤（胸部贯通）	伤（下肢贯通）	伤（心脏贯通）	病（大腿贯通）
备考	四三年十月	四三年十一月	四三年十一月	四三年十二月	四零年四月	四零年四月	四零年四月	四零年四月	四零年四月	四零年四月	四零年四月	四零年四月	四零年四月	四零年四月	四零年四月	四零年四月	四零年四月	四零年十一月

烈士登记表

姓名	籍贯	部别与职别	略历及死难经过	备考
李进禄	河北	三五八旅剧社宣传员	病（肋膜炎）	四零年六月
曹荣车	河北	三支队战士	伤（下肢贯通）	四零年六月
赵振高	河北	独二R战士	病（赤痢）	四零年六月
师德仁	山西	三五八旅战士	病	四零年六月
贾耀德	山西	行署游击队科长	病（流感肺炎）	四零年七月
岳述祖	山西文水	工卫旅战士	病（肠伤寒）	四零年六月
李振兴	陕西葭县	一一五师独立支队战士	伤	四零年六月
李占山	河北肃宁	三支队战士	伤	四零年六月
曹德云	山西文水	独二旅指导员	伤	四零年六月
曲宝珍	河北饶阳	教导队学员	病（流感）	四零年五月
李金玉	山西	四团战士	伤	四零年五月
范守重	山西	一一五D战士	伤（腹部贯通）	四零年五月
杨立元	河北省	决死队战士	伤	四零年五月
郭云生	山西	决死队战士	伤（骨折）	四零年五月
刘子祯	太原	宁武财政科科长	病（肺痨）	四零年五月
郭天德	河南洛阳	一一五D副排长	病（伤寒）	四零年五月
孙庆喜	山西交城	暂一师战士	伤（下肢贯通）	四零年五月
沙金	浙江	独二旅政治处编辑干事	病（肺炎）	四零年八月死亡

烈士登记表

姓名	籍贯	部别与职别	略历及死难经过	备考
白有才	山西兴县	新兵大队战士	病（伤寒）	四零年七月
关少清	贵州	七一六团十连排长	病（流感）	四零年七月
任纪忠	山西	四团特连战士	病（赤痢）	四零年七月
王云志	河北任丘	七一六团战士	伤（下肢贯通）	四零年七月
普增	山西岚县	四团十连班长	伤	四零年七月
卢不马	河北无极	三五八旅旅部伙夫	病（心肌衰弱）	四零年七月
李维	山西神池	卫生一所看护	病（肠窒扶斯）	四零年七月
刘应林	山西兴县	师卫生伙夫	病（齿龈炎丹毒）	四零年七月死亡
赵福生	河北	三五八旅六团二连战士	伤（右上肢炸坏）	四零年七月
赵俊英	河北晋县	独一B二团战士	伤（膀胱贯通）	四零年七月
徐守信	河北	独一B团机枪班长	伤（头部贯通）	四零年七月
李占山	河北肃宁	三支队八团战士	伤	四零年六月
裴益增	河北肃宁	三支队粮秣员	伤	四零年六月
郭福义	河北任丘	三支队八团班长	伤	四零年六月
穆才保	山西岚县	暂一师战士	病（赤痢）	四零年六月
董华山	山西河津	二纵五团战士	病（伤寒）	四零年六月
崔金山	河北任丘	二支队马兵	病（流行感冒）	四零年六月
李明芳	河北	特务团战士	病（肺结核）	四零年六月牺牲

烈士登记表

姓名	李福堂	马金针	肖连福	田考	丁万和	张福	郝忠贤	范德胂	李晋富	王墨林	杨存明	刘云增	吴柱高	王海	金云芬	孙路山	孔庆海	李秀全
籍贯	河北	河北深县	河北	山西	山西	山西太原	山西临县	河北安平	山西临县	河北安平	河北深县	河北献县	山西孝义	河北任丘	河北	河北无极	河北大名	河北大城
部别与职别	三支队副班长	独一B二团战士	三五八旅特连战士	行署学员	四纵三五八团司务长	独一团排长	四纵工作员	二支队一营战士	临县民校学生	二支队三连战士	三五八旅四团战士	二支队战士	二支队战士	三五八B六团战士	三五八B排长	三五八B六团战士	七一六团战士	三五八B六团战士
略历及死难经过	炸伤	炸伤	病（肠穿孔）	病（赤痢）	病（赤利）	病（溃疡）	枪伤（右腿贯通）	炸伤	炸伤	伤（臂部贯通）	伤（右下肢贯通）	伤（右大腿贯通）	伤（右上肢贯通筑血）	伤（右腿贯通枪伤）	伤（臀部贯通兼赤痢）	伤（肺部枪伤）	伤（右膝枪伤）	伤（炮弹伤头部）
备考	四零年八月	四零年八月	四零年七月	四零年七月	四零年七月	四零年七月	四零年七月	四零年七月	四零年七月	四零年七月	四零年七月	四零年七月	四零年七月	四零年七月	四零年七月	四零年七月	四零年七月	四零年七月

烈士登记表

姓名	籍贯	部别与职别	略历及死难经过	备考
李文信	河北新城	三支队八团五连战士	伤（睾丸部枪伤）	四零年九月
孙阁存	山西	三支队七团战士	伤（右下肢盲贯）	四零年九月
刘冀	山东	教导营教员	病（赤痢）	四零年八月
刘云章	河北保定	三支队七团伙夫	病（赤痢）	四零年九月
宋保财	山西岚县	五团二营五连战士	伤（右下肢炸伤）	四零年九月
佟树端	河北蠡县	三支队八团战士	病（心脏衰弱）	四零年九月
曹智安	山西	五团战士	伤（小腿贯通）	四零年九月
程吉山	察省	工卫队班长	伤（大腿贯通）	四零年九月
李宝山	河北省	三五八旅战士	伤（大腿贯通）	四零年九月
韩士龙	山西	五团战士	伤（下肢贯通）	四零年九月牺牲
张华青	湖南	亚六团排长	伤（背部盲贯）	四零年九月牺牲
刘国泰	河北蠡县	三支队班长	伤（上肢贯通）	四零年九月
张铁树	山西兴县	工卫队排长	伤（炸伤上肢）	四零年九月
谢家元	察省	暂一师战士	伤（下肢贯通）	四零年九月
白向荣	山西神池	独二旅战士	伤（炸伤）	四零年九月
杨德宽	河南庆山	师电台机务机师	伤（大腿贯通）	四零年九月
王廷龙	四川23中	一一五师陈支队排长	伤（腹部贯通）	四零年八月
贾光成	河北饶阳	一一一旅二团战士	伤（胸部贯通）	四零年九月死亡

烈士登记表

姓名	籍贯	部别与职别	略历及死难经过	备考
王凤和	河北清苑	三五八旅六团战士	伤（炸伤）	四零年十月
白有福	河北任丘	三五八旅六团副班长	伤（下肢贯通）	四零年十月
魏绪	山西交城	一一五师七支队副班长	伤（臂部炸伤）	四零年十月
侯永火	河北深泽	独一旅二团五连副班长	伤（下肢贯通兼贫血）	四零年十月
任鸿良	山西蒲城	独二旅战士	伤（背部贯通）	四零年十月
王贺生	河北阳原	三支队通讯员	伤（小腿炸伤）	四零年十月
段龙生	河北深泽	三支队副班长	伤（胸部贯通）	四零年十月
王万存	山西临县	独一旅战士	伤（头部盲贯）	四零年十月
李秀山	山西阳曲	三五八旅排长	伤（上肢贯通）	四零年十月
李生才	河北蠡县	三支队伙夫	病（赤痢）	四零年十月
冯振起	山西	三五八旅四团通讯员	伤（大腿炸伤）	四零年十月
刘元山	河北	三五八旅四团通讯员	伤（大腿贯通）	四零年十月
董金玉	河北博野	三五八旅六团班长	伤（下肢贯通）	四零年十月
赵明起	河北献县	特务团班长	伤（大腿炸伤）	四零年十月
尹官孝	山西	三五八旅战士	伤（胸部贯通）	四零年十月
孙立成	河北肃宁	特团战士	伤（右肢贯通）	四零年十月
尚子会	河北固安	三支队副班长	伤（右足贯通）	四零年十月
李二小	山西朔县	独二旅战士	伤（下肢贯通）	四零年十月

烈士登记表

姓名	籍贯	部别与职别	略历及死难经过	备考
苏茂轩	河北大城	三五八旅班长	伤（上膊骨贯通）	四零年九月
郑通冶	河北蠡县	三支队班长	伤（腰部贯通）	四零年九月
田凤岐	河北霸县	三支队战士	伤（左肘贯通）	四零年九月
韩绍	山西汾阳	工卫旅民运干事	病（流感）	四零年九月
徐良	广东	师政治部文书股长	病（伤寒）	四零年十月死亡
乔本常浩	东京	日本战士	伤（下肢贯通）	俘虏同年同月
李子平	河北饶阳	三五八旅四团一营文书	病（流感）	四零年十月牺牲
高福小	山西岚县	三五八旅六团机枪连战士	伤（大腿贯通兼贫血）	四零年十月牺牲
刘殿元	河北雄县	三支队政治部文书	病（痢疾）	四零年十月牺牲
任生林	山西孝义	独一旅三团二营战士	病（流感）	四零年十月
靳年兴	山西	总指挥部特务连战士	伤（腹部枪伤贯通）	四零年十月
吕德山	山西	特务团战士	伤（左大腿炸伤）	四零年十月
郑国柱	河北河间	三五八旅五团班长	伤（右大腿枪伤）	四零年十月
安文安	河北清苑	特务团战士	伤（上肢贯通兼下痢）	四零年十月
梁存厚	山西宁武	三五八旅四团战士	伤（上肢骨贯通）	四零年十月
蔡全义	河北肃宁	三支队战士	伤（小腿贯通骨折）	四零年十月
蔡玉强	山西汾阳	三五二旅通讯员	伤（腋盲贯）	四零年十月
赵友华	河北安平	三五八旅六团五连班长	伤（头部贯盲）	四零年十月

烈士登记表

姓名	籍贯	部别与职别	略历及死难经过	备考
刘宝全	山西孝义	独六团战士	病（伤寒）	四零年十一月
闫纪刚	河北安平	独一旅勤务	病（水肿）	四零年十一月
鲁志敏	河北	二所看护	病（赤痢）	四零年十一月
刘成三	河北任丘	独一旅战士	病（赤痢）	四零年十一月
张昌辉	河南	独二团二营战士	病（赤痢）	四零年十一月
高树才	山西离石	总指挥部马夫	病	四零年十一月
张顺心	河北晋县	三支队八团战士	病（肺炎）	四零年十一月
马志标	河北临县	雁北支队战士	病（咯血）	四零年十一月
王坯立	河北新城	三支队九团班长	病（肠穿孔）	四零年十一月
郝天德	山西阳曲	特团七连排长	伤	四零年十一月
韩乃和	山西寿阳	独二旅卫生处马兵	病（咯血）	四零年十一月
柴子合	山东临清	特务团司号员	病（下痢）	四零年十一月
张忠义	河北保定	三支队通讯员	病（梅毒）	四零年十一月
任其生	山西离石	西北印刷厂伙夫	病（伤寒）	四零年十一月
王秀普	河北深泽	七一四团战士	病（右足脓疡）	四零年十一月
张驾	山西汾阳	一支队勤务	病（伤寒）	四零年十一月
孙增山	河北	三支队三营伙夫	不明（当日即死）	四零年十一月
杨俊卿	河北蠡县	三支队八团七连班长	病（赤痢）	四零年十一月

烈士登记表

姓名	籍贯	部别与职别	略历及死难经过	备考
董凤歧	河北深县	三支队教导营班长	病（肠加尔）	四零年十一月
芦德胖	山西阳曲	六团六连战士	伤（股部贯通）	四零年十一月
戴忠荣	河北束鹿	亚六团战士	伤（肩胛骨折）	四零年十一月
张立春	河北任丘	四团卫生队炊事班长	病（肠出血）	四零年十一月
侯振国	河南巴县	特务团五连排长	伤	四零年十一月
吴振如	河北新城	三支队七团一连班长	病	四零年十一月
阮玉成	河北新城	一旅二团三连通讯员	伤（头部贯通）	四零年十一月
魏华	山西太原	特务团通讯员	病	四零年十一月
王明文	河北深县	亚五团特务连班长	病	四零年十一月
何少春	河北新县	三支队八团通讯员	病（流感）	四零年十一月
常义发	河北新城	三支队特务营战士	病（赤痢）	四零年十一月
孟长友	河北蠡县	七一六团马兵	病（赤痢）	四零年十一月
贾明勋	山西汾阳	一一五师三团马兵	病（赤痢）	四零年十一月
李永江	山西静乐	四团六连战士	伤（炸伤）	四零年十一月
赵光玉	山西清源	亚六团三连战士	伤炸伤	四零年十一月
王岐山	山西汾阳	亚六团三连战士	伤（臀部贯通）	四零年十一月
王孝富	山西太原	野战医院文化教员	病（恶性脓疥）	四零年十一月
牛振波	河北饶阳	三支队战士	伤（刺伤）	四零年十一月

烈士登记表

姓名	白常富	钱玉贞	邓德功	张其昌	邢满金	李来	冯玉世	侯德胂	陈立仁	刘东亮	黄聚山	廖雅玉	解生财	周永玉	雷振培	杨兴洪	王元金	周德奎
籍贯	山西	河北解县	河北固安	河北蠡县	山西崞县	山西静乐	山西保德	河北晋县	河北新城	河北肃宁	河北新城	河北	山西方山	河北深县	山西保德	山西临汾	山西孝义	山西离石
部别与职别	三五八旅战士	特务团班长	一旅二团班长	三支队战士	独二旅班长	独一旅五团战士	七支队独二营副班长	三支队八团班长	三支队给养上士	三支队伙夫	三支队战士	师卫材料科调剂员	总指挥部战士	亚六团战士	二旅五团三营十二连战士	三五九旅雁北支队司务长	一五师独立支队侦察员	总指挥部特务团供给员
略历及死难经过	伤（腰部贯通）	伤（大腿贯通）	伤（下肢贯通）	伤（肩部贯通）	伤（大腿枪贯通）	伤（大腿贯通）	病（赤痢）	伤（腿及被枪伤贯通）	伤（胸贯通）	病（赤痢）	伤（胸部贯通）	病（伤寒）	病（伤寒）	病（伤寒）	伤（大腿贯通）	病（流感）	炸伤	病（伤寒）
备考	四零年十月	四零年十月	四零年十月	四零年十月	四零年十月	四零年十月	四零年十月	四零年九月	四零年十月	四零年九月	四零年九月	四零年十一月	四零年十一月	四零年十一月	四零年十一月	四零年十一月	四零年十一月	四零年十一月

烈士登记表

姓名	籍贯	部别与职别	略历及死难经过	备考
孟学孔	山西孝义	特务团战士	病（浮肿）	四零年十一月
张敬亮	山西临汾	雁北支队战士	伤（背部炸伤）	四零年十二月
刘永珍	河北固安	三支队队部马夫	病（梅毒）	四零年十二月
任友支	奉天	师卫通讯排通讯员	病（伤寒）	四零年十二月
张绍奎	贵州云溪	休养排排长	病（流感）	四零年十二月
任义彪	山西汾阳	二纵特务团战士	病（气管支炎）	四零年十二月
曹文成	河北交河	三五八旅一营伙夫	病（气管支炎）	四零年十二月
于恒有	山西崞县	独二旅特团战士	病（流感）	四零年十二月
齐万中	河北献县	卫生部一所马兵	病（流感）	四零年十二月
李三明	山西文水	工卫队二十一团战士	病（流感兼赤痢）	四零年十二月
赵书林	山西文水	工卫队二十团战士	病（肺炎出血）	四零年十二月
梁占彪	山西岢县	三五八Ｂ团政治处伙夫	病（气管支炎）	四零年十二月
王明志	河北饶阳	三五八Ｂ团政治处工作员	冻疮（双足坏死）	四零年十二月
何振林	河北晋县	第六所看护员	病（流感）	四零年十二月
韩西堂	河北顺德	工卫队二十一团连通讯员	病（胃加答尔兼流感）	四零年十二月
吴有才	山西朔县	骑兵连战士	伤（上肢贯通）	四零年十二月
陈俊文	河北固安	独二旅三支队支书	伤（下腿枪伤）	四零年十一月

烈士登记表

姓名	籍贯	部别与职别	略历及死难经过	备考
赵华元	山西临县	五团五连战士	伤（左股盲贯）	四零年十二月
田二文	山西孝义	决死队伙夫	病（心脏水肿）	四零年十二月
马元奎	山西保德	四团八连战士	伤（大腿骨折）	四零年十二月
杨合选	贵州大全	七一五团四连排长	伤（下臀盲贯）	四零年十二月
赵伏福	河北晋县	三支八团战士	病（肺炎）	四零年十二月
袁国忠	山西岢岚	六团十一连副班长	伤（双腿贯通）	四零年十二月
张三晓	山西五寨	一旅二团二连战士	伤（下股骨折）	四零年十二月
孙振祥	河北	三支队战士	病（下痢）	四零年十二月
张文金	河北蠡县	四团一营一连战士	病（赤痢）	四零年十二月
郭英	河北新大	新总指挥部马兵	不明（来时不会说话）	四零年十二月
杨占元	河北河间	老年队队员	病（流感）	四零年十二月
史文华	河北大名	总指挥部马夫	病（气管支喘息）	四零年十二月
池五	山西	老年队队员	病（赤痢）	四零年十二月
潘忠胜	河北深县	一旅二团通讯员	伤（骨折）	四零年十二月
任景成	山西静乐	七支队一团一营战士	病（肋膜炎）	四零年十二月
曹见康	山西临县	青年纵队战士	病（赤痢）	四零年十一月
刘富	山西太原	二旅四团副班长	病（伤寒）	四零年十一月
李聚桓	山西河曲	卫生部一所看护员	病（伤寒）	四零年十一月

222. 晋绥军区第 27 团抗日时期烈士登记表
（1944 年）

烈士登记表

姓名	刘春德	冯景奎	贾世杰	顾培基	贾子祥	吴文树	胡之建	侯景元	史云发	周隽卿	王玉怀	姚春立	王家武	史生堂	郭海特	杨甫子
年龄	23	18		29	26	23	25	30	30	24	27	17	20	33	35	23
籍贯 省						河北	山西			河北						
籍贯 县	霸县	新城				固安		霸县	涞源	永清	新城	霸县		高阳	任丘	高阳
籍贯 村	新城公家营	狄庄	公营牺牲			大楚里		杨庄	新庄	刘营	朱家府	香营		姚家佐	王家码	姚家佐
何时入伍																
是否党员	是	同			是	同	同					是				
成份																
何次战斗牺牲																
牺牲地点及时间	1940年新城公家营	1940年8月新城大王麻	白营公牺牲	1940年4月公家营	四零年五月容城郭村	四零年七月郭家营	40年平西涞水	四一年新城小炉村	四三年山西新庄	三九年十二月杨孟庄		易县封锁沟	四二年大水流庄	三七年七月于高阳布庄	同	三八年住西关
安葬地点																
队别	警卫三连	二九团三营	教导队		政治部	警备营	三团									
职别	战士	通讯员	分队长	区队长	通讯班长	副营长	教导员	战士	炊事员	排长	特大队副	战士	战士	便衣队长	七路指挥	战士
有何遗物																
备考																	

烈士登记表

姓名	年龄	省	县	村	何时入伍	是否党员	成份	何次战斗牺牲	牺牲地点及时间	安葬地点	队别	职别	有何遗物	备考
杨熙小	34	高阳		姚家佐					三八年任丘西关			副官		
吴永昌	23		武清	李庄					三九年永清李庄			战士		
刘吉	30		安次	刘期地		是			四零年任安韩桥			排长		
白青山	24		雄县			同			四三年山西兴庄			上士		
于力之	22	河北	永清	龙虎庄		同			四零年十月涞马鞍村		32团	班长		
陈朴贵	22		安次	大北安					四零年十月易县车厂		同	战士		
程干龙	20		容城	沙河村		是			易县独乐		29团	战士		
王玉全	20		武清	花可村		同			四零年易县下子口村		二连	同		
马永祥	25		固安			是			四零年易县下子口村		29团	排长		
韩国栋	18		定兴			同			四二年雄县郭村		29团二连	战士		
王庆隆	40	山东							同		同	炊事员		
刘洪恩	60		河间						四二年易县独乐		同	同		
刘汗臣	24		永清						四二年十月杨城沙子口		同	副班长		
杨国栋	23		新城	小庄		是			同		侦察连	战士		
蔡国声	19		新城	尘土		同			四二年四月河同杨庄		一连	战士		
张波	25		永清	龙虎庄		同			四二年五月下家铺		分区教导队	中队长		

烈士登记表

区别 \ 姓名	张顺清	李二台	崔保贵	齐栓庄	王春台	杨主发	杨老西	孟岭	吴宝祥	蔡付田	赵德明	吴得明	刘春生	刘永田	陈万仓	耿玉华
年龄	20	20	22	21	20	21	25	22	21	20	37	18	24	23	21	25
籍贯 省	同	清苑	博野	蠡县	清苑	河北	河北	河北	河北	河北	河北	河北	河北	河北	河北	河北
籍贯 县	清苑	南王家庄	大屈村	大屈得村	南邓村	安次	任丘	任丘	霸县	容城	安次	霸县	官乐	霸县	新城	霸县
籍贯 村	清板村											杨庄	刘家庄	小营里	口宁	
何时入伍																
是否党员	是			是			同	是			是		同	是		是
成份																
何次战斗牺牲																
牺牲地点及时间	四三年阜平	四零年田各庄	四一年大屈庄战斗	四一的于邓庄战斗	四二的年于清苑战斗	四四年于兴县	于马镇病故	四四年兴县杨家沟	同	同	四四年兴县杨家沟	四一年六月杨庄	四二年任丘杨庄	四四年十月于兴县孙家峪	同	四三年四月于沙岭
安葬地点																
队别	侦察连	二连	同二连	十八团	清苑一区小队	同	同	27团三营十连			27团三营十连	同	29团一连	27团7连	29团	29团七连
职别	通讯员	同	战士	排长	队员	战士	班长	战士	班长	战士	副连长	战士	同	班长	战士	班长
有何遗物																
备考																

烈士登记表

区别＼姓名	张根道	司顺义	程继堂	王光粥	何友年	张德明	李冶星	苏振英	魏长春	姚洪招	张凤山	杨喜峰	刘福通	李友才	宁桂禄	赵明义
年龄	22	29														
籍贯 省	清苑	蠡县	河北	河北	河北	河北	河北	河北	河北	河北	河北	河北	同	同	同	同
籍贯 县			新城	任丘	雄县	新城	雄县	任丘	固安	新城	高阳	任丘	同	安新	雄县	任丘
籍贯 村	西王利	张村营														
何时入伍																
是否党员			是		是					是						
成份						同	同	同			是					
何次战斗牺牲																
牺牲地点及时间	病故	四二年于马福才	四一年于青乐	四二年于刘家佐	同	同	四一年八月于青乐	四二年三月于刘家佐	四二年三月于刘家佐	病故	四一年于青乐	同	同	同	同	同
安葬地点																
队别	18团12连	4连														
职别	战士	同														
有何遗物																
备考																

烈士登记表

区别 \ 姓名	刘兴合	高鹤仁	李建国	王长申	侯润璞	宋练	赵玉生	赵志科	王双成	韩树均	王金瑞	李德树	马子河	孙富贵	马永奎	张金彪
年龄														25	30	35
籍贯 省	河北	同	同	同	同	同	同	同	河北	同	同	河北	同			
籍贯 县	安新	高阳	任丘	同	雄县	任丘	新城	任丘	任丘	雄县	同	新城	安新	霸县	易县	霸县
籍贯 村															谢安庄	
何时入伍																
是否党员		是								是					是	
成份																
何次战斗牺牲	四二年于刘家佐战斗								四二年于刘家佐战斗		四二年于史掌战斗			四三年于山西邢庄	四零年固安韩桥	三九年新西公家营
牺牲地点及时间		同	同	同		同		同				病故	同			
安葬地点																
队别																
职别														战士	班长	战士
有何遗物																
备考																

烈士登记表

区别	窦连甲	安常年	阎春生	刘景祥	王德才	吕常富	李增信	魏铁臣	周家骏	戴起店	陈璞	崔正兴	刘玉	李健全	李数得林	王纪先
年龄	35	35	23	30	22	25	35	30	22			24	19	22	29	21
籍贯 省																
籍贯 县	永清	高阳	同	新城	同		高阳	同				高阳	固安		新城	霸县
籍贯 村	小深土	安寨	同	坐土	后安里		王夫村	同				崔庄			杜村	石城
何时入伍																
是否党员	是	同	同	同			是	同	是			是	同	同	同	
成份																
何次战斗牺牲	三九年新西公家营	四三年于山西兴庄子	四零年新城县阎村	四零年固安韩桥	同	四零年公家营		三九年新城神堂								
牺牲地点及时间									四三年山西兴庄	同	同	本村亡	四零年于王海庄	三九年于固城村	山西兴庄子	
安葬地点																
队别												六连		八连		
职别	排长	政指	排长	班副	战士	战士	供给员	司务长	电话员	战士	同	政指	通讯员	排长	通讯员	特务员
有何遗物																
备考																

烈士登记表

项目 \ 姓名	门玉台	顾中贤	梁喜楼	吴振明	韩凤岐	薛文志	王云	蔡勇海	孟花润	石泰山	刘振名	刘宝珍	田系堂	焦路	侯杰元	高永昌
年龄	22		18		21	26		22	23	25	27	24	23	23	31	21
籍贯 省	固安	永清	定兴				固安	永清	永清	山东	永清	固安	同	定兴	霸县	固安
籍贯 县										冠县						
籍贯 村		李家口	杨村				柯城		刘荣	郎窝				朱家营	杨庄	新村
何时入伍																
是否党员	是	同		是	同			是	是	同	同		是			
成份																
何次战斗牺牲																
牺牲地点及时间	四零年罗里庄	仇史村牺牲	于四二年杨庄	四一年九月于曹庄	固安东河村	三八年于杨庄	四零年新城十里铺	四二年饶阳王岗	四零年十里铺	四零年涿县百团大战	三七年永清黄树子	四二年五月六家铺	同	同	四一年新城杨兴庄	四零年九月于侯营亡
安葬地点											同			警三营		
队别	六连		一连				二连	教导队	二连							
职别	班长	卫生队长			排长		战士	战士	战士	副班长		战士	战士		战士	战士
有何遗物																
备考																

烈士登记表

区别		马克新	刘振邦	田所元	古茂华	闫振海	李志荣	王树森	郭开彦	刘海泉	贾洪晋	马洪图	车孟亭	刘一信	宫良	朱西哲	朱国杰
姓名		马克新	刘振邦	田所元	古茂华	闫振海	李志荣	王树森	郭开彦	刘海泉	贾洪晋	马洪图	车孟亭	刘一信	宫良	朱西哲	朱国杰
年龄																	
籍贯	省													河北			
	县	肃宁	新安	新安	安次	任丘	安次	高阳	南方人	新城	安次		新安	任丘	新安		
	村		张庄	田庄													
何时入伍																	
是否党员		是				是	同		是	是	同	是					是
成份																	
何次战斗牺牲		四二年于盛路掌史							四二年于刘家佐							掌史战斗	掌史战斗
牺牲地点及时间															四三年于焦平花木沟	四三年于刘家佐牺牲	
安葬地点																	
队别																	
职别		政指	副班长	战士	机炮班长	战士	排长	战士	排长	班长	排长	连长	通讯员	战士	同		排长
有何遗物																	
备考																	

烈士登记表

区别 \ 姓名	田保吉	康占恒	张保玉	魏国印	苏保全	朱廷芳	史有春	王锦荣	贺志生	王文生	李振明	耿玉田	彭万昌	孙易卿	李福廷	金冬立
年龄				28	35	22	30	25	21	19	28	25	21	31	25	21
籍贯 省				雄县	永清	安次	涞源	固安	永清	涿县	永清	山东	新城	同	固安	同
籍贯 县				城内	小营	新河头	来流户村				小营		河西营		新房子	
籍贯 村				贤村												
何时入伍																
是否党员	是		是					是	是	同	同	同	同	同	同	同
成份																
何次战斗牺牲				四三年满城贤村	于神府病故	四三年固安新家村	四三年兴县花子村	四一年于新城操场	四零年容城侯台	四二年易县马鞍村	四二年任邱下家铺		四二年于河西杨各庄	四二年定兴小牛村	四一年河各柳庄桥	四一年 四年 新城杨各庄
牺牲地点及时间												同		同	各柳庄	
安葬地点																
队别				29团武工队	侦察连	七连	六连	十连	一营部	二连	32团	教导队	一连			
职别	班长	战士	班长	文教员	战士	战士	战士	班长	战士	战士	参谋	卫生员	战士	同	排长	排副
有何遗物																
备考																

烈士登记表

姓名	王炳玉	陈记高	齐光禄	刘得海	徐向明	李俊明	韩振江	刘廷春	张树先	张治年	赵文哲	王玉怀	戴明玉	刘雅轩	齐树楷	马玉璞
年龄	27	30	28	24	18	29	25	24	20	20	20	24	40	21	25	24
籍贯 省	同	高阳	蠡县	霸县	新城	同	永清	新城	新城	永清	同	新城		永清	高阳	霸县
籍贯 县		同口														
籍贯 村	小王庄		大屈德村	夹河		起提	王虎庄	双堂			刘街	东家府		城内		桑墟
何时入伍																
是否党员	同	是		同	同	同	是	是	同	是		同	同	同	是	
成份																
何次战斗牺牲																
牺牲地点及时间	一年四 清苑营头	同	四二年 饶阳摇家庄	三九年 新城王佐营	同	四三年 大水留庄	四三年 易县沙岭	四三年 于下家铺	四三年 于下家铺	四三年 任丘刘庄	四三年 满城贾庄	四零年 雄县荟通	四二年 安国县东新村	四零年 永清蔡庄	四零三年三月 定兴	四二年 貔州
安葬地点																
队别	同	18团 一营	18团	27团 工兵连	18团 工兵连	九连	三连	一连	32团 一连	二连	武工队	独立 二营	32团	29团 一营	三连	29团
职别	教导员	营长	班长	班长	副政指	连长	排长	排长	班副	排长	战士	营长	政教	副政指	三连	副连长
有何遗物																
备考																

烈士登记表

姓名 区别	高文兴	杨万达	沈关荣	刘殿英	刘长有	孟兆中	任双喜	李德春	陈仓	晋田仓	张有才	王国沟	黄树青	邢俊生	李子江	邓保合
年龄	28	23	25													
籍贯 省						河南										
籍贯 县	大名	蠡县	同	清苑	郑州	任丘	运安		安新	房山	涞水		永清	定县		任丘
籍贯 村	南罗	南齐村			石桥		黄庄	马庄	铜口	西河	五弓寺					商留庄
何时入伍																
是否党员	是						是	同	是				是			是
成份																
何次战斗牺牲					同											
牺牲地点及时间	于陕西神府病故	四二年饶阳摇家庄	四二年黄土岭牺牲	四四年兴县沟门前		同	同	同	四四年兴县沟门前	同	同	同	同	同	同	同
安葬地点								机连								
队别	27团一营	18团二连	冀中军区特务连													
职别	排副	战士	战士	副连长	司号员	战士	通讯员	副班长	班长	战士			班长	班长	战士	通讯员
有何遗物											同	同	同		同	
备考																

烈士登记表

姓名 \ 区别	吴铁	张殿增	李万银	杨瑞田	赵春壮	梁理学	马凤祥	张春田	张志田	杜长寿	李焕文	汪君尧	付发贵	方葛利	孙火春	潘彩林
年龄												24	23	27	24	35
籍贯 省	任丘	永清		蠡县	安新	同	同	易县	永清	新城		安徽 金寨	湖南 芦西	湖南 平江	察哈尔 宣化	广东 兴宁
籍贯 县																
籍贯 村					赵庄	郝良						相冈	猪脚月	北乡	杨家沟	新元乡
何时入伍												1949.7	1949.1	1949.7	1949.7	1949.12
是否党员	是				是									党员	党员	
成份												农民	雇工			
何次战斗牺牲												50年大生产帮助九团作杂工	同	50.6大板山剿匪	50.6大板山剿匪	50.6大板山剿匪
牺牲地点及时间	四四年兴县沟门前	四四年兴县焦楼		同	四四年于神府王双楼病故	四年四东西塔						1950.6.15在青涤大通广惠寺医院	同	大板山	大板山	大板山
安葬地点												广惠寺	同	大板山下三角城	大板山下三角城	大板山下三角城
队别												三营十连	十连	三连		通讯班
职别	战士	同	同	同	同	班长	战士					战士	战士	班长	战士	战士
有何遗物												人民币25000元	水笔一枝	人民币98500元	人民币32500元	人民币17000元
备考												已寄家中				

223. 冀鲁豫军区第4军分区人员物资损失消耗统计表
（1944 年）

2 月 29 日于三神庙镇

月终战斗统计表

区别	数目\部别					合计	六	五	一	二	三	四	
用品													
	合计												
被我毁	飞机												
	火车												
	汽车												1
	坦克车												
	大车												
	碉堡												
	铁路												
	公路												
	大路												
	大小铁桥												1
	大小石桥												
	大小木桥												
	电线杆												
	电线												
	夹板												

月终战斗统计表

区别＼数目＼部别	分直	游击队	十一团			合计	六	五	一	二	三	四	总计
坏的 道钉													
坏的 螺丝钉													
坏的 据点													
我负伤 旅级干部													
团级干部						1			1				
营级干部						1					1		
连级干部			4			9			2	1	2	4	
排级干部			2			11	1		2	1	2	5	
班级干部			10			26	1		4	2	5	14	
战士	3		27			113	11		17	7	30	48	
政工人员													
供给人员													
卫生人员													
事务人员													
其他													
合计	3		43			161	13			11	40	71	

月终战斗统计表

区别	数目 部别	分直	游击队	十一团			合计	六	五	一	二	三	四
我阵亡	旅级干部												
	团级干部												
	营级干部												
	连级干部		2	2			7		1	2			4
	排级干部			4			8			1		2	5
	班级干部	1		3			15		2	2	1		10
	战士	3		37			87①	7	5	9	5	22	47
	政工人员												
	供给人员												
	卫生人员												
	事务人员												
	其他												
	合计	6		46			127②	7	8	14	6	24	66

---

①② 原文如此，计算有误。

月终战斗统计表

区别	部别\数目	分直	游击队	十一团			合计	六	五	一	二	三	四	
我失联络生死不明	旅级干部													
	团级干部													
	营级干部						1					1		
	连级干部						6		1	3	1	1		
	排级干部						7			3	2	2		
	班级干部						15		2	7	3	3		
	战士		6				95	6	3	36	22	22	6	
	政工人员													
	供给人员													
	卫生人员													
	事务人员													
	其他													
	小计						124	6	6		28	29	6	
日军投诚	次数													
	人数													
	枪数													
伪军反正	次数													
	人数													
	枪数													
解放敌统治下的人员														
	小计													

月终战斗统计表

区别	数目	分直	游击队	十一团			合计	六	五	一	二	三	四	总计
我消耗弹药	步马枪弹	102	750	1303			23170	2880	1232	1672	3180	5851	8355	
	驳壳弹		10	15			172					40	132	
	轻机弹	100		1301			3318	86				831	2401	
	重机弹													
	自动弹			200			200						200	
	讯号弹													
	迫炮弹													
	手榴弹	2	40	600			2653	80		320	150	649	1454	
	花机弹													
	掷筒弹	1		13			69	4				10	55	
	手机弹													
	合计	105①	760②	3432			29582					7381	12597	
我损坏武器	步枪			2									2	
	马枪													
	轻机枪													
	重机枪													
	自动枪													
	驳壳枪													
	手枪													
	合计			2									2	

①② 原文如此，计算有误。

月终战斗统计表

	部别 / 数目 / 区别	分直	游击队	十一团			合计	六	五	一	二	三	四	总计
我损失武器	步枪	13	38				181	8	18	34	18	49	54	
	马枪													
	驳壳枪		1				7			1	3	1	1	
	轻机枪						1					1		
	重机枪													
	自动枪		1				1						1	
	手枪	1					0①						1	
	手机枪													
	迫击炮													
	合计	14	40				190					51	54②	
我损失弹药	步马弹	250	400				2645	257		725		938	725	
	驳壳弹	8	20										131	
	手榴弹	31	100				651	1		24		88	538	
	轻机弹													
	重机弹													
	自动弹		120				120						120	
	信号弹													
	迫炮弹													
	掷筒弹													
	手机弹													
	花机弹													
	枪榴弹													
	合计	289	640				3416					1026	1514	

①② 原文如此，计算有误。

月终战斗统计表

区别 \ 目别 \ 数部别	分直	游击队	十一团		总计
我损失其他军用品 棉衣			42		42
挂包			12		12
子弹袋			37		37
炸弹袋			46		46
刺刀		2			2
被子		20			20
自行车		1			1
款子		5250 元			5250 元
牛		2			2
小米		250 斤			250 斤

224. 晋察冀军区抗战以来伤亡登记
(1944 年)

1942—1944 年

1942 年 1 月

队别	职别	姓名	等级	年龄	籍贯	家庭通讯处及收信人姓名	入伍年月	入党年月	出身成分	担任过何工作	牺牲地点	牺牲年月	牺牲经过	埋葬地点	备考
一分区
二十团三营	副政教	田壁		23	冀肃宁						徐水郑家庄	1.10			
六团一营	政教	张敬万		24	赣极乐						后方	1.2			病亡
六团一营一连	连长	杜升仁		30	鲁昌乐						易县南洪村	1.19			
排以下 47 名（内病亡 9）
二分区
排以下 9 名
三分区
排以下 12 名

队别	职别	姓名	等级	年龄	籍贯	家庭通讯处及收信人姓名	入伍年月	入党年月	出身成分	担任过何工作	牺牲地点	牺牲年月	牺牲经过	埋葬地点	备考
							四分区								
九区队五连	政指	许大著		23	冀平山						平定西头岭	1.21			
八区队四连	政指	刘忠元		24	冀雄县						白庄	1			
分区侦察队	队长	谢文彬		35	冀束鹿						泽营西北	1.23			
平山游击大队	政委	简													
九区队二连	副连长	郑宝山		26	晋河津						平定西头岭	1.21			
						排级 3 名班级 4 名战士 14 名									
						2 月									
						一分区									
后方医院	供给员	程忠恩		25	冀新城						易县下溢刹	2.3			
三团三连	政指	仁忠玺		23	粲延水						易县石井村	2.17			
三团二连	政指	邵家祥		24	冀满城						同上	同上			病亡
						1942 年 2 月									
						二分区									
						战士 9 名									
						三分区									
						排级 1 名战士 2 名									

队别	职别	姓名	等级	年龄	籍贯	家庭通讯处及收信人姓名	入伍年月	入党年月	出身成分	担任过何工作	牺牲地点	牺牲年月	埋葬地点	牺牲经过	备考
九区队六连	政指	安文如		23	冀平山							2.15			
						四分区									
				排级3名 班级2名 战士16名 另病亡战士15名											
						3月									
						四分区									
						（病亡战士16名）									
						三分区									
骑团一营营部	副政教	李晨光		27	冀安新	人两口地五亩房三间	1937,任丘入伍		中农		高和	3.3			
骑团九连	副连长	刘佳保			冀阜平	人一口房地皆无	1937年入伍				唐县都亭	3.5			死在铁路上日期地点不详
骑团十连	副连长	王兴贵		27	豫浚县	人十口地二亩房三间	1936年山西入伍	1936.10	贫农	排长					
骑团三营十二连	一排长	高辛友		25	秦清涧	高家庄	1935	1938	中农	排长	唐县都亭	3.5			
九连	班长	刘合祥		19							唐县黄家峪	3.13			
同	副班长	邸文花									同上	3.13			其他该因不详

队别	职别	姓名	等级	年龄	籍贯	家庭通讯处及收信人姓名	入伍年月	入党年月	出身成分	担任过何工作	牺牲地点	牺牲年月	牺牲经过	埋葬地点	备考
骑团二连	班长			27	冀完县		1937		贫农		唐县山南庄	3.13			
骑团一营三连	战士	赵春林			冀定县		1939		贫农		唐县同	3.13			
骑团一营一连	战士	周建福		33	冀完县				同上		同	同			
九连	同	牛树永			冀易县		1938.8				唐县都亭	3.5			
骑团侦察连	战士	刘茂华		21	冀完县		1938				唐县都亭	3.5			
同	同	苟金才		29	冀满城		1938				唐县都亭	2.27			
同	同	展文山		24	冀新乐		1940	贫农			唐县北庄	3.26			
六区队一大队	同	刘庾双		38	冀曲阳		1942.2					3.16			蠡定北区背盐来被敌伏亡

共计亡营级1名 连级2名 排级2名 班级2名 战士16名 计20名　一分区

排级3名 班级3名 战士7名 共14名　二分区

排级1 战士3 共4　4月　二分区

排级1 班级1 战士13 共14　四分区

队别	职别	姓名	等级	年龄	籍贯	家庭通讯处及收信人姓名	入伍年月	入党年月	出身成分	担任过何工作	牺牲地点	牺牲年月	牺牲经过	埋葬地点	备考
三分区															
七区队武宣队	队长	郭子杰		27	冀完县	一区北大悲（郭洛岐收）	1938.3	1938.6		支书政指政委	大王村	4.6	被敌包围顽抗	杨各庄	
七区队	敌工干事	王申		20	冀正定		1938.2	1939.1		政指敌工干事	大王村	4.6	同	同	
	战士	3													
排级 班级2 战士26 共28															
一分区															
排级1 班级4 战士28 受训学员3 共36															
四分区 5月															
八区队	总支书	许世昌		24	秦商县		1934 本地	1935							
特务团八连	连长	王培权		25	晋		1937.11				井陉方山	6.4			
排级6 班级7 战士42															
二分区															
四区队三分队	政指	杨丰泰		19	冀定兴		1938.12	1938.6		副连长政指	孟县四家庄	6.24	被敌包围	连花掌	

队别	职别	姓名	等级	年龄	籍贯	家庭通讯处及收信人姓名	入伍年月	入党年月	出身成分	担任过何工作	牺牲地点	牺牲年月	牺牲经过	埋葬地点	备考
怀县基游	队长	齐建荣		25	晋定襄		1940	1933.7		班长政指支书政委	五台瓦盆村	6.16	被袭	瓦盆村	
三十四团三连	连长	梁升功		28	晋五台		1937.10								
五区队	总支书记	贾臣汉		29	晋朔县		1939.9								
同	政指	刘福临		22	冀望都		1934.4								
						排级 3	班级 7	战士 36							
一分区															
一团一营	政教	孙丕谟		24	陕富平		1936.12								
六团三营	副营长	陈前		36	广东合浦	合浦张皇镇陈沧南	1938.4								
						排级 4	班级 5	战士 39							
三分区															
二团一连	副政指	陈玉民		23	冀高阳	二区陈家庄陈申浦	1938.8								
						排级 5	班级 19	战士 50							
通讯股长主任连长教参易县大坎下 6.15 被卫兵误伤								1938.3							
班排副连长阜平神堂堡 6.22 攻击战重伤阵亡								1938.9						西赵庄	

队别	职别	姓名	年龄	籍贯	通讯处	入伍年月	入党年月	出身成分	担任过何工作	牺牲地点	牺牲年月	牺牲经过	埋葬地点	备考
六团二连	政指	李远兴	31	赣吉水	滩头村交 李开源	1930.8	1935.10		班排长 副政指	阜平神堂堡	6.22			
						排级班级1 战士9 共10								
二分区	副参谋长	熊德臣	43	河南光山		1929	1929.10	贫农	排连营 团长					
						战士1								
						8月								
						四分区								
						排级1 班级5 战士8 共计14								
						一分区								
						排级2 战士6 共计8								
						三分区								
						战士6								
						二分区								
						排级1 班级2 战士4 共7								
						9月								
						四分区								
						班级1 战士7 共8								
						一分区								
六团三营	教导员	刘一山	31	冀丰润	河北唐山转北左家坞	1938.7	1939.2		组干政教	晋浑源县	8月			
三营十连	政指	冯长	22	冀阜宁	抬头营交冯贵	1938.7	1939.6		班长副政指	浑源白草洼	8.14		白草洼	
二营八连	连长	郝鸿儒	22	冀完县		1938年			班排长 教干	繁峙大王岭	9.9	大王岭袭击战		没有抬下来

队别	职别	姓名	年龄	籍贯	通讯处	入伍年月	入党年月	出身成分	担任过何工作	牺牲地点	牺牲年月	牺牲经过	埋葬地点	备考
六团二营五连	连长	陈建才	29	豫商城		1928	1928			繁峙红涧	9.19	红涧战斗	贾家沟	伤后亡故
同	政指	戴克昌	21	冀完县	常北庄	1938.5	1939.3		连长	同	9.19	同上	同上	
二十五团工作队	政指	李汉章	41	鲁胶县	宋家庄李保营	1937.8	1938		民运干事政指	易县野里店西庄	9.22	受敌合击	野里店西庄	
三区队二大队	政指	盛文光	25	冀雄县		1938	1939.1		文书通讯员司务长	满城南韩村	8.31		南韩村	
						排级 5　班级 7　战士 64　共 83								
二分区														
四团一营一连	连长	师长明	27	晋定襄	史家湾师立果收	1937			班排长政指	五台正海寺山上	9.10	嗣喉重伤当时牺牲	正海寺附近	
						排级 2　班级 3　战士 12								
三分区														
						排级 3　班级 3　战士 19　共 22								
10 月														
骑兵团十连	连长	袁春祥	34	赣万安县	芦子村	1931.2	1932.4		班排连长	唐县都亭	10	战斗中牺牲	唐县魏庄	
四团二连	政指	刘肖	25	豫唐河	赵冈村	1938.3	1939.9		支书政指	阜平	9.28	阜平战斗	阜平城外	
骑兵团	副政指	杨洪范	25	川裴林	土地坡	1938	1939		文书	唐县王子山	10.23	战斗	唐县魏庄	
						排级 3　班级 5　战士 39　共 50								

队别	职别	姓名	年龄	籍贯	通讯处	入伍年月	入党年月	出身成分	担任过何工作	牺牲地点	牺牲年月	牺牲经过	埋葬地点	备考
一团二营	副营长	胡俊文	27	赣兴国		1935.11	1935.11		支书政指连长	易县南白虹	10.19	奋不顾身抗击敌	北孟山	
一分区 排级1 班级4 战士25														
五团一营二连	政指	张秀	28	冀平山	孟家区段峪村	1937.8	1938		支书	灵寿陈家疃	10.19		平山同庄	
八区队	副政指	封珠	22	同	东黄泥区柏岭村	1938.4	1938.6		支书通讯员青干	正定陈家	10.20	负伤毙命	灵寿胡家庄	
四分区 排级1 班级5 战士19														
三十四团一连	政指	周培玉	21	晋定襄	五区卫村	1940	1940.4	富农	教干支书	孟县上鹤山	10.21			
卫区队特务中队	政指	郑荣荣	22	晋繁峙	二区山合村	1938.10	1938.2		区委支书青干	崞县刘家庄	9.26	夜间遭遇敌人	崞县刘家庄	
二分区 11月 1942 排级4 班级7 战士34														
二分区 排级1 班级6 战士19														
一分区														
一团二连	连长	张铭德	30	鲁运城	张营村张汉三	1938.10	1937.7		副连长	易县韩庄	11.23		易县北孟山	

队别	职别	姓名	年龄	籍贯	通讯处	入伍年月	入党年月	出身成分	担任过何工作	牺牲地点	牺牲年月	牺牲经过	埋葬地点	备考
						三分区 排级1		排级5 战士39						
七区队	参谋长	高澡	26	辽宁凤城		1938.1	1938.5		政指政教	云彪县亭西庄	11.25	被合击	宁城北关	
七区队	侦察参谋	王子鑫	27	冀完县	尧城村王老钦	1938	1941.11		测量员	云彪县三地村	同	同	同	
司令部	作战股长	姚之口	28	晋应县		1938	1938	军贫农	排连长政指	同	同	同	同	
						排级1 班级2		战士22						
四分区教团三连	连长	党潜	20	冀定县	东不落冈党洛临	1938.3	1940.12		排长副连长	行南南城寨	11.25	负重伤后亡	南城寨	
						排级1 班级1	12月	战士12						
四分区 排级①阵亡1③病亡②病亡①战士①阵亡1 排级①阵亡10②病亡26③伤亡9 共47														
二分区	副参谋长	熊德臣	43	豫光山	黄家岔	1929	1929.10	贫农	班排连营团长			病亡		
十九团三连	连长	陈吉宣	28	贵州毕节	柴都寨	1936.1	是		排长政指	侯玉沟	12.23			
						排级4 班级4 战士9 共18								
						三分区 黄厚金 战士2 病亡11								
						一分区								
三团三连	连长	张玉耀	30	鲁青平县	双井村	1937.8	1938.7		班排连长	满城大娄村	12.3	冲锋	易县土坎下	

队别	职别	姓名	年龄	籍贯	通讯处	入伍年月	入党年月	出身成分	担任过何工作	牺牲地点	牺牲年月	牺牲经过	埋葬地点	备考
雁北区队	队训参谋	晋瑞林	33	晋平定县	南关	1938.1	1939.3		连长 中队长	应县龙王堂	12.3	被敌袭	龙王堂	
排级1 班级5 战士27 共35 病亡30 负伤亡6														
1943年														
1月														
一分区 排级1 班级1 战士10 阵亡12 病亡20 负伤亡1														
二分区 阵亡14 病亡23														
三分区 病亡13 阵亡战士1 连级1 排级1 班级2 战士5 共阵亡10														
四二团	团长	包镇	37	辽凤城	凤城包家湾子村	1937	1936.8		区队长 参谋长	灵山南坦南	1.24	伏击战	军城南关	
六区队	队长	刘复	28	冀阜平	平角村	1937	1938		班长队长	曲阳刘家堡	1.12	追击敌人	刘家堡内村	
四分区 阵亡战士23 负伤亡9														
2月														
一分区 阵亡：战士6 病亡11 负伤亡4 共21														
二分区														
三分区														
骑团	特派员	赵子贤	34	陕延安		1934	1935		总文委	唐县西赤北山	2.25	战斗中受炮亡	西赤北山	
二团侦察连	副政指	贺士钧	32	晋灵丘	上红峪村	1937.9	1938.4		干事	曲阳罗庄	2.17	战斗中	灌城	
排级4 班级7 战士64 阵亡7 病亡11 共92														

四分区

队别	职别	姓名	年龄	籍贯	通讯处	入伍年月	入党年月	出身成分	担任过问工作	牺牲地点	牺牲年月	牺牲经过	埋葬地点	备考
五团二营	副政教	李永昌	24	冀平山	坡头	1937						失血过多（病亡）	李家沟口	病亡
十一连	连长	尤斌	28	平山	尤家庄	1937						枪伤亡	平山下柳村	负伤亡
五连	连长	孙吉改	26	正定	李双店	1938.1						左腿炸伤	同上	负伤亡

阵亡：排级 5　战士 31　共 36
病亡：排级 1　政教 1　战士 5　病亡共 7
负伤亡：排级 2　班级 2　连级 2　班级 10　战士 10　负伤亡共 16

共计 59

军直

队别	职别	姓名	年龄	籍贯	通讯处	入伍年月	入党年月	出身成分	担任过问工作	牺牲地点	牺牲年月	牺牲经过	埋葬地点	备考
警卫大队三连	连长	常天保	29	冀清县	常家庄 常德有收	1937.8 1938.2			班排 副连长	灵寿岔头	2.6	追击敌中炮弹	陈庄	

一分区　阵亡班级 2　战士 2　阵亡 5　病亡 12
排级 2　战士 11　阵亡 21　病亡 23　病亡 11
3 月

三分区

队别	职别	姓名	年龄	籍贯	通讯处	入伍年月	入党年月	出身成分	担任过问工作	牺牲地点	牺牲年月	牺牲经过	埋葬地点	备考
六区队	区队长	喻忠良	36	湖南平江		1930	1930.8		政指政教 政委班排 连营长	曲阳家山上	3.11	负伤流血过多	军城南关	

续表

队别	职别	姓名	年龄	籍贯	通讯处	入伍年月	入党年月	出身成分	担任过何工作	牺牲地点	月日	牺牲经过	埋葬地点	备考
六区队二队	队长	罗明新	32	陕西沈县	八里店	1936.7	1936		班排连	曲阳家山上	3.11	头部伤	宿家庄村南	
排级 6 班级 1 战士 25 共阵亡 32 病亡 24 负伤亡 2 共 58														
四分区　阵亡：排级 2 班级 11 战士 33 共 46 病亡：战士 19 共 19 | 84 负伤亡：排级 1 战士 18 共 19														
平定支队	副政委	王松涛	23	冀平山	南庄村	1937	1934.4		分支书政教参谋	平定西家庄	3.18		平山小口	
军直														
司令部	警备科员	高辉	28	东三省						平山塞北	3	自己炸死		
工业部化二厂	连长	藏本忠	27	冀唐县	城涧村	1940.8	1942.11			完县刘家庄	3.4	病亡		
4月														
一分区　阵亡：连级 1 一团政指排级 2 班级 2 战士 13 共 18 病亡 23 负伤亡 1														
二分区（三，四两月）														
四团四连	连长	王光贵	25	晋五台		1937.7	1938.1	贫农		南道头	3		马歇口村	
同	副政指	刘土祥	24	定县	庞村	1938.7	1939.4	学生中农		同	同		同	
四团轮训队	副政指	尹子刚	23	冀安国		1938.5	1939	学生中农		箫河	3.4			
排级 4 班级 2 战士 60 共 69														

队别	职别	姓名	年龄	籍贯	通讯处	入伍年月	入党年月	出身成分	担任过何工作	牺牲地点	月日	牺牲经过	埋葬地点	备考
定唐支二队	政指	张文山	20	冀满城		1937.10	1938.5	工人	青干		3.28	于沟南活动时被袭		
十八团	连长	牛福有	病亡											
唐支队	中队长	陈喜参	病亡											
三分区														
阵亡：排级3 班级3 战士12 19														
病亡：排级2 战士7 12														
四分区														
十七团一连	政指	刘奋信	24	冀深泽	深泽南留村	1938.1	1938.10		支书分支委政指	平山老坟沟	4.20	战斗中阵亡	老坟沟	
三十六团一连	连长	柴富渊	26	晋河津	河津柴家庄	1936	1938		副连长政指	平山张齐村	4.8		平山温塘鹿台村	
二十二团一连	连长	刘子桢	24	冀河间	河间胡家村	1938.2	1940.12		支委排连长	行唐北狼贝村	4.25		北狼贝村	
分直特一连	连长	杨纯武	34	湖南	王家厂村	1934	1934		分支书副政教	平山范家土沟	4		寨北（平山）	
正定基干队	政指	陈志	26	冀安平	本县角成村	1938	1937		支书副政指	正定邵同村	4.25		邵同村	
抗四大队	总支书	吴亮	34	晋盂县	本县方山村	1937.11	1937.10		总支书股长	平山孟家庄	4.20		平山北呼村	

队别	职别	姓名	年龄	籍贯	通讯处	入伍年月	入党年月	出身成分	担任过何工作	牺牲地点	月日	牺牲经过	埋葬地点	备考
教团一连	连长	刘清堂	33	豫许昌	唐县神南镇交张较平	1931	1935		连营长 科股长	行唐连庄	4.27		连庄村	
						阵亡：排级12 班级12 战士127								
						负伤亡：排级5 班级3 战士30								
						病亡：排级2 班级3 战士12								
						5月								
				一分区										
三团侦察连	连长	王九成	28	热河进平		1939.1	1942.4		副连长	易县东峪	5.14		易县坨南村北	
	政指	李世杰	28	山西灵丘县		1938.3	1938.6		副教导员	同	同		同	
						阵亡：排级5 班级3 战士39								
						负伤亡：排级1 战士3								
						病亡：战士4								
				二分区										
司令部	二股 副股长	赵锦	30	晋省代县	本县正下社村赵献瑞	1937.9	1937.10	学生 贫农	政指 副政教	忻县韩岩村	4.20	战斗中阵亡	忻县	
山阴基游队	队长	石福林	23	河北曲阳		1938.7	1939.2	贫农	班长排长	不明	4.30	同	不明	
						排级1 战士21 共24								
				三分区										
卫生处	医务主任	马振华	28	江西永兴	工村马笑吉					唐县马尔山	5.4	阵亡		

续表

队别	职别	姓名	年龄	籍贯	通讯处	入伍年月	入党年月	出身成分	担任过何工作	牺牲地点	月日	牺牲经过	埋葬地点	备考
二团	宣教干事	智光印	29	山东城武	智楼村智宗仁	1938.8	1938.10		副政指干教干事	唐县上苇子	5.7	被地雷炸死	上苇子	
骑兵团	政委	曾海亭	30	江西瑞金	三公排村曾纪堂	1932	1933		政指政教	唐县豆铺	5.1		豆铺	
骑兵团	侦察参谋	范炎光	28	山西万泉	万泉南庭朝村范万平	1933	1933		班排连长副营长	唐县豆铺	5.1	突围牺牲	豆铺	
	政指	闫百泉	23	察蔚县		1938	1939		干事	唐县马尔山	5.6	战斗牺牲	马尔山	
	宣干	张涛	27	冀南皮	南皮董村张建轩	1938	1938		政指	唐县封庄	5.9	突围牺牲	封庄	
	供给主任	胡北才	23	冀阜平	陈南庄胡许山	1938.2	1938.3		供给粮秣员	唐马尔山	5.6	突围牺牲	马尔山	
	供给员	高汉臣	30	冀雄县	容城合家庄陈德荫	1938	1941		会计员	马尔山	5.6	突围牺牲	马尔山	
	供给员	戴佩然	29	冀定县	北支合郑清江	1938	1938		会计员	马尔山	5.6	同	同	
	一连连长	党金荣	31	甘省宁县	党家村党金海	1936	1938		班排长	马尔山	5.6	战斗牺牲	马尔山	
	特务连政指	叶仁沛	30	冀沧县	城内元利号转	1938	1939		干事	马尔山	5.6	战斗牺牲	马尔山	
三大队	政指	胡尊三	27	浙江黄岩	八分村本人	1938.4	1938.7		干事副政指	北洪城	5.7	帮助地方工作牺牲	张各庄	

队别	职别	姓名	年龄	籍贯	通讯处	入伍年月	入党年月	出身成分	担任过何工作	牺牲地点	月日	牺牲经过	埋葬地点	备考
一八团三连	副三连长	陈保龙	28	山东润城	陈条园村本人	1937.5	1938.11		班排长	曲阳营里村	5.14	地雷炸伤入院亡	台峪	
一连	副政指	马少英	22	冀安平野营		1937	1938		青干政指	赤城透明驼	5.4	战斗牺牲	透明驼	
七区队四队	政指	黎明	22	冀完南	东马寨李洛魁	1938.10	1938.12		政指	完县西北蒲	5.23	战斗牺牲	贾家庄东北	
政治部	宣教科长	佘毅	28	广东中山县		1937	1938.4		剧团长政治教员	马尔山	5.6	突围牺牲	马尔山	

排级 6　班级 11　战士 104　共 137

四分区

队别	职别	姓名	年龄	籍贯	通讯处	入伍年月	入党年月	出身成分	担任过何工作	牺牲地点	月日	牺牲经过	埋葬地点	备考
二十二团三连	政指	王之舟	21	冀文安县		1938.9	1939.12		政指	平山冷泉村	5.30	战斗负伤过重牺牲	冷泉	
二十六团一连	副连长	姚振荣	27	冀省						行唐赵平观	5.15	战斗突围牺牲		
三十六团	团长	罗发明								行唐连庄	5.1	带部队出伏击去侦察回来时误会被打死		

阵亡：排级 5　班级 11　战士 43

续表

队别	职别	姓名	年龄	籍贯	通讯处	入伍年月	入党年月	出身成分	担任过何工作	牺牲地点	月日	牺牲经过	埋葬地点	备考
						负伤亡：排级 1 战士 44								
						病亡：战士 7								
						雁北支队								
六团	连长	钟茂华	30	江西瑞金	九保区瓦子村刘金秀收	1932	1933		分总支委排长连营长	灵丘银厂南山	5.31	灵丘东土门		
						阵亡：排级 1 班级 7 战士 13								
						军直								
政治部	宣教干事	罗光辉	28	四川富顺		1938.7	1939.11		宣干宣书队长	阜平毛大台	4.30	病亡		
供给部	粮秣科员	祝水清	24	河北安平	黄城村祝老淮收	1938.4	1938.9		司务长供给员	洪草洼	5.5	阵亡	洪草洼	
	队长	宗明玉								阜平				
						病亡：排长 1 连级 2 班级 2 战士 4								
						负伤亡：战士 2 共 22								
						一分区								
						阵亡：连级 2 战士 10								
						负伤亡：班级 1 战士 4								
						二分区								
						阵亡：排长 1 战士 3								
三四团一连	政指	陈得之	22	湖北黄冈	本县回龙山林庆甫收	1938.8	1938.12		宣教干事	界河	6.22			

队别	职别	姓名	年龄	籍贯	通讯处	入伍年月	入党年月	出身成分	担任过何工作	牺牲地点	月日	牺牲经过	埋葬地点	备考
					连级 1	排级 3	班级 3	战士 43	共 51					
						三分区								
	连级	郭成喜	30	四川勉县		1934	1936		班排长	唐县白合	6.16		白合	
						排级 4	战士 15	共 20						
							四分区							
教导团	四连长	贺迁	27	辽宁开源	开源西古城堡村本人	1938	1938.4		副队长 副连长	行唐岗头	6.20	中腹部阵亡	行唐神南村	
	侦察参谋	姜黄	23	甘肃		1936	1937		副连长 队长	灵寿官庄	6.29		灵寿营里北沟	
八区队					另阵亡：连级 2	排级 4	班级 3	战士 3						
					负伤亡：连级 1	排级 5	班级 10	共 64						
					病亡：班级 1	战士 6								
						雁北支队								
					阵亡连级 2	排级 1	战士 14							
					病亡	排级 3	共 20							
						军直								
					病亡	排级（技师）1	战士 3	（内附中学员 2）共 4						

队别	职别	姓名	年龄	籍贯	通讯处	入伍年月	入党年月	出身成分	担任过何工作	牺牲地点	月日	牺牲经过	埋葬地点	备考
							7月							
							一分区							
						阵亡	排级1	战士1						
						负伤亡	班级1	战士1	共7					
						病亡	战士3							
							二分区							
							三分区							
						阵亡	排级1	战士1						
						病亡	班级1 战士15		共18					
							四分区							
						阵亡	排级1 班级6	战士22						
						负伤亡	排级2 班级2	战士6	共50					
						病亡	排级1	班级1 战士9						
							雁北							
				阵亡		团级1 连级1	排级2	班级3 战士28	共35					
							十一分区							
						阵亡	连级2 班级1	战士3	共13					
						病亡	战士4							

队别	职别	姓名	年龄	籍贯	通讯处	入伍年月	入党年月	出身成分	担任过何工作	牺牲地点	月日	牺牲经过	埋葬地点	备考
						军直								
						负伤亡　战士 3								
						阵亡　战士 1								
						病亡　连级 1　战士 2								
						8 月								
						一分区								
二区队	一连长	郝清华	27	河北完县	完县井儿峪村交本人	1937.7	1938.8		班排连长	龙华二区杨各庄	8.12	追击敌人牺牲	龙华二区奇峰庄北沟	
						阵亡　班级 1　战士 9　共 16								
						病亡　战士 5								
						二分区								
十九团	侦察参谋	陈保中	27	河北阜平陈南庄	陈南庄交本人	1939	1939	学生贫农	排长副队长		8.12			
三四团	连长	刘银才	25	晋五台上官村	本村交本人	1937	1940.4	贫农	班排长	盂县白豕庄				
						阵亡　排级 1　班级 9　战士 78　共 90								
						三分区								
						阵亡　战士 2								

队别	职别	姓名	年龄	籍贯	通讯处	入伍年月	入党年月	出身成分	担任过何工作	牺牲地点	月日	牺牲经过	埋葬地点	备考
五团	政指	穆文生	23	河北井陉矿市街		1937	1938		政指	平山曹峪	8.30	伏击战斗当中当场牺牲	平山曹土沟	
					病亡	班级4 战士4 共10								
						四分区								
					阵亡	排级2 班级4 战士10								
					负伤亡	班级3 战士3 共40								
					病亡	排级1 班级2 战士14								
						雁北								
					阵亡	班级1 战士4								
					病亡	战士4 共9								
						十一分区								
					阵亡	班级1 战士1								
					病亡	战士5 共6								
						军直								
					病亡	连级1 战士3								
					阵亡	排级1 战士1 共6								
						九至十一月								

续表

队别	职别	姓名	年龄	籍贯	通讯处	入伍年月	入党年月	出身成分	担任过何工作	牺牲地点	月日	牺牲经过	埋葬地点	备考
一分区一团	宣教干事	雪天	29	河北蠡县	蠡县东营村崔树屏收	1938	1942.12		剧社社员	易县南坡	11.77	战斗中牺牲	易县南坡	
一团二连	政指	张景昌	27	河北浦城	本村张老河收	1937.11	1938.1		政指	易县周庄	11.13	同上	易县周庄	
三团一连	连长	杨才鑫	26	江西吉水	杨家村杨才锦收	1930	1933		教导员副政委	易县东敖峪	11.12	负重伤亡故	易县东敖峪	
二五团一连	连长	雷道生	35	湖北兴山	湘潭村交本人	1937	1939.7		排连长	易县上陈骝	10.6	冲锋时被炸亡故	牛岗村西	
三区队五队	队长	彭景新	25	吉林珲春	吉林省桦甸县常山村彭万仁收	1938.8	1939.6		敌工干事站长	徐完二区刘庄	11.17	与地方干部发生误会	徐完谢坊营	

阵亡 九月份 连级 3 排级 1 班级 6 战士 28 病亡战士 5 共 43

十月份 排级 2 班级 14 战士 99 战士 74 病亡战士 18 负伤亡 1 （班级 95）

十一月份 排级 8 班级 7 战士 1 （战士 134） 共 277 嵩田一带

二分区 （九至十二月）

队别	职别	姓名	年龄	籍贯	通讯处	入伍年月	入党年月	出身成分	担任过何工作	牺牲地点	月日	牺牲经过	埋葬地点	备考
十九团	团长	刘桂云	33	湘省茶陵	金田村交本人	1930	1929		班排连营团长	盂县	10.16			
卫生所	所长	丁振	28	襄满城贾庄	本村丁艾收	1937.10			助医	盂县	11月	战斗中牺牲		

队别	职别	姓名	年龄	籍贯	通讯处	入伍年月	入党年月	出身成分	担任过何工作	牺牲地点	月日	牺牲经过	埋葬地点	备考
三四团	团长	林必元	28	福建龙岩	穆家寨交本人	1928	1935		班排连营长	孟平县枣园	10月	犯错误撤职自杀	枣园	
	组织干事	齐仁谦	22	晋定襄		1938	1937							
	副政指	刘继纲	24	冀饶阳		1938.5	1939.4		班长	孟平秋卜洞	10.23	被敌包围	秋卜洞	
二分区司令部	侦察参谋	于润福	26	晋定襄	于家庄交本人	1938	1940		游击队长	蛟潭庄	10.15	战斗牺牲	蛟潭庄	
政治部	除奸干事	张玉衍	27	辽宁沈阳		1937	1938		总务科长	不详	10.5		不详	
四区队	中队长	郭培玉	29	冀井陉		1938.4	1938.12		政指	嶂县里城	10.10	战斗牺牲	里城	
	侦察参谋	陆益	31	广东潮安		1936	1938		代县王家会	10.20		王家会		
二大队	政教	孙桐	28	山东		1938.6			教员	孟平三巴	11.5		清水口	
	宣干	于生	28	晋屯留江泉村	交本村本人	1938.8	1943.8		宣干	黑山关	10.29		黑山关村南	
	政指	方明	25	皖芦江农家村	交本村本人	1938.5	1937.7		民运干事	麦道岭	10.15	战斗牺牲	麦道岭	

队别	职别	姓名	年龄	籍贯	通讯处	入伍年月	入党年月	出身成分	担任过何工作	牺牲地点	月日	牺牲经过	埋葬地点	备考
		庄丁	27	闽霞浦县桂山	本村交本人	1938.8	1938.11		副政指	要子沟	9.20	同上	黑山关村南	
		余元	24	四川		1942	1938			五台	10.10	被敌跳崖	三领村	
	连长	吴国大	29	四川万源		1935	1938			龙窝	12		前大地	
		高清元	28	晋五台高家庄	本村交本人收	1938	1939		基游队长	孟平前大地	12	被袭		
卫生四所	所长	樊锦汾	36	晋崞县郭家庄	本村交本人	1937.11	1938.4		医生	孟平	11.20			
	医生	伟森	24	广东高要雅瓷村	本村钟伟森收	1939.1			宣传员	孟平	11			
三所	三	温川华	22	晋崞县宏通村	交本人收	1937.5	1939.3		看护班长	孟平	11			
卫生处	管理员	张江文	30	冀铙阳中趣市	本村交本人收	1938.5	1939.6		供给员	孟平	11			
四所	医生	郭相贤	22	晋五台西合里	交本村本人	1937.9	1937.12		班长	孟平	11			
定基	政指	王子恺	28	晋五台		1940	1940		班长	忻县汗阳	11.1		汗阳	

续表

队别	职别	姓名	年龄	籍贯	通讯处	入伍年月	入党年月	出身成分	担任过何工作	牺牲地点	月日	牺牲经过	埋葬地点	备考
五区队	队长	郭继城	24	晋定襄蒋村	本村本人收	1937.9	1937.11		班排长	芳阉	11.1	枪走火自亡	南涧	
	政委	陈祥炳	29	江西兴国		1931.1			总支书					
	中队长	刘子杰	28	晋定襄咀子村	本村张贵宏收	1937.8	1938.8		班长	五台东冶	10.20	战斗牺牲	五台坛村	
		刘玉生	27	晋定襄	刘只起收	1937.8	1938.8		班长	定襄青石	10.19		定襄青石	
		刘汗卿	22	冀定兴中蒋村	本村刘瞿收	1938.6	1939.8		班长	东冶	同上	同上	五台坛村	

阵亡　排级19　班级22　战士123　共191

三分区（九至十二月）

队别	职别	姓名	年龄	籍贯	通讯处	入伍年月	入党年月	出身成分	担任过何工作	牺牲地点	月日	牺牲经过	埋葬地点	备考
司令部	教育参谋	彭瀛光	25	河北清苑		1938.1	1938.4		区队长副队长队长	唐县辛庄	10.8		唐县辛庄	
抗三大队	军教	陈覆石	24	湖南麻阳隆家堡	本县高村转本村	1937.12	1938.6	学生	区队长军事教员	唐县辛庄	10.9	被袭击	唐县何家庄村北	
二团	副连长	张春玉	25	河北易县		1938.4	1938.8	农	班排长	完县陈侯	11.10	战斗牺牲	完县毛口村	
四二团四连	连长	王庆	29	冀易县井儿峪	本村荣生堂收	1938.5	1938.9		战士副政指	阜平大铁矿	10.27	被围牺牲	大铁矿东北山沟	

队别	职别	姓名	年龄	籍贯	通讯处	入伍年月	入党年月	出身成分	担任过何工作	牺牲地点	月日	牺牲经过	埋葬地点	备考
定县支队	政指	田荣义	27	冀曲阳燕赵村	本村田老臭收	1937.10	1938		文书 副政指	大寺头	11.28	战斗牺牲		
五团	参谋长	曾飞	29	江西兴国		1931	1931		大队长 参谋长	滚油沟	10.13		平山白草坪	
	特派员	叶冰如		山东					科员 特派员	滚油沟	10.13		同上	
侦察连	连长	韩景芳	25	冀平山石盆峪		1937	1938		排连长	段峪（平山属）	11.17		段峪	
	政指	牛良华						副政指 政指	同上			同上		
	副政指	刘国良		冀平山				副政指 政指	老虎窝	9.18		老虎窝		
一连	副政指	李树祥	22	冀灵寿南卫城		1937	1938		宣传队长政指	柏华沟（平山属）	12.4		柏华沟	
二连	政指	郎仲	24	冀灵寿胡洞		1940.9		文干 副政指	同上			同上		

九月份　班级 8　排级　战士 47

十月份　班级 10　排级 4　战士 69

十一月份　班级 7　排级 1　战士 51

十二月份　班级 3　排级 5　战士 27　共 237

四分区　九至十二月

队别	职别	姓名	年龄	籍贯	通讯处	入伍年月	入党年月	出身成分	担任过何工作	牺牲地点	月日	牺牲经过	埋葬地点	备考
五连	副政指	李占奎	23	冀行唐南伏流		1940.5	1940.10		收发文干副政指	同上	同上		同上	
三五团部	国文教员	王烽	23	威海卫		1942.12			国文教员	南石井沟	11.11		被俘	
特务连	政指	史崇基	26	晋盂县东关	本村交本人	1938.3	1938.10		政指	石井沟东山	11.11		石井沟东山	
三六团一中队	副队长	韩致祥	31	冀平山寨北	本村韩士文收	1937.11	1938.4		班排长	平山张齐村	9.1		（平山一中队）	
建平支队	副政委	白慧光	25	冀获鹿四里	本村本人收	1938	1938		管理员队长政指	寺庄	9.12			
教导团	侦察连长	郭树藩	29	冀易县		1938	1939		班排连长	灵寿大庄	11.9	大庄伏击战阵亡	行唐塔沟	
一连	副连长	王世昌	24	陕西		1938	1938		教育参谋连长	行唐两岭口	10.23	战斗牺牲	行唐范家庄西南	
卫生所	所长	赖见生	25	江西瑞金		1934	1935		看护长医生	行唐北庄楼庄岭	10.14		桃花峪（北庄南）	
	政指	王文清	25	冀天津		1938	1939		文教政指	阜平大南沟	12.6		阜平南沟	

队别	职别	姓名	年龄	籍贯	通讯处	入伍
四大队	军事教员	戴化南	30	辽宁凤城	本村本人	1939
休养一连	政指	王向南	30	冀大城纪庄	本村交本人	1937
八区队	区队长	韩光宇	30	冀平山元坊	本村交本人	1937
五队	政指	杨绩森	27	冀建平威州	本村交本人	1937
四队	副政指	田垒	33	冀深县		1938
	特派干事	刘建道	33	冀灵寿雹子里		1938
二中队	副队长	乔仕民	26	冀安平		1935
休养一连	副连长	蒲怀友	43	四川苍溪		1936.5
卫生所	所长	曾英	30	河南开封		1936
	侦察参谋	贾武	23	河北清苑中申村	本村交本人	1938
一队	政指	张天才	24	冀灵寿牛城	本村交本人	1938

阵亡 排级 18 班级 19 战士 318

负伤亡 排级 2 班级 3 战士 14

病亡 排级 1 班级 2 战士 57

雁北支队

司令部	通讯参谋	李发财	29	冀磁县马头镇	本村李兆祥收	1931
六团三连	政指	王玉池	26	冀之光县东问村	本村张国棋收	1938
十一区队二连	政指	李生瑞	26	晋应县南曹村	本县三门城村李生元收	1938
	侦察参谋	王致东	34	陕西宜川		
	副政委	王纯一	33	冀完县		1937
繁峙支队	副政委	张玉田	23	冀完县东头羊村	本村陈东三收	1937

阵亡 排级 1 班级 1 战士 61

病亡 战士 9

十一分区 九月份 负伤亡班级 1 病亡连级 1 病亡战士 6

十月份 阵亡排级 1 负伤亡班级 3 病亡班级 3 阵亡战士 1 负伤亡战士 2

干部负伤登记

一九四二——一九四四

队别	职别	姓名	等级	年龄	籍贯	入伍年月	入党年月	出身成分	担任过何工作	负伤地点	年月	负伤部位程度	处理	备考
						1942年2月								
						一分区								
一团一营二连	连长	张德铭		27	浑城									
同上	政指	王思德		24	秦富平									
二十团三营营部	副政指	王公臣		23	冀肃宁					平定十字城	2.21			
排以下73名										沿兴	2			
						平定狮子坪 2								
						二分区　战士29名								
						3月								
						排以下13名								
四区队一大队	政教	郑寿财		30	赣万花									
同上	分队长	高作东		30	晋赵城			贫农	通讯班长文书	东苏家庄	3.24	右腿重伤	送卫生所	
						四分区　战士2名								
五团五连	政指	李芳庭		21	冀平山			贫农		唐山唐庄	3.13	嘴重伤	卫生队	
九区队二连	连长	刘克东		31	冀灵寿			贫农			3.6	左腿轻伤	送后方治疗	

队别	职别	姓名	等级	年龄	籍贯	入伍年月	入党年月	出身成分	担任过何工作	负伤地点	年月	负伤部位程度	处理	备考
		排级6名　班级13名								唐县山南庄	3.13	右手指轻	队中休养	
											3.13	右膝盖重	卫生队	
								贫农		同	同	耳朵轻	随队休养	
		三分区												
		排以下16名								唐县口底村	3.5	大腿重	送卫生队	
										同	同	左大腿轻	送卫生队	
										同	同	胸部重	同	
										同	同		同	
		二分区　排级2名　班级2名												
		三分区												
骑兵团侦察连	连长	何之武		27	秦延安			贫农		唐县山南庄	3.13	脖轻	随队休养	
								贫农		同	同	右腰轻	随队休养	
骑团一营营部	通讯员	张禄增		20	冀完县	1938.9		农贫农		唐县山南庄	3.13	右肘轻	随营休养	

队别	职别	姓名	等级	年龄	籍贯	入伍年月	入党年月	出身成分	担任过何工作	负伤地点	年月	负伤部位程度	处理	备考
骑团一营二连	战士	刘顺心		25	冀完县	1937		贫农		唐县山南庄	3.17	口鼻很重	送卫生队	
同	战士	敫其任		30	冀易县	1937				同	同	两大腿均重	送卫生队	
同	战士	马玉山		27	冀交河	1937		学生富农		同	同	口轻	随队休养	
计伤排级 1 名　班级 6 名　战士 9 名　共 16 名														
一分区														
一团一连	政指	郝旭	上尉	20	冀徐水	1939.1	党员	学生贫农	文书	易县南娄山	3.17	右肩重伤	送后方休养	
排级 1 名　班级 2 名　战士 30 名　共计伤 34 名														
二分区														
排级 2　班级 1　战士 4 共 7														
二分区														
4 月														
四团十一连	连长	马青海		24	冀定县	1938.3	1938	农人贫农	班长正副排长	松岩口	4.16	手部轻伤	随队休养	
排级 1　班级 5　战士 19　共 26														

队别	职别	姓名	等级	年龄	籍贯	入伍年月	入党年月	出身成分	担任过何工作	负伤地点	年月	负伤部位程度	处理	备考
四分区														
排级1　班级4　共36														
三分区														
班级1														
一分区														
三团三营	副营长	刘金华		28	赣瑞金	1934.2	1936.6	贫农	分总支书政指教导员	易县杨家庄	4.25	右手指轻	随队	
三团十一连	连长	彭永胜		28	赣城武	1930.5	否	贫农	副连长	易县台鱼	4.25	后背轻	随队	
三团一营二连	连长	韩金铭		33	鲁成武	1937.12	1938.1	贫农行伍		易县武家庄	4.25	胸部重	送院	亡
三团一营三连	连长	张玉耀		30	鲁青平	1937.8	1938.7	贫农行伍	班排连长	易县荆山	4.13	头部轻	随队	
三区队四支队一连	连长	马凤岗		34	冀沫源	1937.9	1938.5	贫农行伍	连长	易县钟家店	4.14	胸贯通重	送院	
同	副连长	曾宪金		27	赣兴国	1933.3	1937.5	贫农	政指连长	同	同	腿（贯通）重	送院	
5月														
四分区														

队别	职别	姓名	等级	年龄	籍贯	入伍年月	入党年月	出身成分	担任过何工作	负伤地点	年月	负伤部位程度	处理	备考
五团一营二连	政指	张秀		28	冀平山	1937	1938	贫农	排长政指	苏家白雁	4.26	脚部轻伤	送院	
二营六连	连长	任保庆		31	冀保定	1936	1936	行伍	班排连长排长派员	吴家庄	4.26	头腨部轻	送院	
三营九连	政指	崔剑亭		27	冀平山	1937	1938	农	指导员	黄壁庄	5.7	手部轻	送卫生队	
三营十二连	连长	苗登文		27	晋平定	1937	1938	农	排长政指	灵寿朱食	5.25	头手部轻	在连休养	
八区队	管理员	王占廷		34	冀遵化	1938.4	1939.2		副支书管理员	朱食	5.24	左手重	救济休养	
八区队二连	政指	尹保页		22	晋盂县	1937	1937	学生	宣传员青干政指	辛安车站附近	5.22	胸面部轻	送院	
四连	政指	王子哲		24	冀获鹿	1937	1937	学生	班长支书	朱食	5.24	胸右肩重	送后方	

排级 4　班级 24　干 116　共 151　（四月份二名在内）

二分区

队别	职别	姓名	等级	年龄	籍贯	入伍年月	入党年月	出身成分	担任过何工作	负伤地点	年月	负伤部位程度	处理	备考
三十四团二连	政指	杨佐卿		23	冀蠡县	1938.9	1939.4	学生富农	副排长	盂县大口	4.25			被俘
三连	政指	韩卿		24	晋繁峙	1937.10	1938.1	学生地主	副政指	盂县上社	5.25	腰部重	送院	已牺牲

续表

队别	职别	姓名	等级	年龄	籍贯	入伍年月	入党年月	出身成分	担任过何工作	负伤地点	年月	负伤部位程度	处理	备考
排级 12　班级 8　战士 35　共 57 一分区														
一团一连	政指	郝旭		21	冀徐水	1939.1	1939.3	学生贫农	文书	易县东罗村	5.23	胸部重	送院	
一团一连	连长	赵永胜		24	豫洛阳	1933.7	1937.8	农贫农		易县东罗村	5.23	胸部轻	随队	
六团五连	连长	刘福荣		23	陕上枣凹	1936.3	1936.11	农贫农	班排连长	易县钟家店	5.15	胳膊重	送院	
十一连	政指	黄宾		25	辽宁苇山河	1938	1937	学生	政指	满城岗头村	5.2	轻	送院	
排级 5　班级 15　战士 39　共 63　战士 (区队) 2 三分区														
二团一连	连长	陈玉祥								唐县岳烟村	5.28		卫生队	未登记
四连	连长	梁海清		25	冀完县	1937	1930	农	排长作战参谋	同	同	胳臂重伤	送后方	
八连	政指	马振武		29	冀完县	1938.2	1939.2	学生中农	副政指	完县城	5.20	头肩重	送后方	
骑团一营一连	副连长	郭敬荣		26	冀高阳	1938	1938	富农	班排连长	唐县城	5.3	面部轻	本营休养	
排级 7　班级 33　战士 86　共 130														

队别	职别	姓名	等级	年龄	籍贯	入伍年月	入党年月	出身成分	担任过何工作	负伤地点	年月	负伤部位程度	处理	备考
							6月							
							四分区							
五团二营	营长	胡从明		23	赣吉安	1930.5	1931.5	农贫农	班排排营长	平山上三级	6.8	轻	随队	
九区队二连	连长	纪大章		29	四川	1937	1938	贫农	排长	井陉沙窑	6.4	脚部重	送卫生所	
					排级6 班级7 战士3 共54名									
							二分区							
五区队一中队	中队长	刘玉生		27	冀定兴			农贫农		盂县黄龙凹	5.31	小腹轻	送医院	
					排级4 班级3 班级3 战士27 共35									
							三分区							
骑团一营二连	连长	刘元堂		29	陕西安形成	1931	1935	农贫农	班排连长	唐县岳阳	5.28	腿部重	卫生队	
					排级3 班级5 战士58									
							7月份							
							三分区							
					连级 排级1 班级1 战士9									
							四分区							
八区队	副区队长	韩光宇		29	冀平山	1937.8	1937.10	富农学生	营长大队长	灵寿黄壁庄	7.7	左臂腹部轻伤	随队	

队别	职别	姓名	等级	年龄	籍贯	入伍年月	入党年月	出身成分	担任过何工作	负伤地点	年月	负伤部位程度	处理	备考
三十六团	政指	伏文彬		25	冀	1938	1938.12	农资农	支书副政指	平山王青季	7.10	肩部轻	在团休养	
排级1 班级 战士12 一分区														
六团十一连	连长	郭恒金		29	晋大同高山	1937.10	1938.4	中农	班排长	阜平神堂堡	6.22	大腿轻	随队	
同	政指	胡铭		23	察省蔚县	1937.10	1940.1	商人学生	民运干事	同	同	同	送卫生队	
排级2 班级1 战士2 共5 二分区														
8月														
四分区														
五团团部	组干	李通溪		22	冀平山	1938.1	1938.1	农学	政指	平山七汲	8.23	头部二肩部二腿二处半重	送卫生队	
二营六连	政指	梁凤禄		23	冀建屏	1938	1939	贫农	青干支书	灵寿下部	8.21	右臂重	送医院	
排级3 班级12 战士39 共56 一分区														

续表

队别	职别	姓名	等级	年龄	籍贯	入伍年月	入党年月	出身成分	担任过何工作	负伤地点	年月	负伤部位程度	处理	备考
五团一营四连	代理连长	陈志高		23	冀平山	1938	1938	农学生	排长	平山李家坡	8.25	膀子	送院	
三分区						排级	班级	战士 4						
四分区						排级	班级 2	战士 1						
二分区						排级 2	班级 2	战士 7	共 9		9月			
六团八连	政指	王三元		22	察怀来县	1938.3	1939.1	地主学生	文书支书	繁峙大王岭	9.9	头部重伤	送院	
一分区						排级 4	班级 3	战士 17	共 24					
二十团工作队	队长	韩凤辰		25	冀阜平	1937.10	1938	贫农	支书政指	易县白岭	9.22	膀部重伤	送院	
二分区						排级 4		战士 38	共 44					
三分区						排级 4	班级 2	战士 13						

续表

队别	职别	姓名	等级	年龄	籍贯	入伍年月	入党年月	出身成分	担任过何工作	负伤地点	年月	负伤部位程度	处理	备考
七区队	政指	赵斌		23	冀完县道务村	1940.5	1939.10	农	战士班长	完县巷北	9.2	腰部重	后方休养	
	队长	魏占荣		24	陕邠州湘村	1936.12	1937.10	农	战士班长	同上	同	臂部重	同	
	特派干事	刘金堂		30	冀灵寿	1937.10		农	排长	同	同	腰部轻		
骑兵团	副政指	张巨才		32	蔡怀安城	1937.8	1939.3		班长	唐县东树庄	9.23	腰部轻		
	副政指	赵振清		24	陕宜川	1938	1936			唐县南城子	9.16	胸部轻		

排级 8　班级 18　战士 120

10月

三分区

区队	职别	姓名	等级	年龄	籍贯	入伍年月	入党年月	出身成分	担任过何工作	负伤地点	年月	负伤部位程度	处理	备考
	侦察参谋	王子鑫		28	冀望都县	1938.9	1940	贫农	测绘员	望下叔	10	腹部轻	送卫生队	
骑兵团	一连长	祝五子		26	晋洪洞	1935.1	1935	贫农	班排连长	唐县王子山	10.23	右臂残废	休养	
	副政指	赵士信		26	冀阜平	1938			班排长	同上	同	面、臂轻	随队休养	

排级 8　班级 18　战士 128

队别	职别	姓名	等级	年龄	籍贯	入伍年月	入党年月	出身成分	担任过何工作	负伤地点	年月	负伤部位 程度	处理	备考
							一分区							
一团三营	副政教	王玉华		26	冀满城	1939.1	1939.2	学生	政指	易县肖家庄	10.19	头腿胸 重	送后方	
					排级4	班级1	战士24							
							四分区							
八区队武宣队	副政指	李远终		21	冀新乐县	1938.5	1939.1	贫农	支书青干	灵寿城	10.14	大腿重	送院	
八区队第三队	副政指	梁宝贵		19	冀建屏县	1939.11	1942.1		支书青干	正定北孙村	10.20	背部轻	随队	
					排级3	班级10	战士66							
							二分区							
三十四团四连	连长	王俊林		23	冀井陉县	1938.2		农贫农	战士班排 副连长	盂县上鹤山	10.20	左手轻	随队	
四团三连	政指	庄鼎		26	闽霞浦	1938.8	1939.4	学生、中农	副政指	五台香炉石	10.14	大腿轻	随队	
					排级3	班级4	战士19							
							11月							
							二分区							
四团	参谋长	周宏		28	晋崞县	1937	19××	学生 中农	连长 参谋长	杨家庄	11.1	臂部重	送院	

队别	职别	姓名	等级	年龄	籍贯	入伍年月	入党年月	出身成分	担任过何工作	负伤地点	年月	负伤部位程度	处理	备考
三十四团三连	政指	庄鼎		26	闽霞浦	1928.10	19××	学生中农	副政指	香炉口	10.14	大腿轻	随队	
						排级2	班级1	战士24						
							一分区							
						排级2	班级2	战士28						
							三分区							
骑团二连	连长	朱丙臣		26	冀高阳霍庄	1938	是			包水	11	手指轻	在连	
	政指	王培申		25	山东	1938	是			同	同	同	同	
						班级2		战士26						
							四分区							
教团五连	连长	贺迁		27	辽宁开原	1938.4	是	学生	排连长	行唐刘五村	10.28	右腿轻	送休养连	
						排级1		战士29						
							12月							
							二分区							
十九团一连	连长	常万年		30	晋五台	1937.10	19××			侯玉沟	12.23	手指轻	随队	
	政指	徐化龙		23	晋五台	1937.7	19××			同	12.23	背重	送院	
五区队四中队	中队长	王明芝		30	晋定襄	1937	19××			阳曲李家坪	9.25	腰轻	随队	

队别	职别	姓名	等级	年龄	籍贯	入伍年月	入党年月	出身成分	担任过何工作	负伤地点	年月	负伤部位程度	处理	备考
特务中队	中队长	赵子安		28	陕					定襄董家庵	11.10	左臂重	送卫生队	
四中队	中队长	崔立权		28	冀通州	1937.12				盂县黑坑洞	12.7	背重	送卫生队	

排级 10　班级 4　战士 4　共 23

四分区

队别	职别	姓名	等级	年龄	籍贯	入伍年月	入党年月	出身成分	担任过何工作	负伤地点	年月	负伤部位程度	处理	备考
三十团一营	政教	曲竟济		24	豫巩县	1938.2	1938.6	学生	副政教股长	行唐瓦仁	11.29	头部较重	随营	
九区队	见习参谋	吕宗祥		21	冀	1938		学生	收发文书	井陉马峪	12	胸部重	医院	

排级 3　班级 2　战士 25

一分区　排级 2　班级 3　战士 47

1943 年

1 月

一分区　排级　班长 1　战士 5

二分区　排级 15（内连级①）

五区队五中队政指王子恺年27晋五台人于1月19日于定襄庄里（重）

三分区　4 人

四分区

队别	职别	姓名	等级	年龄	籍贯	入伍年月	入党年月	出身成分	担任过何工作	负伤地点	年月	负伤部位程度	处理	备考
五团×营	营长	杜先锋		29	江西	1935	1936		班排连营长	平山七汲	1.26	手臂胸部轻	休养	
三十五团二连	连长	朱德义		29	湖北京山	1932.5		贫农	连长	平山北马家	12.31	右臂重伤	送后方	
三连	连长	杨玉林		30	河北获鹿	1938.2	1938.12	贫农	排长副连长	平山北水堡垒	1.29	右肩轻	随队	
八区队	总支书	康致忠											休养	
其他 51														
2月														
一分区														
二分区														
三分区														
七区队三大队	队长	魏占荣		25	陕西洪洞县	1936	1938	农	班排连长	唐县高昌	2.2	腿部	医院	
	政指	袁振山		27	冀满城	1938	1938	农	班排政指	同上	同上	腿头部	同上	
骑团侦察连	连长	范士杰		26	冀定县	1938.7	1938.8	贫农	班排长连长	唐县杨只东	2.15	肩下部	随队	
三连	副政指	赵国祥		25	易县	1938.5	1938.8	催农	政指	唐县西赤北山	2.25	颈腿手	医院	

队别	职别	姓名	等级	年龄	籍贯	入伍年月	入党年月	出身成分	担任过何工作	负伤地点	年月	负伤部位程度	处理	备考
五团一连	连长	陈家林		29	宁夏河兰县	1935	1938		班排连长	平山		胸部炸伤		
四分区　排级4　班级5　战士78　共91人														
军直　排级1　班级3　战士6　共11人														
一分区　排级2　战士5　共7　3月														
二十团一连	政指	杨春喜		21	冀满城	1938.12	1939.3	学生中农	青干支书	吕村	3.3	腿部重伤	送院	
三分区　班级1　战士24　共26人														
二团二连	连长	郭成喜		30	四川勉县	1934	1936.4	雇工	班排副连长	唐县城子岭	3.25	头部轻	随队	
二连	政指	杨献民		24	冀曲阳	1937.11	1938.3	学生	上士排长	同上	同上	手部轻	随队	
骑团一连	副政指	赵韦元		28	冀易县	1937	1938	农	政指	唐县麻黄头	3.10	手部轻	随队	
七区队	副政指	裴洪业		24	冀完县	1939.7	1940.11	农	副班长副政指	田家台	3.23	左臂重	送院	

队别	职别	姓名	等级	年龄	籍贯	入伍年月	入党年月	出身成分	担任过何工作	负伤地点	年月	负伤部位程度	处理	备考
四分区														
排级 1　班级 1　战士 37　共 43														
二十二团五连	连长	赵士珍		22	冀定南县	1937.12	1938.3	农	副连长参谋	灵寿慈峪	3.17	腿下部轻	送院	
十七团二连	副连长	杨岐		43	冀北平	1938.1	1938.3	行伍		平山庄子河	3.23	左腿轻	在团	
八区队二队	队长	史大寿		27	平山	1937.9	1937.10		班排连长	南五河	3.22	左臂腿部	送院	
八区队	副政指	高守茹							正定小孙村	3.7	左腿	送院		
排级 2　班级 6　战士 118　共 130														
4 月														
一分区														
二区队二连	连长	韩金标		24	陕西米脂县	1935.10	1938.2	贫农	班排连长	奇峰庄	4.1	胯部脚部轻	送休养队	
班级 4　战士 17　共 22														
二分区　（三四月）														
排级 4　班级 1　战士 42　共 47														
三分区														
云彪支队一队	队长	曹祯泰		30	冀望都	1940	1938	农		东山阴村	4.24	胯轻	休养	

队别	职别	姓名	等级	年龄	籍贯	入伍年月	入党年月	出身成分	担任过何工作	负伤地点	年月	负伤部位程度	处理	备考
二队	队长	郑殿英		26	冀易县	1938.6	1935.5	雇工	干事政指班排长	云彪固城	3.31	右肩轻	同	
十八团二连	副连长	聂振民		25	冀获鹿	1936	1939	农	班排连长	唐县沈家佐	3.31	肩部轻	同	

排级 3　班级 2　战士 23　共 31

四分区

队别	职别	姓名	等级	年龄	籍贯	入伍年月	入党年月	出身成分	担任过何工作	负伤地点	年月	负伤部位程度	处理	备考
抗四大队	政指	刘三寿		25	冀望都	1937.9	1939.6	学生	教员宣传队长	平山孟家庄	4.20	下部重	送院	
九区队三连	连长	刘志礼		25	冀平山	1937		农	排连长	井陉谷子崖	4.25	轻	随队休养	
同上	副政指	王瑞林		20	冀获鹿	1938		农	文书副政指	同上	4.25	轻	同	
二二团三连	政指	王文舟		21	冀文安	1938.9	1939.12	学生	政指支委	灵寿西见村	4.12	面部轻	送院	
灵寿基干队	队长	封立本		30	冀平山	1938	1931	农	队长政指	正定邵同村	4.25	臂部轻	送院	
同上	副队长	刘玉轩		37	冀雄县	1937	1938	雇工	排长支委	邵同村	4.25	臂部轻	送院	
八区队三连	政指	杜丕		34	冀建屏	1938.10	1940.2	小职员	分委政指	行唐米家庄	4.25	左腋下轻	随队休养	

队别	职别	姓名	等级	年龄	籍贯	入伍年月	入党年月	出身成分	担任过何工作	负伤地点	年月	负伤部位程度	处理	备考
八区队一连	政指	曾孜		24	湖南湘乡	1938.4	1940	工人地主	分支委副政指	行唐神树	4.25	右手炸伤轻	随队休养	
同上	副政指	张列军		23	冀定县	1939	1939.7	学生	支书文书	行唐神树	4.25	右臂前胸贯通重	送院	

排级 4　班级 9　战士 184　共 206

5 月

二分区

四区队二中队	队长	陆益		21	广东潮安	1940.4	1940.5	学生贫农	排长副连长	代县阴明堡	4 月	手部轻伤	随队	
山阴基游	政委	黄为淮		27	江西吉安府	1931	1936	农贫农	班排长政指特派员	山阴枣园	3.21	重伤	送院	
四区队一中队	中队长	李文元		33	湖北黄安	1931.1	1937.6	农贫农	排连长	代县阴明堡	4 月	重伤	送院	
四区队	队列参谋	袁思聪		27	冀河间	1938.5	1938.12	学生贫农	政指政教教育股长	代县阴明堡	4 月	重伤	送院	

一分区　班级 1　战士 14　共 15

排级 1　班级 3　战士 16　共 24

三分区

| 四二团一连 | 连长 | 石考印 | | 32 | 河南同壮 | 1936.12 | 1937.4 | 行伍 | 班排连长 | 曲阳太平庄 | 5，17 | 胸部右臂重 | 送院 | |

队别	职别	姓名	等级	年龄	籍贯	入伍年月	入党年月	出身成分	担任过何工作	负伤地点	年月	负伤部位程度	处理	备考
定唐支队三队	政指	易庆恒		24	冀阜平	1937.10	1938	农	支书	唐县高利村	5.20	腿部	同上	
同上	特派员	白林端		28	冀灵寿	1937.10		农			5.14	胸部	同上	
一八团一连	连长	傅进国		28	晋崞县	1937	1937	农	班长政指	马尔山	5.2	臀贯通	同上	
二连	副政指	张崇仁		26	冀高阳	1938.9	1938.10	学生	班排长支书	花盆村	5.5	左腿重	同上	
骑兵团特连	连长	朱丙臣		28	冀高阳	1937	1938	农	班排长	唐县马尔山	5.6	臀轻伤	同上	
卫生所	所长	王维汉		27	冀云彪	1937	1938	学生	医生	唐县上庄	5.9	腿部轻伤	随队	
二团一连	副政指	赵尽有		24	冀曲阳	1937.12	1938	农	支委总委	曲阳水峪	5.5	脸部轻	送院	
特务连	政指	王素一		27	冀完	1937	1938	学生	政指	同上	同上	手轻	送院	

排级 8 班级 9 战士 90 共 116

四分区

队别	职别	姓名	等级	年龄	籍贯	入伍年月	入党年月	出身成分	担任过何工作	负伤地点	年月	负伤部位程度	处理	备考
二十六团一连	政指	王子武		23	冀蠡县	1938.5	1939.5	学生中农	青干支书	行唐赵羊关	5.15	腰腿重伤		被俘
一连	副政指	刘文生		22	冀清苑					赵羊关	5.15	轻伤		被俘
八区队三队	队长	焦奎元		27	冀建屏	1937.9	1937.11	贫农	班排连长	灵寿芦家凹	5.27	臀部贯通	随队	

排级 2 班级 19 战士 36 共 60

队别	职别	姓名	等级	年龄	籍贯	入伍年月	入党年月	出身成分	担任过何工作	负伤地点	年月	负伤部位程度	处理	备考
三四团					雁北支队	排级 3	班级 2	战士 15	共 30					
							6月							
					一分区	排级 1	战士 3	共 4						
					二分区									
	副政指	刘显廷		20	冀易县	1937.6		农贫农	宣传员	孟东马河驿		右腿轻	送院	
	二连长	任瑞昌		29	冀平山	1937.10	1937.10	农贫农	班排连长	同上		右腿轻	同上	
四区队	政委	智生元		28	晋定襄	1937.10	1934.6	学生中农	县委主任			腿部轻	随队修养	
					团级 1	连级 2	排级 2	战士 72	共 77					
					三分区	排级 3	班长 3	战士 31	共 37					
八区队					四分区									
	副队长	韩光宇		28	平山湾子村	1937		学生	营长副区队长	灵寿白石村	6.21	左臂	休养	
	政指	方明		23	冀正定			农人	政指	同上	同上	嘴下部	送院	
					团级 1	连级 6	排级 3	班长 15	战士 51	共 76				
					雁北									

队别	职别	姓名	等级	年龄	籍贯	入伍年月	入党年月	出身成分	担任过何工作	负伤地点	年月	负伤部位程度	处理	备考
浑源支队 班级 2 战士 13 共 16							7 月							
二十团	政指	王蓝田		26	河北遵化	1938.8	1939.1	农贫农	排长政指	易县江里村	7.7	胸部重伤	送院	送院后牺牲
二分区														
一分区 排级 2 战士 10 共 13 名														
三分区 班长 1 战士 2 共 4														
四分区 排级 1 班级 4 战士 28 共 33														
雁北 连级 1 班级 1 战士 16 共 18														
十一分区 班级 1 战士 3 共 4														
一分区二十五团	连长	王玉珊		30	冀徐水资官营	1938.2	1939.2		排连长	花安东南山	8.11	腰部重伤	送院	
排级 2 班级 6 战士 22 共 31														
二分区四区队	中队副	郭佩玉		29	冀井陉	1938.4		农贫农	班排长	嶂县龙王堂	8.3	两臂轻伤	送院	
特务队	政指	张浩		21	晋代县城内	1938		农中农	政指	同上	同上	胫部重伤	同上	
区队部	特派员	徐长征		21	晋五台	1937.8		学生中农	干事	同上	同上	背部炸伤重	同上	

队别	职别	姓名	等级	年龄	籍贯	入伍年月	入党年月	出身成分	担任过何工作	负伤地点	年月	负伤部位程度	处理	备考
四中队	政指	孙昭		28	晋浑源	1937.10		农人		峥县赵村	7.23	同上	同上	
	副政指	孟成田		21	晋峥县	1938.8		农贫农	班长	峥县龙王营	8.3	腰部重伤	同上	
二中队	队长	吴辉		30	四川	1933		军人贫农	排长	代县郭家寨	8.22	背部重伤	同上	
排级 10　班级 13　战士 91　共 120														
四分区　排级 1　战士 1　共 1														
雁北　战士 1　共 1														
十一分区														
排级 2　战士 7　共 9														
直军　排级 1　班级 3　战士 16　共 20														
9 至 12 月														
一分区一团三连	连长	张福隆		30	山西灵丘	1937.9	1937.11	雇农	班排连长	易县林泉	11.5	腿部轻		
三团五连	政指	张进		20	冀行唐	1938.2	1938.10	贫农	青年干事	涞源银坊	10.12	脚部轻	随队	
三连	连长	王岐		34	鲁昌邑	1938.4	1938.10	行伍	排连长	易县东西水	10.16	头部轻	同上	
二十团一连	连长	李五臣		25	冀献县	1937.7	1940.7	学生	班排长	涞源牛兰	10.29	背胸重伤	送院	
	副政指	王诚志		24	冀完县	1937.12	1940.1	中农	班排长	涞源银坊	10.12	背部重伤	同上	

九月份　连级1　十月份　排级4　十一月份　排级8
排级2　班级6
班级2　战士74　班级10　共231
战士80
战士39　十二月末登记

二分区（9至12月）

队别	职别	姓名	等级	年龄	籍贯	入伍年月	入党年月	出身成分	担任过何工作	负伤地点	年月	负伤部位程度	处理	备考
四团四连	连长	李德明		28	广西金州	1934.8	1935.2	农贫农	班长	盂平三岔	10.17	腰部伤轻	送院	
三四团	政指	邵儒林		28	冀定县	1938.5	1938.6	学生中农	班长支书	同上	10.17	同上	随队	
	政指	靳保全		25	晋定襄	1937.9	1938	学生中农	副政指	西井村	10.16	同上	同上	
十九团	总支书	刘桐山		25	晋榆次	1937.10	1937.11	学生	班长政教	盂县	10.20	轻伤	送院	
三四团	政指	徐富堂		24	晋五台	1937.9	1938			黄花沟	10.22	同上	随队	
十九团	连长	张英才		24	冀平山	1937.10	1938	学生	排长政指	盂平桃红沟	12.5	腰部重	送院	
二大队	连长	杨玉林		30	冀井经	1938.2	1938.9	农	连长	黄毛川	12.11	头部伤轻	同上	
	政指	沈菁		23	浙江	1938.8	1938.12	学生	政指	同上	12.11	腰部伤	同上	
定基	副队长	闫四豹		26	晋定襄闫家庄	1940		农	中队长			右臂重	同上	
三中队	队长	韩文生		26	冀徐水	1939	1939	农	班排长			面部	同上	

队别	职别	姓名	等级	年龄	籍贯	入伍年月	入党年月	出身成分	担任过何工作	负伤地点	年月	负伤部位程度	处理	备考
十九团	连长	李光浴		27	湘龙山	1934.4	1937.2	农贫农	班排连长	盂县	10.16	重伤	同上	
	政指	龙程甲		25	广东文昌	1938.8	1939.2	学生贫农	排长 副政指	同上	同上	轻伤	随队	
四区队河东大队	大队长	贾厚宾		31	冀徐水	1938.1	1938.9	农	政指	崞县	10.19	腿部轻	随队	
四团	侦察参谋	张昭喜		29	四川南部	1933.7	1937.1	农	测绘员	阜平三官子	11.2	同上	同上	

排级 18　班级 13　共 200

三分区（9 至 12 月）

队别	职别	姓名	等级	年龄	籍贯	入伍年月	入党年月	出身成分	担任过何工作	负伤地点	年月	负伤部位程度	处理	备考
六区队五队	副政指	聂振学		22	冀定县东三路	1938.3	1939.1	农贫农	班排长 副政指	曲阳中佐	5.5	左臂贯通	随队休养	
云彪二队	副队长	刘保林		25	冀望都屯河村	1940.3	1940.9	同上	中队长 队长	云彪东水头村	12.20	腰部重伤	送院	
卫生处	处长	张介夫		34	陕西神木县	1937	1930	学生		阜平西泽根村	11.2	腿盖骨折	送院	
三团三连	连长	高登云			冀阜平城内	1937.10	1939	贫农	班排长	唐县南洪城	12.8	右手轻伤	随队休养	

九月份　排级 1　班级 7　战士 29
十月份　排级 4　班级 7　战士 53　} 共 197
十一月份　排级 2　班级 1　战士 43
十二月份　排级 1　班级 1　战士 28

四分区（9 至 12 月）

队别	职别	姓名	等级	年龄	籍贯	入伍年月	入党年月	出身成分	担任过何工作	负伤地点	年月	负伤部位程度	处理	备考
五团	团长	宋玉林		30	江西瑞金	1930	1932	农	特派员	应县泽青岭	11.7	腿部轻伤	送院休养	
供给处	主任	肖维国		33	江西	1931	1933							
特务连	副政指	陈绍儒		21	冀曲阳西庄	1939	1940.6				共55			
侦察连	政指	李才五		25	冀平山鱼林	1937	1938			11 月份　连级 1　12 月份　排级 1 排级 1　班级 2　战士 8 } 共35 战士 5		排级 1　班级 2 } 共35　战士 5		
一连	连长	邓士钧		30	四川苍溪	1932.10	1935.6							
四连	连长	齐润身		26	冀建平	1938	1938							
	政指	曹立中		25	冀平定	1937	1938							
	政指	习锦秀							记者科长	阜平白崖	12.9	脚部跌伤	送院	
三五团二连	政指	樊静		25	冀大城	1937.10	1938.11	学生		同上	同上	手部三等残废		
三连	连长	刘志礼		26	冀平山	1937.9	1937.11		班长	阜平小水峪沟	12.9	头部左耳	送院	
武工队	队长	王城琏		27	皖六安	1933	1934		宣教干事	唐县通天寺	10	左腿	同上	
八区队一队	队长	史梦阳		32	冀河间	1937	1939	军人	连长	阜平齐家庄	11	右臂双目失明	同上	

队别	职别	姓名	等级	年龄	籍贯	入伍年月	入党年月	出身成分	担任过何工作	负伤地点	年月	负伤部位程度	处理	备考
	副队长	寇永禄		28	冀青苑	1937	1939		厂长	唐县后土崤	11	右臂轻伤	同上	
		田聚永		36	冀高阳	1937	1938							
三队	队长	刘树清		22	冀新城	1938	1940	农	出纳会计科长	盂平马家坨	11.1	右腿胸面轻	及时治疗	现不妨碍工作
五队	队长	李文华		35	山东单县	1937	1943	行伍	处长科股长	同	同	右手腕伤筋骨	同	同
	副队长	赵学武		22	冀灵寿	1937	1938	农	科员文书	同	同	左手臂伤筋骨	同	略碍劳动
教导团	侦察副连长	邓西廉		23	冀大城	1938	1941.6	农	排连营长政教	丰润东北冯道口	1943.12.27	战斗中负伤		
一连	副政指	刘文轩		24	陕西西安	1939	1939	富农学生	副政指教育参谋	迁安西南张家峪	1944.1.26	同		
行唐支队	政指	赵华		25	行唐西口头	1940.1	1937.11	农	组织科长政委政指队主任总支书	昌乐末	1944.5	同		
一中队	政指	周乾宝		24	陕西	1938		学生						
支队部	医生	张辅臣		32	辽宁盖平	1938.10	1943.5.12	行伍						

225. 冀南军区5、6月份战斗统计
（1944 年）

月终战斗统计表

区别	数目　部别	六月份	总计	合计	七	六	五	一	二	三	四
坏的	道钉										
	螺丝钉										
	据点	2		3							
我负伤	旅级干部										
	团级干部										
	营级干部										
	连级干部		5	5			2			3	
	排级干部	4	14	10		2	3			2	3
	班级干部	8	18	10		2			1	1	6
	战士	71	119	48		8	6	3	4	3	24
	政工人员										
	供给人员										
	卫生人员										
	事务人员										
	其他										
	合计			73		12	11	3	5	9	33

区别 \ 数目 \ 部别	六月份	总计	合计	七	六	五	一	二	三	四
我阵亡 旅级干部										
团级干部										
营级干部	1	1								
连级干部	2	3	1							1
排级干部	2	4	2		1	1				
班级干部	6	8①	6		2	2			1	1
战士	20	42	22		5	4			3	10
政工人员										
供给人员										
卫生人员										
事务人员										
其他										
合计			31		8	7			4	12
我中毒 旅级干部										
团级干部										
营级干部										
连级干部										
排级干部										
班级干部										
战士										
政工人员										
供给人员										
卫生人员										
事务人员										
其他										
合计										

① 原文如此，计算有误。

月终战斗统计表

区别	数目 部别	六月份	总计	合计	七	六	五	一	二	三	四
我失联络（生死不明）	旅级干部										
	团级干部										
	营级干部										
	连级干部		4	4			4				
	排级干部	1	3	2			2				
	班级干部		4	4			4				
	战士	7	22	15			12				3
	政工人员			1							1
	供给人员										
	卫生人员			1							1
	事务人员			2							2
	其他										
	小计			29			22				7
日军投诚	次数										
	人数										
	枪数										
伪军反正	次数										
	人数										
	枪数										
解放敌人统治下的人员											

月终战斗统计表

区别	数目 部别	六月份	总计	合计	七	六	五	一	二	三	四
我消耗弹药	步马枪弹	5898	15442	9544		1012	1700	1100	1465	920	3347
	驳壳弹		320	320						20	300
	轻机弹		603	603						7	596
	重机弹										
	自动弹										
	讯号弹										
	迫炮弹										
	手榴弹	330	1055	725		30	20		24	74	577
	花机弹										
	手机弹										
	掷弹	10	39	29			20			6	3
	手枪弹										
	合计			11221		1042	1740	1100	1489	1027	4823
我损坏武器	步枪										11
	马枪										
	轻机枪										
	重机枪										
	自动步枪										
	驳壳枪										
	手枪										
	合计										

月终战斗统计表

区别 数目＼部别		六月份	总计	合计	七	六	五	一	二	三	四
我损失武器	步枪	6		49		6	28			4	11
	马枪										
	驳壳枪			2							2
	轻机枪										
	重机枪										
	自动枪										
	手枪										
	手机枪										
	掷筒			1							1
	合计			52		6	28			4	14
我损失弹药	步马弹	280		830		320		40			470
	驳壳弹			15							15
	手榴弹			43						3	40
	轻机弹										
	重机弹										
	自动弹										
	信号弹										
	迫炮弹										
	掷筒弹			4							4
	手机弹										
	花机弹										
	枪榴弹										
	合计			892							529

月终战斗统计表

区别 数目 部别			合计	七	六	五	一	二	三	四
我损失其他军用品	驴子									2
	粮食								2076	568
	冀钞									441元
	衣服									24

226. 冀南军区第3军分区1944年12月份人员物资损失消耗统计表 (1945年1月10日)

政治委员高厚良

　　　　王贵德

一九四五年一月十日于馆陶填

月终战斗统计表

数目　　　部别 区别	正规军	游击队		总计
卫生人员				
事务人员				
其他				
小计				
马匹				
旅级干部				
团级干部				
营级干部				
连级干部				
排级干部	1	2		
班级干部		1		
战士	2	1		
政工人员				
供给人员				
卫生人员				
事务人员				
其他				

数目 区别	部别	正规军	游击队		总计
	小计				
	马匹				
	旅级干部				
	团级干部				
	营级干部				
	连级干部				
	排级干部				
	班级干部				
	战士	1			
	政工人员				
	供给人员				
	卫生人员				
	小计				
我消耗子弹	步马枪弹	3249	120		
	驳壳枪弹				
	手枪弹				
	轻机弹	759			
	重机弹				
	手榴弹	138			
	迫炮弹				
	合计				

227. 太行军区第 1 军分区 1 月份人员物资损失消耗统计表

（1945 年 1 月 30 日）

司令员　　　<u>秦基伟</u>

政治委员　　<u>秦基伟</u>

参谋长　　　<u>王远芬</u>

于槐疙疸填

区别	数目	部别	十团	三十一团	井独	平独	昔独	合计
爆破	公路	正						
		敌						
	碉堡	正	1	1				2
		敌						
	岗楼	正						
		敌						
	大小石桥	正						
		敌						
	大小木桥	正						
		敌						
	电线	正						900
		敌			900			
	电线杆	正						
		敌						
	封锁沟	正						
		敌						
	封锁墙	正						
		敌						
	火车头	正						
		敌						
	小计		1	1	900			902
我负伤	班长	正		1			1	2
		敌						
	战士	正	1	4		1	1	7
		敌						
	小计							
我阵亡	战士	正		3				6
		敌					3	
	小计							15

			十团	三十一团	赞独	平独	昔独	和独	井独	合计
我失联络及被俘		正								
		敌								
	小计									
解放敌统治下人民	居民	正		10000						10000
		敌								
	小计									
我消耗弹药	步马枪弹	正	39	51	67	510		80		907
		敌					140		20	
	轻机枪弹	正	116	15	29	90		6		256
		敌								
	手机枪弹	正			5					5
		敌								
	手榴弹	正	13	32	22	53	6	43	34	205
		敌					2			
	地雷	正				1				4
		敌							3	
	重机枪弹	正		5						5
		敌								
	迫击炮弹	正		8						8
		敌								
	掷筒弹	正								
		敌								
	小计		168	111	123	654	148	129	57	1390
我损坏武器及弹药	机枪	正	1							1
		敌								
	步枪	正	1	1		2				4
		敌								
	掷弹筒	正				1				1
		敌								
	手榴弹	正	1							1
		敌								
	小计		3	1		3				7

区别	数目 部别		昔独						合计
我损失武器弹药	步枪	正							
		敌	4						
	决把	正							
		敌	2						
	子弹	正							
		敌	30						
	手榴弹	正							
		敌	12						
	小计		48						

附记

1. 三十一团全部配合昔独一部于一月二十六日克凤居。

2. 十团一连将渡海敌尚未修竣的碉堡二丈高拆毁。

3. 井独用炸药十二公斤,平独用八公斤。

4. 得牲口二十六头已退回老百姓。

228. 太行军区第 1 军分区 2 月份人员物资损失消耗统计表
（1945 年 2 月 26 日）

司 令 员
兼　　秦基伟
政治委员
参 谋 长　王远芬

于赞皇槐疙瘩林填

区别	部别 数目	平独	和独	内独	元独	高赞元	昔独	高赞元	总计
被我爆破	火车头								
	火车厢								
	汽车								
	铁路								
	公路								
	封锁沟								
	封锁墙								
	大小铁桥								
	大小石桥								
	大小木桥								
	电杆								
	电线			10	10	2			22
伪军反正	次数						1	1	2
	人数						4	1	5
	枪枝						4	1	5
日军投诚			1						1
解救群众									
我军 负伤	旅级								
	团级								
	营级								
	连排级								
	战士	1	2						3
	其他人员								
	小计	1	2						3

项别		部别 数目	武三队	平独	和独		总计
我军	阵亡	旅级					
		团级					
		营级					
		连排级					
		战士	2		2		4
		其他人员					
		小计	2		2		4
	被俘	旅级					
		团级					
		营级					
		连排级					
		战士					
		其他人员					
		小计					
	失联络	营级					
		连排级					
		战士					
		其他人员					
		小计					
		合计					
	损失	步马枪	2		1		3
		短枪					
		重机枪					
		轻机枪					
		掷弹筒					
		手机枪					
		迫击炮					
		平射炮					

项别	数目 部别	武三队	和独		总计
我军	武器 山炮				
	合计				
	刺刀				
	大刀				
	工作器具				
	损失弹药 各种子弹	60	5		65
	各种炮弹				
	掷弹筒弹				
	手榴弹	4	4		8
	化学弹				
	地雷		1		1
	合计	64	10		74
	损失军用品 电台				
	电话机				
	油印机				
	自行车				
	大车				
	电线				

项别		数目 部别	十团	武二队	武三队	武四队	平独	和独	临独	元独		总计
我军	消耗弹药	各种子弹	79	104	20	40	128	128	55	59		611①
		各种炮弹										
		掷弹筒弹							1			1
		手榴弹	1	1	5		8	74	2	2		93
		化学弹										
		地雷										
		合计	80	105	25	40	136	202	58	61		707
我军	损坏武器	步马枪										
		短枪										
		重机枪										
		轻机枪										
		手机枪										
		掷弹筒										
		迫击炮										
		平射炮										
		合计										
		刺刀										
		大刀										
		工作器具										
附记		1. 和东泊里日军新兵一名反正未带枪 2. 昔阳城内伪军四名反正带步枪四支 3. 所得牲口退还老乡 4. 临独2·15袭入城北关医院得药品一部										

---

① 原文如此，计算有误。

229. 太行军区第 1 军分区 3 月份人员物资损失消耗统计表
(1945 年 3 月 26 日)

司 令 员
兼　　　　秦基伟

政治委员
参 谋 长　　王远芬

于赞皇黄北坪填

区别	数目＼部别		内独	昔独	元独	临独	井独	赞独	高赞元	①	合计
爆破	公路	正									
		敌									
	碉堡	正								2	
		敌									
	岗楼	正									
		敌									
	大小石桥	正									
		敌									
	大小木桥	正									
		敌									
	电线	正									
		敌				100				1000	100 斤
	电线杆	正									
		敌									
	封锁沟	正									
		敌									
	封锁墙	正									
		敌									
	火车头	正								2	2
		敌	1				1				
	小计		1			100	1				102
我负伤	班长	正		1						2	
		敌									1
	战士	正		1			5			7	11
		敌			2	3					
	民团长	正								1	1
		敌				1					
	小计			2	2	4	5			10	13
我阵亡	班长	正	1							11	1
		敌									
	战士	正					2				8
		敌				6					
	小计		1			6	2				9

---

① 档案原文此列无表头。

区别＼数目／部别			内独	昔独	元独	临独	井独	赞独	高赞元	①	合计
失联络及被俘	被俘战士	正									2
		敌				1			1	2	
	小计					1			1	2	2
解放敌统治下人民	人口	正						1560		11560	1560
		敌									
	小计							1560			1560
我消耗弹药	步马枪弹	正	177	42		21	262	85		2311	773
		敌			50	131	25				
	轻机枪弹	正						55		311	55
		敌									
	手机枪弹	正								5	
		敌									
	手榴弹	正					28			374	76
		敌			10	8	30				
	地雷	正								4	
		敌									
	重机枪弹	正									
		敌									
	迫击炮弹	正								8	
		敌									
	掷筒弹	正								1	
		敌									
	短枪弹	正	1					2		3	3
		敌									
	小计		178	42	60	160	345	142		3017	927
我损坏武器弹药	机	正								1	
		敌									
	步	正								4	
		敌									
	掷	正								1	
		敌								1	
	小计									7	

———————

① 档案原文此列无表头。

区别	数目 部别		内独	昔独	元独	临独	井独	赞独	高赞元	①	合计
我损失武器弹药	步枪	正					1		1		6
		敌				4					
	短枪	正		1							1
		敌									
	步马弹	正	25				25				64
		敌							14		
	手榴弹	正	3								16
		敌				11			2		
	小计	正	28	1		15	36		17		97
我损坏其他军用品		正									
		敌									
		正									
		敌									
		正									
		敌									
	小计										
我损失其他军用品	刺刀	正	1								1
		敌									
	挂包	正	1								1
		敌									
	大衣	正									5
		敌				5					
	小计		2			5					7

附　记

一、十团配合井独战斗三次。

二、分区侦察队配合井独作战一次。

---

① 　档案原文此列无表头。

230. 太行军区第 1 军分区 4 月份人员物资损失消耗统计表
（1945 年 4 月 26 日）

司令员
兼　　　　秦基伟
政治委员
参 谋 长　　王远芬

于赞皇黄北坪填

区别	数目	部别	内独	昔独	元独	临独	井独	赞独	高赞元	平独	合计
爆破	公路	正									
		敌									
	碉堡	正									
		敌									
	岗楼	正									
		敌									
	大小石桥	正									
		敌									
	大小木桥	正									
		敌									
	电线	正									2405
		敌			2405						
	电线杆	正									
		敌									
	封锁沟	正									
		敌									
	封锁墙	正									
		敌									
	小计				2405						2405
我负伤	战士	正		7				1			10
		敌							1		
	小计			7				1	1	1	10
我阵亡	班长	正									5
		敌		3					1		
	战士	正									2
		敌		2							
	小计			5					1	1	7

数目＼部别／区别			内独	昔独	元独	临独	井独	赞独	高赞元	平独	合计
失联络及被俘	被俘	正									1
		敌						1			
	小计							1			
解放敌统治下人民		正									1
		敌									
	小计										
我消耗弹药	步马枪弹	正						100		255	2491
		敌	165	800	210	201	65	75	500	120	
	轻机枪弹	正								40	242
		敌	22		35	84		41		20	
	手机枪弹	正									11
		敌				8		3			
	手榴弹	正								29	330
		敌	17	199	40	1		2		42	
	地雷	正									
		敌									
	重机枪弹	正									
		敌									
	迫击炮弹	正									
		敌									
	掷筒弹	正									23
		敌	2	8						13	
	短枪弹	正									
		敌									
	小计		206	1007	285	294	65	221	500	519	3097

附　记

一、侦察队配合内独战斗两次，配合元独战斗一次，配合临独战斗一次。

二、三十一团配合赞独战斗一次，配合高赞元战斗两次，其作战消耗统计其内。

231. 太行军区第 2 军分区 1 至 4 月份人员物资损失消耗统计表
（1945 年 5 月 26 日）

司令员　　　　　　　　　　张国传

政治委员　　　　　　　　　曾绍山

参谋长　　　　　　　　　　王毓淮

项目	数目 部别	二十八团	二十九团	三十团	太谷	榆次	寿阳	平西	昔西	和西	辽西	武工队	交通队	侦察队	特务连	轮训队	总计
被我爆破	火车头													1			1
	火车厢													4			4
	汽车																
	铁路													4			4
	公路																
	封锁沟																
	封锁墙																
	大小铁桥																
	大小木桥				2												2
	电杆																
	电线				9600				220								9820
伪军反正	次数																
	人数																
	枪支																
	日军投诚																
	解放群众																
我军负伤	旅级																
	团级																
	营级													1			1

项目＼数目＼部别		二十八团	二十九团	三十团	太谷	榆次	寿阳	平西	昔西	和西	辽西	武工队	交通队	侦察队	特务连	轮训队	总计
我军负伤	连排级	2		3													5
	战士	44	7	58	1								2	7	3		122
	其他人员																
	合计	46	7	61	1								3	7	3		128
我军阵亡	旅级																
	团级																
	营级																
	连排级	1		2										1			4
	战士	7	6	18	2							1		10			44
	其他人员																
	合计	8	6	20	2							1		11			48
我军被俘	旅团级																
	营级																
	连排级																
	战士																
	其他人员																
	合计																

项目＼数目＼部别		二十八团	二十九团	三十团	太谷	榆次	寿阳	平西	昔西	和西	辽西	武工队	交通队	侦察队	特务连	轮训队	总计
失联络	营级																
	连排级																
	战士	1															1
	其他人员																
	合计	1															1
损失武器	步马枪		2														2
	短枪												1				1
	重机枪																

続表

项目	数目	二十八团	二十九团	三十团	太谷	榆次	寿阳	平西	昔西	和西	辽西	武工队	交通队	侦察队	特务连	轮训队	总计
损失武器	轻机枪																
	掷弹筒																
	手机枪																
	迫击炮																
	合计		2										1				3
	刺刀																
	工作器具																
	合计																
损失弹药	各种子弹		25														25
	各种炮弹																
	掷弹																
	手榴弹													36			36
	地雷													4			4
	合计		25											40			65
消耗弹药	各种子弹	3835	564		393								215				
	各种炮弹	8															8
	掷弹	51															51
	手榴弹	797	161		27								18	378			1381
	地雷																
	合计	4691	725										233	1240①			
损坏武器	步马枪																
	短枪																
	重机枪																
	轻机枪																
	掷弹筒																
	迫击炮																
	合计																

① 原文如此，计算有误。

项目\数目\部别	廿八团	二十九团	三十团	太谷	榆次	寿阳	平西	昔西	和西	辽西	武工队	交通队	侦察队	特务连	轮训队	总计
损失骡马驴																
损失军用品 电台																
电话机																
电池																
电线																
油印机																
照相机																
望远镜																
各种被服																
各种军毯																
各种鞋子																
袜子																
地雷																
粮食																

注
5869
6889
明

此统计表因在敌人奔袭扫荡时将存案失掉，现在因部队不集中，故不能完全统计，尔后再补报。

区别\项别	面积	人口	行政村	自然村
和西	600 方里	10320	18	43
辽西	1840 方里	13677	21	61
合计	2440 方里	23997	39	104

232. 八路军第120师炮兵营、教导营烈士名册
（1945 年 5 月）

炮兵营烈士纪念册

抗战以来至45年5月

教导营

卫生部

抗日烈士登记册

山炮连	同	同	机炮连
□食员	同	班长	战士
□金	李贵	陈云龙	陈有才
□□	42 岁	24 岁	29 岁
□□兴县四□庄	山西祁县北左村	贵州人	山西忻州人
□□年	1938 年	1933 年	1937 年 6 月
没有	没有	党员	1939 年入党
任过战士□食员	1939 由独立二团来任伙夫	在师部当通信员1938 年来炮兵营当班长	自来我军在河北省在饶阳县战斗牺牲
1944 年 7 月在甘肃省合水县太白镇病死	1940 年 1 月在作战中病死	1941 年在陕西清涧病死	1939 年 5 月 15 日在饶阳刘村战斗牺牲

抗日烈士登记册

炮兵连	同	同	同
战士	战士	战士	战士
陈有才	康希长	吕后丑	康整德
29 岁	20 岁	27 岁	22 岁
山西忻州人	山西兴县曲家村人	山西兴县小善村	山西兴县
1937 年	1940 年入伍	1940 年	1940 年入伍
1939 年			
1939 年 10 月边区死亡	1940 年 8 月在岚县河口病亡	1941 年 10 月在清涧病亡	1940 年在葭县病亡

抗日烈士登记册

部别	机炮连	同	同
职别	副班长	战士	战士
姓名	康有仁	杨有昌	于当成
年龄	25 岁	21 岁	26 岁
籍贯	山西神池二区东土盆	山西兴县长岭沟	山西忻州
何时入伍	1937 年	1940 年	1937 年
何时入党	1937 年		1939 年
简历			
牺牲时间地点及过程	1941 年 6 月在绥德病亡	1940 年 5 月在兴县屈家沟病亡	1940 年 10 月在兴县沙家湾病亡
纪念物品			

抗日烈士登记册

部别	机炮连	骑兵连	同
职别	排长	排长	战士
姓名	王光辉	姓高	王茂田
年龄	25 岁	28 岁	29 岁
籍贯	四川阆中县	山西静乐县人	河北省武清县
何时入伍	1933 年		1937 年
何时入党	1934 年		
简历	班排长任过小组长支委参加土地革命		
牺牲时间地点及过程	1941 年 8 月在清涧病亡	1941 年 9 月于临县大庄病故	1941 年于山西静乐寺沟病亡
纪念物品			

抗日烈士登记册

同	同	同	同
战士	战士	战士	战士
郭小和	王玉珍	张福元	赵廷
26 岁	25 岁	22 岁	24 岁
河北深县	河北邯郸人	河北省	河北省安次县东沽港
1939 年	1938 年	1938 年	1937 年 7 月入伍
			1941 年入党
			自幼看药铺务农 17 岁参加 27 支队任勤务员通讯员战士
1941 年 2 月于静乐县大夫庄催草被敌打死	1942 年 1 月于绥远武川县聚宝庄退却时阵亡	1944 年 10 月于甘肃合水县葫芦河病亡	1944 年枪走火打死

抗日烈士登记册

部别	七团卫生队	同	同
职别	医生	护士长	同
姓名	许成宾	闫金忠	侯德俊
年龄	27 岁	23 岁	18 岁
籍贯	河北饶阳许家张堡村	河北武清义光村	冀新城
何时入伍	1939 年 5 月	1938 年 4 月	1938 年
何时入党			
简历			
牺牲时间地点及过程	1940 年冬敌扫荡于神尾沟阵亡	1940 年病故于临县赤不浪村	1940 年反扫荡到蓝家会休养病故
纪念物品			

抗日烈士登记册

部别	旅直通讯连	同	同
职别	副班长	通讯员	
姓名	石秉云	冯万发	刘继英
年龄	23 岁	22 岁	25 岁
籍贯			山西岚县高桥
何时入伍			
何时入党	1940 年入党		
简历			
牺牲时间地点及过程	在山西阳曲牺牲	1942 年兴县孙家庄战斗牺牲	陕西葭县兰家会病故
纪念物品			

抗日烈士登记册

部别	卫生部	同	同
职别		通讯员	上士
姓名	刘风鸣	耿有年	孔繁俊
年龄	16 岁	20 岁	23 岁
籍贯	河北安平	河北饶阳	河北雄县唐二里村
何时入伍	1939 年	1939 年	1938 年 4 月
何时入党			
简历			
牺牲时间地点及过程	1940 年冬敌扫荡于静乐神尾沟阵亡	同左	同左
纪念物品			

抗日烈士登记册

部别	同	同	卫生部
职别	通讯员	炊事班长	勤务员
姓名	陈国良	王树生	王二小
年龄	20 岁	35 岁	16 岁
籍贯	河北武强	同左	山西大同赵华村
何时入伍	1939 年 5 月	1939 年	1940 年
何时入党			
简历			
牺牲时间地点及过程	1941 年 7 月病故陕西葭县李家坪村	1940 年 6 月病死于临县赤卜浪村	1940 年病故葭县万户峪
纪念物品			

抗日烈士登记册

部别	旅卫生部	同	同
职别	卫生员	同	同
姓名	李振国	刘福庆	张子举
年龄	22 岁	18 岁	16 岁
籍贯	河北安平	河北饶阳许家堡村	河北安平
何时入伍	1939 年	1939 年 6 月	1939 年 5 月
何时入党			
简历			
牺牲时间地点及过程	1940 年冬于静乐阳湾阵亡	1940 年冬扫荡时静乐神尾沟村阵亡	同左
纪念物品			

抗日烈士登记册

部别	卫生部	同	同
职别	卫生员	同	同
姓名	苏殿清	张维忠	杜金禄
年龄	16 岁	17 岁	17 岁
籍贯	河北霸县黄家堡	河北饶阳	河北河间
何时入伍	1938 年 7 月	1939 年 6 月	1939 年 2 月
何时入党			
简历			
牺牲时间地点及过程	1940 年冬扫荡时静乐神尾沟村阵亡	同左	同左
纪念物品			

抗日烈士登记册

部别	教导营	同
职别	司务长	上士
姓名	陈国元	夏兴邦
年龄	34 岁	39 岁
籍贯	河北安平	四川
何时入伍	1939 年三支队工作团	1933 年
何时入党	非	党员（详情不知）
简历	曾在晋军工作入伍后在三支队当班长后到政治队任上士司务长	任过班排长本营任司务长后犯错误降职为上士
牺牲时间地点及过程	孙家庄战斗受伤行走不易被敌俘时坚决不走而被刺死	孙家庄战斗中牺牲
纪念物品		

抗日烈士登记册

部别	教导营	同	同
职别	卫生员	粮秣员	文书
姓名	刘志云	何业荣	陶光唐
年龄	18 岁	24 岁	34 岁
籍贯	河北霸县	河北饶阳	河北武清
何时入伍	1938 年入伍	1939 年	1938 年于三支队
何时入党	非	1940 年入党	非
简历	在二旅任勤务员后到剧社任宣传员后到战火剧社任歌舞组员以后到卫生部当卫生员	在六团任过班长 1939 年来本营学习 1940 年任粮秣员 1941 年因在外催粮于岢岚孙木沟被敌俘去残杀	曾在铁路上任过收发工作该员历史较繁杂，入伍后 1939 年到本营任文书
牺牲时间地点及过程	静乐潘家庄战斗急病而亡 1940 年冬天	1941 年于岢岚孙木沟被敌俘去枪毙	1942 年冬孙家庄战斗被敌机枪打死
纪念物品	没有	同	同

抗日烈士登记册

部别	同	同	同
职别	文书	通信员	马兵
姓名	解其贤	刘振和	邢保身
年龄	31 岁	19 岁	32 岁
籍贯	河北武清	河北深县	河北蠡县
何时入伍	1938 年二十七支队	1939 年二支队	1939 年春
何时入党	非	是（入党不详）	非
简历	任过上士司务长等职 1942 年孙家庄战斗中转移中被敌俘去杀了	曾为六团战士后到本营学习任通信员	三支队任战士合编后到本营任饲养员
牺牲时间地点及过程	兴县青羊山被敌杀死	1944 年春在医院病死	1941 年在阳曲病亡
纪念物品	同	是到边区后牺牲的另有到边区后牺牲的烈士登记本	同

抗日烈士登记册

部别	旅直通讯连	旅直通讯连	同
职别	副班长	电话员	同
姓名	乔俊轩	刘忠信	赵满生
年龄	20 岁	19 岁	22 岁
籍贯		河北肃宁	河北河间孙家庄
何时入伍		1939 年	1938 年
何时入党	1940 年		1940 年
简历			
牺牲时间地点及过程	1940 年病故	1941 年牺牲于孙家庄	病故于罗家岔
纪念物品			

抗日烈士登记册

部别	四团	四团	
职别	班长	战士	排长
姓名	李海峰	田志选	
年龄	21 岁	20 岁	
籍贯	河北安次	同左	
何时入伍	1938 年 1 月	1938 年 3 月	
何时入党	1939 年 7 月		
简历	在家读书四年学生□事变入伍，魏大光 27 支队后改为二旅四团任战士班长上士等职，后班长	在家务农事变到 27 支队 与左同	
牺牲时间地点及过程	1939 年 12 月在雁北打白志义牺牲	同左	
纪念物品			

233. 太行军区第 1 支队安阳战役人员伤亡消耗统计表
(1945 年 6 月 5 日)

项别	部别	一团	二团	四十三团	安汤独立营	特务营	特务连	侦察队	工兵连	统计
炸毁	汽车		1							1
我负伤	团级		1							1
	营级	1	1							2
	连级	3	2							5
	排级	8	8	3						19
	班级	24	22	2					1	49
	战士	98	46	14			1			159
	小计	134	80	19			1		1	235
我阵亡	连级		1		1					2
	排级		1							1
	班级	7	7	2						16
	战士	16	10	2						28
	小计	23	19	4	1					47
	合计	157	99	23	1		1		1	282
我消耗	迫炮弹	100	119	12	6					313①
	各种子弹	13162	7229	1999	115	429	173	55		22502②
	掷筒弹	163	196	69	6	20	41			468③
	手榴弹	1682	761	198	2	2	34	120		2799
	炸药								90 公斤	90 公斤
	导火索								3 公尺	3 公尺
	雷管								15 个	15 个
	拉火管								20 个	20 个
	子弹	40								40
	手榴弹	5								5

---

①②③ 原义如此，计算有误。

234. 晋绥军区抗战八年来伤亡、残废统计
（1945 年 6 月 24 日）

类别		伤	亡	俘	残
党		200	370	200	40
政		200	470	380	70
军	干	4299	2004	462	430
	战	25797	12025	1269	1655
民	干	160	280	290	50
	游击队	3800	3300	1700	700
	民兵	1100	1400	750	260
	群众	80955	148792	90281	3280
合计		116521①	168641	95332	6486②

①② 原文如此，计算有误。

235. 太行军区第 1 军分区 5 月份人员物资损失消耗统计表

(1945 年 6 月)

司令员
兼　　　秦基伟
政治委员
参 谋 长　王远芬

于冀省赞皇县填

区别	数目		三十一团	十团	内丘	临城	赞皇	元氏	高赞元	井陉	平东	昔东	和东	武工三队	合计
我爆破	公路	正													
		敌													
	碉堡	正													
		敌													
	岗楼	正													
		敌													
	大小石桥	正													
		敌													
	大小木桥	正													
		敌													
	电线	正													
		敌													
	电线杆	正													
		敌													
	封锁沟	正													
		敌													
	封锁墙	正													
		敌													
		正													
		敌													
		正													
		敌													
		正													
		敌													
	小计														
我负伤	连级	正									1				1
		敌													
	排级	正								1	1				2
		敌													
	战士	正				1		2		14	1	4			26
		敌											4		
		正													
		敌													
		正													
		敌													
	小计					1		2		15	3	4	4		29
我阵亡	排级	正	1												1
		敌													
	战士	正	6	2				2		1					15
		敌											4		
		正													
		敌													
		正													
		敌													
		正													
		敌													
	小计		7	2				2		1			4		16

区别	数目\部别		三十一团	十团	内丘	临城	赞皇	元氏	高赞元	井陉	平东	昔东	和东	武工三队	合计
失联络及被俘		正													
		敌													
		正													
		敌													
		正													
		敌													
		正													
		敌													
		正													
		敌													
	小计														
解放敌统治下人民	面积	正													
		敌			12								420		432
	人口	正													
		敌			3000								5200		8200
		正													
		敌													
		正													
		敌													
	小计				3012								5620		8632
我消耗弹药	步马枪弹	正	367	704	20	162	264	60			40	200	500		2764①
		敌			200	100	33		39	80					
	轻机枪	正	83			38		24				50	400		595
		敌													
	手机枪弹	正													
		敌													
	手榴弹	正	26			13	24	15			33	15	130		266
		敌					4		6						
	地雷	正													10
		敌								10					
	重机枪弹	正													
		敌													
	迫击炮弹	正													
		敌													
	掷筒弹	正	4			4		5							17
		敌				4									
	短枪弹	正													
		敌													
	小计		480	704	220	321	325	104	45	90	73	265	1030		3652②
我损坏武器弹药	步枪	正											1		2
		敌								1					
		正													
		敌													
		正													
		敌													
		正													
		敌													
	小计									1			1		2

---

① ② 原文如此，计算有误。

区别 \ 数目 \ 部别			三十一团	十团	内丘	临城	赞皇	元氏	高赞元	井陉	平东	昔东	和东	武工三队	合计
我损失武器弹药	步枪	正													
		敌												2	
	子弹	正													
		敌												10	
	手榴弹	正													
		敌												2	
		正													
		敌													
		正													
		敌													
		正													
		敌													
	小计														

附　记

一、有很多区干队的战斗，因未有报告，故多遗漏。

二、团因是配合营的行动，故只有损耗，未记战斗次数。

三、平东阵亡一名是侦察队侦察员，负伤内还有二名是特务连战士。

四、缴获的还有很多食品及零星物件，未有填上。

236. 太岳军区关于抗战第八周年团以上干部伤亡情况的报告
(1945 年 8 月 3 日)

太岳军区司令部

致：集总军委

抗战八周年我区团以上干部伤亡统计

甲、负伤（一九四四年度）：七七二团团长周学义，三十四岁，湖北黄梅亭前街人，九月十日浮山柏村反顽战斗负伤；十八团团长闵学圣，三十二岁，湖北黄安人，十二月十日在高庄（新安北）与敌作战负伤；洪赵支队政治主任吴鉴群，二十七岁，山西万泉人，九月十四日在徐村（浮山西）反敌袭战斗负伤；二十团团长楚大明，三十岁，河南商城人，九月十四日在浮山柏村反顽战斗负伤，一九四五年六月二十三日在翼城南之白马战斗中第二次负伤；（以下一九四五年度）五分区副司令员王庸，三十一岁，黑龙江拜泉人，四月十八日在峨嵋岭（闻喜东南）与顽解保生部遭遇战斗负伤；五十四团团长符先汇，二十八岁，陕西汉中人，七月二日在辛村（闻喜西北）反顽战斗负伤；政委金世柏，三十四岁，湖北黄安人，四月七日在万泉之土门庄反顽战斗负伤。

乙、阵亡（一九四四年度）：洪赵支队副支队长张成宽，二十九岁，湖北黄安人；参谋长蔡发祥，二十八岁，湖北郧县人，同于九月九日徐安子（浮山东北）反顽战斗牺牲；二十团代政治主任郭秉公，三十岁，陕西潞川人，九月十日在柏村（浮山北）反顽战斗牺牲；十八团政委王成林，三十一岁，吉林宾县人，于一九四五年三月下旬在宜阳南之东赵堡反顽战斗牺牲。

谢王王①报滕杨②并军委

未江

---

① 谢王王：指谢富治、王鹤峰、王新亭。
② 滕杨：指滕代远、杨立三。

237. 太行军区第2支队屯留城攻坚战斗中干部负伤登记表
（1945 年 9 月 14 日）

太行第二支队司令部制

于屯留积石村

二支队　屯留城攻坚战斗伤亡统计表

1945. 9. 14 于积石村

项别	数目＼部别	十三团	三十团	三十一团	总计	
负伤	营级		1	1	2	426
	连级		5	1	6	
	排级	3	8	8	19	
	班级	5	14	114	297	
	战士	37	127			
	合计	45	155	124	324	
阵亡	营级			1	1	
	连级		3	4	7	
	排级	2	3		5	
	班级	5	5	45	89	
	战士	7	27			
	合计	14	38	50	102	
附记	1. 十三团之伤员有 20 名（轻）随队休养。 2. 三十团负伤之连级其中有政工干部 2 名 3. 三十一团阵亡连级其中有政工干部 2 名。					

排以上干部负伤登记表

部别	十三团九连	十三团九连	十三团五连	三十团二营营部
职别	排长	排长	一排长	教育干事
姓名	冯恒玉	胡增喜	冀进喜	黄伟雄
年龄	26	24	23	23
籍贯	河北束鹿	山东临清	河北内丘	山西平定县
入伍年月 入党年月	1938 1943	1938 1945	1939 1943	1937 1938
负伤时间及地点	屯留城	屯留城	屯留城	屯留城
伤势 伤后处置	送院	送院	随队休养	
备考	左臂重伤	头部重伤	手部轻伤	

三十团二营一连	三十团二营二连	同	三十团二营三连	独立大队
连副	排长	排副	排长	小队长
王生金	马玉骏	冯存仁	范正明	巩世来
29	25	22	32	27
山西辽西寒王镇	山西辽西四里候	山西辽西蛤蟆滩	山西晋城县	山西昔阳县
1945 1943	1945 非	1945 1945	1937 1938	1938 1939
屯留城		屯留城	同	同
				钟村人

独立大队	机炮连	三十团一营营部	三十团一营二连	同
小队长	副连长	副营长	连长	政指
王金山	宋志堂	刘泽民	王庆和	赵玉
27		28	31	23
河北新乐县		河北内丘县	河北邢台县	山西五台
1938 1941		1938 1942	1938 1940	1937 1944
屯留城		屯留城	屯留城	同

三十团一营一连	同	三十团一营二连	三十一团一营	三十一团一营三连
副排长	排长	排长	营长	副连长
谢贵家	陈福兴	陈文毅	钟清淇	丁德胜
38	28	32	31	37
山西孟县	河北	河北		察哈尔
1938	1939	1938	1933	1940.12
1942	正式	同	是	是
屯留城	同	同	同	同
1945.9.11	同			
同				
			送院	同

三十一团一营二连	三十一团三营九连	同	同	三十一团一营
排长	排长	副排长	排长	排长
杜保廷	曾在兴	张怀珠	胡成群	郭金亮
24	24	23	33	27
河北	河北任县	察哈尔	河北内丘	
1938.8	1939	1940	1938	1938
党员 屯留城 1945.9.11	党员 屯留城 1945.9.11	党员 屯留城 1945.9.11	党员 屯留城 1945.9.11	党员 屯留城 1945.9.11
送院	头膀重伤	胸部重伤	头部轻伤	
	送院	送院	送院	送院

三十一团一营	同	三十一团团直
排长	副排长	侦察排长
赵子全	张保心	周满屯
27	23	22
		河北赞皇县
1933	1938	1939
不是党员 屯留城 1945.9.11	党员 屯留城 1945.9.11	党员 屯留城 1945.9.11
送院	送院	送院

238. 军委卫生部编制的抗战八年来战斗伤亡疾病统计表
(1945 年 12 月)

总卫生部

第一节　我军抗战八年中全军死伤统计（包括八路军、新四军、华南纵队）

项　别	负伤数	死亡数	合计数	百分比
第一周年	8107	4432	12539	2.6
第二周年	43243	22530	65823①	13.7
第三周年	44587	24494	68881②	14.4
第四周年	50597	28832	79429	16.6
第五周年	51669	29779	81448	17.0
第六周年	26583	19029	45612	9.5
第七周年	27408	19233	46641	9.7
第八周年	37759	14310	52069	10.9
日本投降后	17409	8912	26321	5.5
总　计	307162③	171551	478713④	100

附：全军一节仅此一个统计

第二节　晋察冀军区自军区成立至 1944 年 6 月各项统计

一、死亡统计

a. 逐年死亡人数统计

自军区成立至 1939 年	1029	
1940	4881	
1941	5747	
1942	5716	伤病死亡平均占全军人数 4.91%
1943	4065	
1944（1—6）	2078	
总　计	23516	

---

①②③④　原文如此，计算有误。

b. 死亡分类占全军百分比

项　别	百分率
因伤致死占全军数	3.77
因病致死占全军数	1.14
合　计	4.91

c. 住院疾病死亡逐年百分比

1938	0.980%
1939	1.087%
1940	1.840%
1941	2.576%
1942	2.198%
1943	1.341%
1944（1—6月）	0.999%
总　计	11.02%

d. 住院死亡负伤种类与部位统计比较

项目	枪贯通伤	枪盲管伤	刀伤	刺伤	炸伤	挫伤	其它	总计
头部	0.40	0.06			0.20	0.06		0.80①
胸腹部	0.70	0.12		0.09	0.30	0.03		1.40②
背腰部	0.18		0.03		0.03			0.24
臀部	0.06	0.03			0.03			0.12
上肢	0.67	0.30			0.36			1.96③
下肢	1.20	0.06		0.12	1.20			2.60
其它							0.09	0.09
总计	3.30	0.60	0.03	0.20	2.20	0.09	0.09	6.70④

①②③④　原文如此，计算有误。

e. 住院、门诊死亡比较

项目	住院	门诊
负伤	6.70	0.85
病疾	11.02	1.08

f. 住院疾病死亡分系病类比较

传染系病	7.48%
消化系病	1.03%
循环系病	0.39%
呼吸系病	0.61%
神经系病	0.12%
泌尿生殖系病	0.055%
成血系病	0.35%
妇科病	0.46%
病理外科	0.59%
其它	0.38%
总　计	11.02%①

二、战伤统计

a. 逐年负伤统计

军区成立至 1939 年	8777
1940	7782
1941	7770
1942	8818
1943	6125
1944（1—6）	3488
总计	42760
负伤平均占全军人数	19.41%

---

① 原文如此，计算有误。

b. 负伤部位比较

下肢	39.68%
上肢	35.05%
头部	10.20%
胸腹部	8.84%
背部	7.10%
其它	4.12%

c. 负伤种类比较

枪贯通伤	39.68%
刺伤	12.91%
炸伤	15.89%
挫伤及其它	5.88%
毒伤	4.37%
枪盲管伤	20.29%

d. 负伤住院、门诊数比较

门诊数	18.30%
住院数	1.11%
负伤占全军数	19.41%

e. 负伤治愈与残废统计

项目	门诊	住院
治愈	96.05%	77.01%
残废	1.47%	9.81%

三、疾病统计

a.

发病人数	占全军人数百分比
291040	78.53

b. 发病人数与负伤人数比较

疾病人数	负伤人数
4	1

c. 发病、治愈、死亡分系统计表

项别	传染系病	消化系病	循环系病	呼吸系病	神经系病	泌尿生殖系病	妇科病	病理外科	皮肤科	五官科	其它
发病%	38.6	11.1	2.4	6.1	2.7	1.1	1.5	16.6	7.3	5.6	7.0
治愈%	32.1	14.7	1.0	4.7	2.7	1.4	0.4	14.1	4.04	5.8	5.8
死亡%	7.48	1.03	0.39	0.61	0.12	0.05	0.05	0.59	—	—	0.73

d. 疾病治愈率逐年比较

军区成立至 1938 年	90.1%
1939	83.62%
1940	84.94%
1941	85.9%
1942	88.9%
1943	89.60%
1944（1—6）	82.44%
各年平均	86.65%

e. 病员门诊、住院比较

病员平均占全军数 78.53%	
住院数	门诊数
12.10%	66.43%

四、伤病总统计

负伤总数	42760
病员总数	171040
合　计	213800

五、收容量统计（抗战七年中）

a.

伤病总数	213800
收容量数	167000（床位数）
收容量占伤病百分比	

b. 1945 年根据编制收容量统计

休养所总数	41
床位总数	6150
每床半年收容数	10
慢性病床	500
收容总数	56500

第三节　晋绥军区各项统计（抗战一至七周年）

一、干部、战士负伤死亡分类统计

项　目	负伤	阵亡	附　记
干部	2093	1292	
战士	26335	11857	本统计是根据经过救治登记的数字
合　计	28428	13149	

二、前方救护收容统计

a. 收容部位分别统计（部分统计）

项别	头颈部	胸腹部	背部	臀部	上肢	下肢	共计
七年中人数	646	997	871	892	2460	2948	8814
百分比	7.3	11.3	9.9	10.1	27.8	33.4	99.8

b. 收容负伤种类统计（部分统计）

项别	步枪弹	机枪弹	炮弹伤	飞机伤	手榴弹	刺伤	跌伤	其它	合计
七年中人数	3604	2284	1943	215	397	329	534	408	9714
百分比	37.1	23.4	20.0	2.2	4.1	3.4	5.5	4.2	99.9

c. 收容友军职别分别统计（1937—1938）

项别	营长	副营长	连长	排长	护士	战士	合计
川军	1		5	12		210	228
晋绥军	1	1		5	5	170	182
共计	2	1	5	17	5	380	410

三、晋绥七年中治愈战伤病类分别统计

项别	战伤	皮肤科	传染病	外科	消化系	呼吸系	五官	神经系	循环泌尿系	花柳病	妇科	其它	合计
收容	10732	11015	16317	12967	17712	9389	5146	3576	967	1148	309	4823	①93995
治愈	8675	10836	14995	12059	16840	9088	4879	3391	867	905	296	4407	②87198
死亡	1004	15	778	96	186	251	17	14	30	15	1	54	2461

本表材料是部分的不够完整

四、晋绥各周年各种类病分类统计

项别	流行性感冒	伤寒	赤痢	疟疾	天花	猩红热	白喉	丹毒	破伤风	肺炎	回归热	麻疹	水痘	胸膜炎	总计
第一周年	482	105	201	43	30					42					903
第二周年	1682	120	212	110		1				22					2147
第三周年	1797	202	440	884	8	3				118	9	5		2	3468
第四周年	3622	577	959	725	10					146	42			3	6084
第五周年	1080	190	363	86	14					56	1	8	3	1	1802

①② 原文如此，计算有误。

项　别	流行性感冒	伤寒	赤痢	疟疾	天花	猩红热	白喉	丹毒	破伤风	肺炎	回归热	麻疹	水痘	胸膜炎	总计
第六周年	1207	107	311	81	3		1	5	11	39	11	2		3	1781
第七周年	408	20	39	58	4			1		27	18	2	2	3	582
总计	10278	1321	2525	1987	69	4	1	6	11	450	81	17	5	12	16767
百分比	61.2	7.80	15.0	11.7①		0.4	0.02		0.03	0.05	2.1	0.5	0.1	0.03	0.07

第四节　延安医院治疗统计

a. 床位统计

国际和平医院总院	200	
医科大学附属医院	50	目前医院名称及床位数已有改更，此去年数
中央医院	190	
边区医院	60	
合　计	500	

b. 治愈率平均数统计

国际和平医院总院	81%	附　记
医科大学附属医院	96%	
中央医院	86%	
边区医院	84.4%	
平均治愈率	86.75%	

说明：和平总院为最高治疗机关

各分院疑难伤病均送总院，所以治愈率统计如上数

c. 每个床位每年收容病员平均数

（例）延安中央医院床位逐年平均统计

---

① 原文如此，计算有误。

项目	床位数	收容病员数	每床平均收容人数
1939	50	155	3
1940	98	900	9
1941	110	1303	12
1942	132	1691	13
1943	150	2485	17
1944	190	2096	11
每年平均数	120	1438	11

五、因日寇施放病菌死亡统计（个别材料统计）

施放时间	施放地点	施放菌种	地区人口	病死人数	死亡百分比
1941年春季扫荡	兴县八区寨上村水井	伤寒病菌	420	78	16.0①
同	中会村	同	108	30	28.0
同	双全村	同	180	70	40.0②
1942年	河曲巡镇	鼠疫病菌		20	
附经种传染病经考察防疫组到后，才设法防止蔓延					

六、晋绥军区七年来死亡原因统计

项　别	人数	百分比
传染病	778	31.8
重伤	1004	40.7
呼吸系病	251	10.1
其它病	428	17.4
总　计	2461	100

①② 原文如此，计算有误。

239. 八路军第120师第715团抗战以来烈士名册
(1945年)

八路军第一二〇师三五八旅七一五团

1941年以后至1945年的

八路军第一二〇师七一五团组织股填印

注明

（1）凡战斗中阵亡、伤亡、因公殉职、积劳成疾、病亡故、被敌探戕害之烈士，均须填入此表。但因为违犯法律处以死刑者不应填册内。

（2）在医院病故亡故之烈士由医院通知该烈士连队，由该连根据军人登记册填造烈士芳名。

（3）此册存各连队，应列入交替，不得失弃损失，以作该连战斗史料参考。

（4）填法：

a. 为了使烈士生前之情形及履历得以详细保存，故填法与抗日军人登记同。

b. 亡故经过说明某次战斗阵亡、伤亡、何疾病亡或被敌人暗害了。

c. 亡故年月日以码子写1937年4月7日，月以华文写。

d. 亡故地点只填地名，负伤在中途亡者写途中地名，医院里即写医院的地名。

e. 是否党员要填清正式、候补、入党年月日。

f. 备考该烈士有什么遗金、遗物、遗嘱、保存处，对其重要者填上，可资纪念者加以注明。

部别	二营	五连	特务连
职别	副官	排长	侦察员
姓名	赵新山	余二小	张普金
年龄	33岁		31岁

籍贯	省县	河南	山西五寨	陕西蒲城
	区			
	乡			
	村			
家庭通讯处及收信人姓名				
家庭经济地位				
入伍年月日				
任过什么工作				
亡故经过		因喉部病故	因建设营房打窑被土压死	因建设营房由梁上摔下来摔死
亡故地点		延安和平医院	边区鄜县	同
亡故月日		四二年	四三年九月	同
是否党员		党员	同	同
备考		长征干部	埋在寨子湾	同

部别		供给处	二营营部	政治处
职别		粮秣员	马兵	组织股长
姓名		王少礼	刘义生	胡道全
年龄		28 岁		
籍贯	省县	河北人	山西人	江西
	区			
	乡			
	村			
家庭通讯处及收信人姓名				
家庭经济地位				
入伍年月日		三七年		
任过什么工作		支书排长		
亡故经过		肠内发炎病死的	因在河内洗澡淹死	在山西南北常战斗牺牲
亡故地点		边区鄜县寨子湾	同	山西南北常
亡故月日		四三年冬	四三年夏	三七年
是否党员		是		是
备考				

部别	一营	一营三连	一营部
职别	青干	战士	通讯员
姓名	赵国英	张小山	刘振海
年龄	20	26	20
籍贯 省县	冀南宫	冀深县	同
籍贯 区		三区	六区
籍贯 乡			
籍贯 村	城内	黄龙村	柴家屯
家庭通讯处及收信人姓名		本村交张小林	本村交刘炳元
家庭经济地位		人二口房四间地四亩	人六口房三间地七亩
入伍年月日		1939.10	1939.7
任过什么工作		没	没
亡故经过			
亡故地点	瓦窑堡	水绕湾	同
亡故月日		1942.3.17	1942.4.13
是否党员	是	是	是
备考			同

部别	二营机排	六连	二营
职别	战士	同	副官
姓名	李吉立	王云喜	赵新山
年龄	26	26	
籍贯 省县	晋南临	晋怀仁	
籍贯 区	三区	三区	
籍贯 乡			
籍贯 村	中区村	盈窑村	
家庭通讯处及收信人姓名	本村交李绍南收	怀仁县吴家窑转本村交王九高收	
家庭经济地位？	贫农	人七口房三间地二亩	
入伍年月日	1941.4入伍	1938.8于本县	
任过什么工作	战士	战士、副班长、班长	
亡故经过	生病六天后转成羊毛疔而死的	病亡	
亡故地点	秦安定涧峪岔	同	
亡故月日	1942年5月10日	1942年4月23日	
是否党员	不是	是	
备考			

部别	五连	同	九连
职别	战士	同	班副
姓名	刘积丰	孟保乐	王云贺
年龄	33	22	27
籍贯 省县	冀 无极	冀 束鹿	冀
籍贯 区	二区	二区	三区
籍贯 乡			
籍贯 村	巨又村	西村	郭庄
家庭通讯处及收信人姓名	本村交刘犁安收	本村交孟树德收	
家庭经济地位	人九口房六间地六亩	人八口房三间地六亩	
入伍年月日	1940年4月入伍	1939年9月入伍	1939年10月入伍
任过什么工作	没有	没有	没有
亡故经过	受机训得病送卫生队休息病故	同	在外侦察被顽固分子打死
亡故地点	临县白家庄	同	绥德县苗坪村
亡故月日	1941年3月15日	1941年4月7日	1941年5月2日
是否党员	否	否	否
备考			

部别	十连	七连	二营
职别	战士	同	副官
姓名	刘永照	郭换昌	辛进宣
年龄	28	19	29
籍贯 省县	晋 南临	晋 晋临	湘 安福
籍贯 区	四区	二区	一区
籍贯 乡			
籍贯 村	何家沟	清凉寺	官之南
家庭通讯处及收信人姓名	本村交刘年明	本村交郭后长	津市新州清化驿黄玉章先生转交
家庭经济地位	人五口无产	人三口房二间地五十亩	人四口房地无
入伍年月日	1940年5月2日	1941年4月	1935年8月
任过什么工作	战士	同	副官、副连长
亡故经过	病故	阵亡	去捉逃兵被逃兵打死了
亡故地点	绥德马帮沟	胡家峁	钟沟
亡故月日	1941年8月8日	1941年8月21日	1941年8月30日
是否党员	否	同	是
备考			

部别	七连	同	二连
职别	战士	同	战士
姓名	李顺山	张月琴	余有公
年龄	24	24	25
籍贯　省县	河北省无极	同夏县	晋河曲
籍贯　区			五区
籍贯　乡			
籍贯　村	西宋村	帅村	燕子村
家庭通讯处及收信人姓名	本村李老胜收	本村张老奎	本村余德保收
家庭经济地位？	贫农	同	人一口房一间无地
入伍年月日	1939年1月入伍	1939年入伍	1940年7月
任过什么工作	战士	战士	战士
亡故经过	在李家塌与敌激战负伤亡故	寄在老百姓家敌来杀死	阵亡
亡故地点	李家塌山上	任家塌	清凉寺
亡故月日	1941年1月12日	1941年12月30日	1941年1月14日
是否党员	是	同	
备考		被敌杀在老百姓家	

部别	通讯连	通讯连	
职别	侦察员	班长	侦察员
姓名	王治国	高玉秀	王占峰
年龄	22	26	28
籍贯　省县	冀省深县	陕西富平	河北饶阳
籍贯　区			四区
籍贯　乡			
籍贯　村	西关峪	曹村	郭村
家庭通讯处及收信人姓名	本城王佔祥收	本村高成收	
家庭经济地位	人十五口地八亩	人四口田四亩房二间	人五口田四亩房三间
入伍年月日	1939年7月	1937年5月	1939年6月
任过什么工作	战士	任班长	战士
亡故经过	侦察时在离石被敌打死	在外侦察阵亡	同
亡故地点	离石	同	同
亡故月日	1941年3月15日	1941年3月25日	同
是否党员	是	正式党员	同
备考			

部别	二营
职别	教导员
姓名	陈正才
年龄	
籍贯 省县	
区	
乡	
村	
家庭通讯处及收信人姓名	
家庭经济地位	
入伍年月日	
任过什么工作	
亡故经过	因战斗阵亡的
亡故地点	山西
亡故月日	三七年
是否党员	
备考	是党员

○○五部队

柳林、中队、徐家镇三次战斗

烈士登记表

715 团

阵亡（病亡）人员登记表

部别	一营一连	同	同
职别	班长	战士	同
姓名	于振领	李振山	张思茂
年龄	26	33	25
籍贯	冀安平	冀无极	晋南临
家庭通讯处			
何时入伍	39 年 10 月	39 年 5 月	43 年 6 月
何时入党	40 年 1 月		
本人简历			
牺牲原因与经过			
牺牲时间地点	45 年 9 月 5 日柳林	同	同
埋葬地点	葬于柳林	同	同
备考			

阵亡（病亡）人员登记表

部别	同	同	同
职别	班长	战士	同
姓名	苏庆敖	范永华	赵永庆
年龄	28	23	31
籍贯	冀深县	冀献县	冀新乐
家庭通讯处			
何时入伍	39年4月	37年6月	39年12月
何时入党	39年9月		
本人简历			
牺牲原因与经过			
牺牲时间地点	45年9月5日柳林	同	同
埋葬地点	葬于柳林	同	同
备考			

阵亡（病亡）人员登记表

部别	一营一连	二营五连	同
职别	战士	副排长	班长
姓名	高茂生	田增振	白振昌
年龄	26	27	30
籍贯	晋南临	冀无极	冀深县
家庭通讯处			
何时入伍	40年1月	39年9月	39年6月
何时入党		40年1月	40年1月
本人简历			
牺牲原因与经过			
牺牲时间地点	45年9月5日柳林	45年9月5日柳林	同
埋葬地点	葬于柳林	同	同
备考			

阵亡（病亡）人员登记表

部别	二营五连	同	同
职别	副班长	同	战士
姓名	齐振山	赵文斌	张文华
年龄	31	28	27
籍贯	冀藁城	冀深县	冀无极
家庭通讯处			
何时入伍	39 年	38 年	40 年 3 月
何时入党	40 年	40 年	
本人简历			
牺牲原因与经过			
牺牲时间地点	45 年 9 月 5 日柳林	同	同
埋葬地点	葬于柳林	同	同
备考			

阵亡（病亡）人员登记表

部别	三营十一连	同
职别	副连长	副班长
姓名	孔庆凯	强胜
年龄	29	22
籍贯	冀霸县	晋朔县
家庭通讯处		
何时入伍	1938 年	1939 年
何时入党	1938 年	1941 年
本人简历		
牺牲原因与经过	洗了身体换了衣服用棺木装好	同
牺牲时间地点	45 年 9 月 5 日牺牲于柳林	
埋葬地点	葬于柳林	葬于柳林
备考		

阵亡（病亡）人员登记表

部别	一营二连	同	同
职别	排长	副排长	班长
姓名	刘海秋	李均平	高瑞田
年龄	30	22	33
籍贯	冀文安	冀束鹿	冀雄县
家庭通讯处			
何时入伍	38 年 2 月	39 年 5 月	39 年 1 月
何时入党	39 年 4 月	40 年 2 月	40 年 3 月
本人简历			
牺牲原因与经过			
牺牲时间地点	45 年 9 月 8 日中阳	同	同
埋葬地点			
备考			

阵亡（病亡）人员登记表

部别	同	同	同
职别	副班长	战士	通讯员
姓名	马会良	陶尼海	苗珍福
年龄	24	18	20
籍贯	晋孝义	河南嵩县	晋南临
家庭通讯处			
何时入伍	36 年 10 月	45 年 1 月	42 年 8 月
何时入党	38 年 5 月		
本人简历			
牺牲原因与经过			
牺牲时间地点	同	同	同
埋葬地点			
备考			

阵亡（病亡）人员登记表

部别	一营二连	二营六连	同
职别	战士	战士	同
姓名	刘成恩	薛居英	渠生旺
年龄	24	28	20
籍贯	晋南临	晋南临	晋南临
家庭通讯处			
何时入伍	40 年 12 月	43 年 8 月	42 年 7 月
何时入党			
本人简历			
牺牲原因与经过			
牺牲时间地点	45 年 9 月 8 日中阳	同	同
埋葬地点			
备考			

阵亡（病亡）人员登记表

部别	二营七连	三营九连	同
职别	战士	战士	同
姓名	张子荣	李吉祥	杨永华
年龄	23	27	22
籍贯	晋南临	晋南临	晋岢岚
家庭通讯处			
何时入伍	41 年 3 月	41 年 1 月	40 年 2 月
何时入党			
本人简历			
牺牲原因与经过			
牺牲时间地点	45 年 9 月 9 日中阳	同	同
埋葬地点			
备考			

阵亡（病亡）人员登记表

部别	三营九连	同	同
职别	战士	同	同
姓名	刘光耀	白福仁	李玉喜
年龄	25	26	23
籍贯	晋南临	晋南临	冀无极
家庭通讯处			
何时入伍	43年6月	41年2月	39年
何时入党			
本人略历			
牺牲原因及经过			
牺牲时间地点	45年9月8日中阳	同	同
埋葬地点			
备考			

阵亡（病亡）人员登记表

部别	三营十连	二连
职别	战士	一排长
姓名	李恩荣	田永华
年龄	24	22
籍贯		河北容城三区
家庭通讯处		
何时入伍	39年12月	40年5月
何时入党		42年入党
本人略历		任过支委副排长
牺牲原因及经过		
牺牲时间地点	45年9月14日徐家镇	45年9月14日平遥许家镇阵亡
埋葬地点		许家镇
备考		

240. 八路军第120师烈士名册
(1945年)

一二〇师政治部

	队别			
	职别			
	姓名	苗正田	何秀清	刘五仔
	年龄	20	19	18
籍贯	省	山西	山西	山西
	县	岢岚	岢岚	岢岚
	区 乡	二区	一区	二区
	村	水峪罐村	宋家沟	石家会
家庭通讯处及收信人姓名				
家庭经济地位				
入伍年月				
任过什么工作				
亡故经过				
亡故地点				
亡故月日				
是否党员				
备考				

	队别	机关连	十连
	职别	战士	
	姓名	赵福明	吴成才
	年龄	30	
籍贯	省	山西	山西
	县	岢岚	岢岚
	区 乡	一区	
	村	豆咀山	梨坞坪
家庭通讯处及收信人姓名			
家庭经济地位			
入伍年月			
任过什么工作			
亡故经过			
亡故地点			
亡故月日			
是否党员			
备考			

队别	二连		三连
职别	战士	同	同
姓名	曹生	郭占山	林堂
年龄	22	19	18
籍贯 省	山西	山西	山西
籍贯 县	右玉	右玉	右玉
籍贯 区 乡		三区	五区
籍贯 村	山岔村	朱庄旺	吴级坪村
家庭通讯处及收信人姓名			
家庭经济地位			
入伍年月			
任过什么工作			
亡故经过			
亡故地点			
亡故月日			
是否党员			
备考			

队别	三连		
职别	战士		
姓名	陈良	张明孩	李发
年龄	18	19	27
籍贯 省	山西	山西	山西
籍贯 县	右玉	右玉	右玉
籍贯 区 乡	五区	五区	五区
籍贯 村	柴村	油房村	下柳沟
家庭通讯处及收信人姓名			
家庭经济地位			
入伍年月			
任过什么工作			
亡故经过			
亡故地点			
亡故月日			
是否党员			
备考			

队别	十连		
职别			
姓名	降林	李存	杨梦春
年龄			
籍贯 省	山西	山西	山西
籍贯 县	右玉	右玉	右玉
籍贯 区 乡			
籍贯 村	徐村	东庄村	北汗井村
家庭通讯处及收信人姓名			
家庭经济地位			
入伍年月			
任过什么工作			
亡故经过			
亡故地点			
亡故月日			
是否党员			
备考			

队别	机关连
职别	战士
姓名	高鹏飞
年龄	30
籍贯 省	山西
籍贯 县	右玉
籍贯 区 乡	四区
籍贯 村	大同村
家庭通讯处及收信人姓名	
家庭经济地位	
入伍年月	
任过什么工作	
亡故经过	
亡故地点	
亡故月日	
是否党员	
备考	

队别	三连		七连
职别	战士	班副	
姓名	张炳仁	李春生	康巨虎
年龄	17	19	
籍贯 省	山西	山西	山西
籍贯 县	文水	文水	文水
籍贯 区 乡	一区	一区	河口
籍贯 村	马东村	神堂村	李家村
家庭通讯处及收信人姓名			
家庭经济地位			
入伍年月			
任过什么工作			
亡故经过			
亡故地点			
亡故月日			
是否党员			
备考			

队别	七连		五连
职别	战士	同	班副
姓名	李书茂	吴保成	高远
年龄		38	26
籍贯 省	山西	山西	山西
籍贯 县	文水	文水	文水
籍贯 区 乡			
籍贯 村		沼荣堡	冰道村
家庭通讯处及收信人姓名			
家庭经济地位			
入伍年月			
任过什么工作			
亡故经过			
亡故地点			
亡故月日			
是否党员			
备考			

队别	十二连		
职别		班长	副班长
姓名	侯明和	李资永	朱侯仁
年龄	25	21	19
籍贯 省	山西	山西	山西
县	宁武	宁武	宁武
区 乡	二区	二区	二区
村	豆家庄村	东马房村	米家庄村
家庭通讯处及收信人姓名			
家庭经济地位			
入伍年月			
任过什么工作			
亡故经过			
亡故地点			
亡故月日			
是否党员			
备考			

队别	十二连		
职别	班长	战士	副班长
姓名	高如应	张选从	忠富侯
年龄	21	17	24
籍贯 省	山西	山西	山西
县	宁武	宁武	宁武
区 乡	二区	二区	二区
村	哥河上村	哥略村	哥略村
家庭通讯处及收信人姓名			
家庭经济地位			
入伍年月			
任过什么工作			
亡故经过			
亡故地点			
亡故月日			
是否党员			
备考			

队别		五连	七连
职别			班副
姓名		霍元贵	陈三白
年龄			22
籍贯	省	山西	山西
	县	宁武	宁武
	区 乡		
	村		颜马营
家庭通讯处及收信人姓名			
家庭经济地位			
入伍年月			
任过什么工作			
亡故经过			
亡故地点			
亡故月日			
是否党员			
备考			

队别		三连	十二连	五连
职别			通讯员	
姓名		郭进斗	张万英	窦生道
年龄		26	18	
籍贯	省	山西	山西	山西
	县	寿阳	阳曲	河曲
	区 乡	二区	五区	
	村	郭家沟村	杨村	
家庭通讯处及收信人姓名				
家庭经济地位				
入伍年月				
任过什么工作				
亡故经过				
亡故地点				
亡故月日				
是否党员				
备考				

队别	二连	机关连	七连
职别		班副	战士
姓名	沈有录	张来喜	刘天元
年龄	24		20
籍贯　省	山西	山西	山西
籍贯　县	左云	榆次	
籍贯　区　乡	三区		
籍贯　村	辛保子村		西水村
家庭通讯处及收信人姓名			
家庭经济地位			
入伍年月			
任过什么工作			
亡故经过			
亡故地点			
亡故月日			
是否党员			
备考			

队别	三连
职别	
姓名	巩相朋
年龄	30
籍贯　省	山西
籍贯　县	平遥
籍贯　区　乡	二区
籍贯　村	米抗村
家庭通讯处及收信人姓名	
家庭经济地位	
入伍年月	
任过什么工作	
亡故经过	
亡故地点	
亡故月日	
是否党员	
备考	

队别			十连	
职别				
姓名			闫祯贵	郭得善
年龄				23
籍贯	省		山西	山西
	县		山阴	山阴
	区 乡			一区
	村		黄混沟	白店沟
家庭通讯处及收信人姓名				
家庭经济地位				
入伍年月				
任过什么工作				
亡故经过				
亡故地点				
亡故月日				
是否党员				
备考				

队别			七连	五连
职别			班副	班长
姓名			王二只	高才友
年龄			30	
籍贯	省		山西	山西
	县		交城	交城
	区 乡			
	村		王友村	
家庭通讯处及收信人姓名				
家庭经济地位				
入伍年月				
任过什么工作				
亡故经过				
亡故地点				
亡故月日				
是否党员				
备考				

队别	机关连		七连
职别		战士	
姓名	刘效轩	毛作周	张风祥
年龄			
籍贯 省	山西	山西	山西
籍贯 县	忻县	绛州	鹿苑
籍贯 区 乡			
籍贯 村	忻口		
家庭通讯处及收信人姓名			
家庭经济地位			
入伍年月			
任过什么工作			
亡故经过			
亡故地点			
亡故月日			
是否党员			
备考			

队别	三连	七连
职别	班长	同
姓名	王岐	高怀
年龄	24	25
籍贯 省	山西	山西
籍贯 县	崞县	崞县
籍贯 区 乡		
籍贯 村	赵家院村	马圈村
家庭通讯处及收信人姓名		
家庭经济地位		
入伍年月		
任过什么工作		
亡故经过		
亡故地点		
亡故月日		
是否党员		
备考		

队别	二连		机关连
职别	战士	同	战士
姓名	袁保	杨克松	陈范
年龄	19		28
籍贯 省	山西	山西	山西
籍贯 县	怀仁	怀仁	怀仁
籍贯 区 乡	三区	一区	二区
籍贯 村	刘万庄	北辛庄	西断川
家庭通讯处及收信人姓名			
家庭经济地位			
入伍年月			
任过什么工作			
亡故经过			
亡故地点			
亡故月日			
是否党员			
备考			

队别	
职别	
姓名	刘彦明
年龄	29
籍贯 省	山西
籍贯 县	绛县
籍贯 区 乡	三区
籍贯 村	东冯村
家庭通讯处及收信人姓名	
家庭经济地位	
入伍年月	
任过什么工作	
亡故经过	
亡故地点	
亡故月日	
是否党员	
备考	

队别		二连		同
职别		战士		同
姓名		裴臭儿		刘贵喜
年龄		38		24
籍贯	省	山西		山西
	县	兴县		兴县
	区 乡	二区		二区
	村	裴家村口		魏家滩
家庭通讯处及收信人姓名				
家庭经济地位				
入伍年月日				
任过什么工作				
亡故经过				
亡故地点				
亡故月日				
是否党员				
备考				

队别				七连
职别		战士		班长
姓名		张永海	张满宏	胡尔达
年龄		22	26	33
籍贯	省	山西	山西	山西
	县	五寨	五寨	五寨
	区 乡	二区	二区	
	村	王家岔村	黄土坡	同家村
家庭通讯处及收信人姓名				
家庭经济地位				
入伍年月				
任过什么工作				
亡故经过				
亡故地点				
亡故月日				
是否党员				
备考				

队别	卫生队
职别	
姓名	张侯
年龄	19

籍贯	省	山西
	县	五寨
	区 乡	
	村	三岔

家庭通讯处及收信人姓名	
家庭经济地位	
入伍年月	
任过什么工作	
亡故经过	
亡故地点	
亡故月日	
是否党员	
备考	

队别	机关连	九连
职别	战士	同
姓名	高世安	田云
年龄	28	16

籍贯	省	山西	山西
	县	太原	太原
	区 乡	三区东南乡	五区
	村	辛村	南岩村

家庭通讯处及收信人姓名		
家庭经济地位		
入伍年月		
任过什么工作		
亡故经过		
亡故地点		
亡故月日		
是否党员		
备考		

队别		一连	机关枪	七连
职别		战士	战士	
姓名		芦万	孟二	王英
年龄		21	33	
籍贯	省	山西	山西	山西
	县	朔县	朔县	朔县
	区 乡	一区	五区	
	村	芦家营	乔凤镇	韩村
家庭通讯处及收信人姓名				
家庭经济地位				
入伍年月				
任过什么工作				
亡故经过				
亡故地点				
亡故月日				
是否党员				
备考				

队别		七连	五连
职别			
姓名		王三学	李元小
年龄		20	
籍贯	省	山西	山西
	县	朔县	朔县
	区 乡		
	村	陈庄村	
家庭通讯处及收信人姓名			
家庭经济地位			
入伍年月			
任过什么工作			
亡故经过			
亡故地点			
亡故月日			
是否党员			
备考			

队别	一连	二连	三连
职别	战士	班副	班长
姓名	丰登伍	王存义	张义全
年龄	25	20	31
籍贯 省	山西	山西	山西
县	大同	大同	大同
区 乡	三区		二区
村	小滩头	河南小村	南辛庄
家庭通讯处及收信人姓名			
家庭经济地位			
入伍年月			
任过什么工作			
亡故经过			
亡故地点			
亡故月日			
是否党员			
备考			

队别	三连	十连	七连
职别	班副		班副
姓名	马天香	马四	刘福
年龄	23		
籍贯 省	山西	山西	山西
县	大同	大同	大同
区 乡	二区		
村	桥郝堡	窑子村	
家庭通讯处及收信人姓名			
家庭经济地位			
入伍年月			
任过什么工作			
亡故经过			
亡故地点			
亡故月日			
是否党员			
备考			

队别		七连
职别		排长
姓名		贾生美
年龄		26
籍贯	省	山西
	县	大同
	区 乡	
	村	马忠庄村
家庭通讯处及收信人姓名		
家庭经济地位		
入伍年月		
任过什么工作		
亡故经过		
亡故地点		
亡故月日		
是否党员		
备考		

队别		三连	机关连	
职别		班副	班长	战士
姓名		马吉	李寿松	王子堂
年龄		28	19	22
籍贯	省	山西	山西	山西
	县	汾阳	汾阳	汾阳
	区 乡	三区	三区	
	村	郭家庄	三泉镇	
家庭通讯处及收信人姓名				
家庭经济地位				
入伍年月				
任过什么工作				
亡故经过				
亡故地点				
亡故月日				
是否党员				
备考				

队别	七连		
职别	班长	同	战士
姓名	马玉元	任宏增	武治和
年龄			
籍贯 省	山西	山西	山西
籍贯 县	汾阳	汾阳	汾阳
籍贯 区 乡			向阳镇
籍贯 村	向阳镇	义丰镇	褚家村
家庭通讯处及收信人姓名			
家庭经济地位			
入伍年月			
任过什么工作			
亡故经过			
亡故地点			
亡故月日			
是否党员			
备考			

队别	二连	同	
职别	战士	班长	战士
姓名	薛永贵	甄长和	王礼秀
年龄	25	22	20
籍贯 省	山西	山西	山西
籍贯 县	汾阳	汾阳	汾阳
籍贯 区 乡	一区	一区	一区
籍贯 村	牧庄村	牧庄村	牧庄村
家庭通讯处及收信人姓名			
家庭经济地位			
入伍年月			
任过什么工作			
亡故经过			
亡故地点			
亡故月日			
是否党员			
备考			

队别	二连		
职别	战士	战士	班长
姓名	孙全忠	王老虎	吕成久
年龄	19	21	24
籍贯 省	山西	山西	山西
县	汾阳	汾阳	汾阳
区 乡	一区	一区	二区
村	牧庄村	牧庄村	肖家庄
家庭通讯处及收信人姓名			
家庭经济地位			
入伍年月			
任过什么工作			
亡故经过			
亡故地点			
亡故月日			
是否党员			
备考			

241. 八路军第120师抗战以来营级以上军政干部牺牲名册（1945年）

部职别	独立二旅旅长	独一旅参谋长	新军决死二纵队副司令员	大青山骑兵支队二团团长	决死四纵队十八团团长	冀中三纵队十八团副团长
姓名	魏大光	郭征	刘德明	王贤光	董一飞	焦玉礼
年龄	37	30	32	28	34	28
籍贯	河北霸县	江西泰和	陕西礼泉	湖北沔阳	东北	湖北石首
入伍	1937 年	1930 年	1931 年 11 月	1930 年	1940 年	1931 年
入党	何时入党不详	1931 年 5 月	1933 年 3 月	1934 年	抗战前入党	抗战前入党
牺牲经过	1937 年 7 月 11 日于河北永清战斗中	1939 年 9 月 29 日陈庄战斗中牺牲	1942 年 2 月 17 日在八分区反敌袭击中	1941 年 2 月在绥西武川米粮局战斗阵亡	1940 年 6 月交城上下石沙战斗阵亡	1942 年 7 月于河北马福才战斗阵亡

部职别	决死三纵队副团长	暂一师保安二区第一支队支队长	独二旅五团一营副营长	暂一师支队长	三五八旅八团副团长	三五八旅七一六团参谋长
姓名	郭慕汾	周平	张先云	刘森唐	左清臣	秦实庵
年龄		24	26		37	31
籍贯		贵州	湖北		河北武强	湖南桑植
入伍		长征干部	1934 年		1938 年	1930 年
入党						1934 年
牺牲经过		1938 年 9 月 18 日祁县车站阵亡	1940 年 1 月 20 日交城杏树坪战斗阵亡	1938 年 1 月高白伏击战斗阵亡	1941 年 1 月 10 日阳曲西庄战斗阵亡	1941 年 3 月 11 日清水河战斗阵亡

部职别	决死二纵队四团团长	独一旅二团参谋长	六分区三十五支队参谋长	决死二纵队五团参谋长	同 上职	二十七团参谋长
姓名	王和泉	张荣	李克林	闫杰	牛继会	史振舟
年龄		31	30			28
籍贯		江西永丰	山西崞县			河北河间
入伍		1931年	1938年			1938年
入党		1932年1月	1937年			
牺牲经过		1939年9月廿九日陈庄破门口战斗阵亡	1944年五月十七日静乐潘家湾伏击			1940年冀中安次窜庄战斗阵亡

部职别	三五八旅七一五团一参谋	三五八旅七一五团一参谋	骑兵支队第四支队副支队长	独立一支队一参谋	骑兵支队一参谋	八分区司令部作战科长	二十七团参谋处一参谋
姓名	樊汉清	崔光海	黄政	杨培普	陈得山	赵永德	常九宫
年龄	32	25	31			24	25
籍贯	湖北沔阳	湖北石首	江西			四川	河南博爱
入伍	1932年	1930年	1931年			1933年	1939年
入党		1934年				1936年	
牺牲经过	1937年10月在宁武战斗阵亡	1939年10月24日灵丘下关战斗阵亡	1939年3月武川章里头战斗阵亡			1943年8月24日在武家坡战斗阵亡	1940年百团大战河北宫村营战斗阵亡

部职别		二分区司令部二科科长	三五九旅七一七团一营营长	三五八旅独立二支队第二大队长	警六团一营营长	三五九旅七一八团二营营长
姓名		张源济	贺云生	刘森	贺伟	刘源远
年龄		25	24	23	26	22
籍贯		山西代县	湖南茶陵	江西吉安	陕西神府	湖南茶陵
入伍		1937年	1932年	1932年3月	1934年	1930年
入党		1938年		1934年		1929年
牺牲经过		1940年9月4日朔县大虫窊战斗阵亡	1938年7月8日在河北北水泉战斗阵亡	1938年7月崞县上阳武战斗阵亡	1938年10月丰镇红沙坝战斗阵亡	1938年3月岢岚三井战斗阵亡

部职别	独一旅二团一营长	独一旅二团二营长	三五九旅教导营副营长	三五八旅七一四团独立营副营长	三五八旅七一五团二营副营长	三五八旅七一六团二营副营长	警六团一营副营长
姓名	刘德才	王广林	周三秀	郑复光	潘有毕	黄子德	白发斌
年龄	41	42	24		30		
籍贯	河北霸县	河北霸县	江西永新	山西阳曲	湖北监利	湖南茶陵	河南临庄
入伍	1937年11月	1938年3月	1930年	1938年	1932年	1929年	1934年
入党			1933年				
牺牲经过	1938年4月河北霸县高家坟战斗阵亡	同上战斗阵亡	1939年5月上下细腰涧战斗阵亡	1938年6月王兴坪战斗	1938年3月17日神池上店北战斗阵亡	1938年10月新庄子战斗阵亡	1938年3月于河曲战斗阵亡

部职别	独立一支队二营长	独一旅二团三营副营长	独一旅一团一营副营长	三五八旅七一五团一营营长	独一旅一团二营副营长	三支队八团一营副营长
姓名	吴书纲	刘庆文	李成寿	刘光汉	张自雄	陈景山
年龄	26	32	26	28	24	32
籍贯	湖北天门	河北霸县	湖北荆门	湖北荆门	湖北	热河
入伍	1932年	1937年12月	1931年	1932年	1934年	1937年
入党			1930年		1935年	非
牺牲经过	1939年2月在冀中蒲马头战斗阵亡	1938年1月于霸县辛庄战斗阵亡	1939年3月29日河间北魏战斗阵亡	1939年5月13日河间北留路战斗阵亡	1939年4月28日孙村战斗负重伤5月2日亡	1939年6月25日于蠡县连子口战斗阵亡

部职别	独二旅四团二营营长	警备六团二营营长	三五八旅独立六支队二营营长		警六团一营副营长	三五八旅七一五团一营营长	三五八旅七一六团二营副营长
姓名	张仁成	白兴元	容胜其		白庆诚	曾庆云	陈永香
年龄		30	25		24	32	28
籍贯	湖北房县	陕西清涧	广东		河南	四川新番	湖北沔阳
入伍	1931年	1934年	1930年			1931年	1931年
入党		1934年				1931年12月	
牺牲经过	1939年7月19日深县大冯营战斗阵亡	1939年7月雁北黄龙沟战斗重伤致死	1939年9月2日于雁北辛庄病故		1938年2月河曲石板沟战斗阵亡	1939年10月24日寨南战斗阵亡	1939年11月24日井儿沟战斗阵亡

部职别	塞北分区司令部二科长	军区后勤部办事处主任	二十九团三营营长	二十九团二营营长	三十二团副营长	雁北支队二营营长
姓名	姚典训	王祥发	沈益三	郝贺	杨少武	龚生戌
年龄	30	34	27	23	24	
籍贯	江西安福	江西兴国	东北	河北阜平	河北永清	
入伍	1930年	1930年	1938年4月反正过来	1938年	1938年	
入党	1933年	1931年	非			
牺牲经过	1944年10月23日于河曲黄树坪战斗阵亡	1944年3月30日病故于后方医院	1939年7月于河北安次城关战斗阵亡	1939年冀中固城战斗阵亡	1938年固安卢里战斗阵亡	1939年在右玉病故

部职别	独一旅二大队大队长	三支队司令部二科长	骑兵支队营长	骑兵支队副营长	二十七团卫生队长	暂一师副大队长	暂一师支队一参谋
姓名	王焕友	林青	赵崇德	张九山	解艺民	李文忠	刘兴隆
年龄	47				23		
籍贯	河北永清	四川大竹			河北高阳		
入伍		1938年			1938年		
入党							
牺牲经过	1938年2月霸县小朱庄战斗阵亡	1940年8月百团大战中被水淹死	1937年10月在代县战斗阵亡	1938年4月河北平定战斗阵亡	1939年河北安次新屯战斗阵亡	1938年2月太原黄楼伏击战阵亡	1938年

部职别	三五九旅七一九团卫生队长	独一旅二团一营营长	特务团卫生队长	三五八旅八团二营副营长	教导团参训队队长	雁北六支队二营营长
姓名	吕筱候	汪清纯	杨贤志	傅鼎菊	林长云	廖才德
年龄	24	34	29	26	29	
籍贯	湖北鄂城	湖北潜江	安微六安	江西吉安	江西横峰	
入伍	1935年	1930年	1931年	1930年	1929年	
入党		1930年2月	1934年2月	1932年	1928年	
牺牲经过	1938年10月于邵家庄战斗阵亡	1940年9月18日宁武尚庄战斗阵亡	1940年6月9日于交城塞立村病故	1940年12月26日病故于静乐大龙庄医院	1941年1月2日兴县城关战斗阵亡	1941年平鲁西井战斗阵亡

部职别	三五八旅七一六团一营副营长	三五八旅八团三营营长	三五八旅七一六团供给处主任	三五八旅政治部总务科长	三五八旅七一六团三营副营长	五分区骑兵营营长	
姓名	谢家泉	张国清	李国文	胡炳明	何腊光	齐义昌	
年龄		30	38	35		24	
籍贯		陕西〈湖北〉沔阳	湖北石首	湖北江陵	湖北沔阳	山西宁武	
入伍		1936 年	1934 年	1934 年		1937 年	
入党		1937 年	1935 年	1935 年			
牺牲经过	1941 年 2 月静乐三元村战斗阵亡	1942 年 8 月于宁武葱沟战斗阵亡	1942 年 2 月 21 日兴县杨会崖战斗阵亡	1942 年 2 月 6 日兴县曹家坡战斗阵亡	1942 年 9 月在阳曲战斗阵亡	1942 年在店湾战斗阵亡	

部职别	三纵队二十九团一营营长	雁北六支队卫生队长	三五八旅七一六团副官主任	独立二支队一营营长	宋支队营长	决死四纵队十九团二营营长
姓名	韩双庭	廖标发	余文举	戴喻官	魏国臣	薛银
年龄		27			24	
籍贯	河北永清	江西		江西	河北南苑	
入伍		1933 年			1938 年	
入党						
牺牲经过	1941 年 4 月新城罗里庄战斗阵亡	1939 年 2 月 28 日因叛徒告密在全羊圈被敌杀死		1940 年 4 月在忻州寺坪被伏击战中阵亡	1938 年在向冀东挺进中阵亡	1940 年 4 月榆林山战斗阵亡

部职别	三纵队二十七团一营营长	原三纵队二十七团卫生队长	原三纵队二十七团营长	原三纵队二十九团一参谋	军区司令部二科副股长	三五八旅七一六团一参谋
姓名	李茂亭	顾寿先	王树杉	孙太	梦飞	宋仁荣
年龄	30	22	25			
籍贯	河南安阳	河北霸县	辽宁	河北高阳	陕西	
入伍	1937年	1938年		1938年	1939年	
入党		1938年				
牺牲经过	1941年5月冀中北念头战斗阵亡	1942年冀中掌史战斗阵亡	1943年在晋察冀边区反扫荡中阵亡	1942年于河北易县小牛战斗阵亡	1943年2月病故于贺家川	

部职别	塞北分区司令部四科长	决死二纵队营长	决死四纵队营长	决死四纵队营长	决死四纵队教导营营长	决死二纵队卫生处长
姓名	张逢福	罗志明	邢得雨	雷振汉	龙海	张汉斌
年龄	38					
籍贯	湖北监利					
入伍	1929年					
入党	1934年					
牺牲经过	1944年10月23日河曲黄树坪战斗阵亡		1940年		1940年	

部职别	八分区游击十二大队副大队长	警六团供给处军实股长	骑兵支队军实科长	军区司令部二科股长	军区司令部一科教育股长	兴岚支队大队长
姓名	石尚英	李希明	刘俊	宋光甫	王维哉	游万成
年龄	28	26	24			
籍贯	山西天镇	山西临县	山西	河南	山西赵城	河北
入伍	1937年	1938年8月	1937年11月		1937年5月	
入党	1938年					
牺牲经过	1944年8月21日文水赵庄战斗阵亡	1939年7月黄龙沟战斗阵亡	1942年4月武川乌兰花附近战斗阵亡	1944年4月在陶家沟被袭击中阵亡	1939年5月于博野宋村战斗阵亡	1944年7月岚县杀猪峁战斗阵亡

部职别	三分区司令部二科副科长	特务团供给处粮秣股长	六分区工厂厂长	六分区供给处副处长	三支队供给处副股长	第二分区司令部武装科副科长
姓名	邢纪东	张堂	庞子杰	王充之	赵清波	董东翘
年龄	39		32	40		35
籍贯	辽宁沈阳		河北霸县	山西河津		辽宁
入伍	1938年					1937年
入党	1938年		非			
牺牲经过	1945年3月24日离石下水西战斗阵亡	1942年2月5日兴县二十里铺战斗阵亡	1944年8月10日装地雷失火牺牲	1943年病故于临县	1941年1月于五寨深山坞阵亡	1943年10月10日保德郭家滩战斗阵亡

部职别	新军总指挥部队列科长
姓名	刘功璋
年龄	25
籍贯	江西兴国
入伍	1931年
入党	
牺牲经过	1942年6月13日八分区隆兴战斗阵亡

部职别	塞北分区政治部政治主任	大青山支队政治部主任	师政治部民运部副部长	津南自卫军政治委员	三五九旅七一七团政治委员	独一旅三团政治委员	三五八旅独一团政治委员
姓名	曾锦云	彭得大	王邦秀	陈文彬	刘礼年	朱吉昆	赖香宏
年龄	36	29	31	29	25	28	
籍贯	江西永新	江西吉安	江西吉安	湖南茶陵	江西莲花	湖北江陵	江西上饶
入伍	1929年	1930年	1934年	1933年	1931年	1930年	1932年
入党	1928年			1930年	1930年	1930年	
牺牲经过	1944年10月24日河曲黄树坪战斗阵亡	1940年3月12日在绥远后脑包战斗阵亡	1940年6月31日交城邓家沟战斗阵亡	1940年1月在冀南战斗阵亡	1938年3月宁武石河战斗阵亡	1939年4月24日河间南留路战斗阵亡	1939年5月岔上战斗阵亡

部职别	独立二支队五团政委	骑兵支队二团代政委	骑兵四支队政治委员	雁北支队团政委	骑兵支队一团副政委	三纵队团政委
姓名	赖辉	刘水仔	孙春烈	胡一新	崔炎	陈德仁
年龄	26	29	24	30		
籍贯	江西上饶	江西	江西九江	绥远丰镇		
入伍	1931年		1930年	1937年		
入党				1932年		
牺牲经过	1939年5月阳曲西庄战斗阵亡	1942年6月阵亡	1941年4月在武川病故	1939年10月杀虎口战斗负伤 1940年11月28日病故于延安		

部职别	原三纵队二十七团政治处主任	三五八旅政治部组织科长	三支队九团教导队政治委员	三五八旅教导队政治委员	骑兵支队营政治委员	决死二纵队卫生处政治委员
姓名	薛源	顿德俊	马斌	郭有松	陈金龙	牛继真
年龄	22	32	24			
籍贯	陕北		河北灵寿			
入伍	1935年		1939年			
入党						
牺牲经过	1940年1月河北安次辛屯战斗阵亡	1942年春季反扫荡中阵亡	1940年5月忻州东范村被叛徒打死		1939年5月在满汉山牺牲	

部职别	三纵队警备旅组织科长	塞北分区政治部组织科长	津南自卫军组织科长	骑兵支队政治部组织副科长	岚县武工队政治委员	四纵队政治部组织科长	三五八旅七一五团总支书记
姓名	吕应时	谢礼荣	陈友元	闫德旺	邓吉兴	金敏	李德康
年龄		29	22	32		29	
籍贯		江西吉安	江西莲花	安徽	湖北石首	辽宁	湖北荆门
入伍		1930年	1933年	1931年	1929年	1939年	
入党		1934年				1935年	
牺牲经过		1944年10月24日河曲黄树坪战斗阵亡	1939年在冀中阵亡	1940年3月在绥远武川哈拉圪那战斗阵亡	1944年7月病故于医院	1941年2月病故于医院	1937年10月南大常战斗阵亡

部职别	三五八旅八团总支书记	三支队政治部锄奸科长	三支队政治部民运科长	师政治部敌工部敌工科长	师政锄奸部二科长	骑兵支队政治部敌工科长
姓名	黄湘	何定普	赵发玉	王森铨	高尚风	王仪卿
年龄	27	30	23	32		28
籍贯	湖南平江	湖南浏阳	山西汾阳	山东		山东胶东
入伍	1930年	1930年	1938年	1937年		1938年
入党	1932年6月	1931年	1938年	1938年		
牺牲经过	1941年1月10日阳曲西庄战斗阵亡	1939年10月18日河北蠡县鲍墟战斗阵亡	1939年9月8日河北任丘魏庄战斗阵亡	1939年7月在武强被俘1941年6月不屈被杀		1940年12月大青山武川南沟子阵亡

部职别	六分区四武工队副政委	八分区一支队总支书记	二纵队警备旅宣传科副科长	暂一师宣传科长	三五八旅七一五团组织股长	同部同职
姓名	杨新	张奇	周鹏成	张固	胡道全	曾衍芳
年龄	23				25	
籍贯	山西襄垣	河北正定			江西吉安	江西泰和
入伍	1938年	1938年			1931年	1930年
入党	1938年	1938年				
牺牲经过	1944年11月5日忻州官庄战斗阵亡	1944年6月被特务分子毒死			1937年10月南大常战斗阵亡	1939年4月河北南留路战斗阵亡

部职别	独一旅政治部民运科长	三五八旅七一五团二营教导员	三五九旅七一九团二营教导员	三五八旅七一五团一营教导员	三五九旅七一九团组织股长	独二旅四团一营教导员
姓名	邵玉树	陈正才	王继朝	刘肇宣	唐辉	詹前进
年龄		29	23	28		
籍贯	河北任丘	湖南茶陵	江西永新	江西太和	江西吉安	湖北浠水
入伍	1938年	1933年	1931年	1930年		1929年
入党				1932年		
牺牲经过	1940年6月在河北大青河北阵亡	1937年10月在朝霞谷战斗阵亡	1938年10月邵家庄战斗阵亡	1938年4月在黄岭战斗阵亡	1938年2月崞县下叉林战斗阵亡	1939年4月河北河间战斗阵亡

部职别	三五八旅独一团一营教导员	独二旅五团一营教导员	三五八旅七一四团一营教导员	三五八骑兵营教导员	三五八旅七一五团一营教导员	四纵队三十五团一营教导员
姓名	刘斌	李西林	秦全桓	李子恩	刘德新	王炎生
年龄	23		31	33		
籍贯	湖南浏阳	江苏上海	湖北石首	陕西葭县		
入伍	1931年	1938年	1930年	1930年		
入党						
牺牲经过	1939年4月上阳武战斗阵亡	1939年4月河北陵阳战斗阵亡	1939年10月2日寿阳庙岭村战斗阵亡	1940年4月在雁北被叛徒打死		1939年在文水战斗阵亡

部职别	二纵队六团教导员	原三纵二十九团教导员	原三纵二十九团教导股长	三五八旅七一六团一营教导员	独二旅五团一营副教导员	独一旅二团一营教导员
姓名	王润	刘雅轩	刘光汉	魏广智	王昆山	唐开先
年龄		24	20	27	26	25
籍贯		河北永清	北平	安徽六安	湖北公安	江西永新
入伍			1938年	1932年	1929年	1930年
入党			1938年	1935年		
牺牲经过	1939年12月在塔子村被叛徒打死	1940年6月在永清别左庄战斗阵亡	1939年12月新城葫芦集战斗阵亡	1940年8月20日静乐砚湾伏击中阵亡	1940年6月30日岢岚西豹峪战斗阵亡	1940年9月18日宁武尚庄战斗阵亡

部职别	四纵队政治部民运科长	独二旅雁北六支队组织股长	独二旅雁北六支队二营教导员	四纵队十九团三营教导员	特务团营教导员	二分区教导营总支书记
姓名	周洪涛	陈文卿	王祥瑞	赵吉瑞	王德国	胡赋行
年龄		32	25			25
籍贯		湖北天门	湖北〈南〉石门		陕西清涧	山西太原
入伍		1930年	1930年			1937年
入党						
牺牲经过	1940年	1940年4月于郝小峰战斗阵亡	1940年3月绥远张年沟战斗阵亡	1940年10月病故	1940年11月病故于水峪贯	1940年12月病故于马镇

部职别	雁北支队二营教导员	工卫旅二十一团一营教导员	二纵队教导员	暂一师教导员	原三纵二十九团三营教导员	原三纵二十九团教导员
姓名	田祥瑞	武谨金	张树森	王正朔	邵孟武	苗兵
年龄					30	25
籍贯		山西文水			河北霸县	辽宁
入伍					1938年	1938年
入党					1938年	
牺牲经过	1940年清河战斗阵亡	1941年八区芝兰反袭击战斗阵亡			1941年9月固安杨庄战斗阵亡	1941年6月病故于河北安新

部职别	原三纵十人团总支书记	同团同职	同团教导员	同	同	同
姓名	刘锦涛	张根廷	梁健	葛一民	王秉愚	郭毅
年龄						
籍贯						
入伍						
入党						
牺牲经过	1942 年 7 月马福才战斗阵亡					1941 年清苑后蛇战斗阵亡

部职别	二纵队警备旅副教导员	三纵队警备旅特派员	雁北支队三营特派员	独一旅七一五团三营特派员	警六团营特派员	工卫旅二十一团一营特派员
姓名	李伦	郁英杰	秦光恺	唐子林	秦先开	张凯
年龄					23	
籍贯					陕西吴堡	山西沁县
入伍					1934 年	
入党						
牺牲经过			1944 年 6 月朔县丁寒山战斗阵亡	1940 年 10 月病故于临县	1941 年 7 月 27 日雁北寺台沟战斗阵亡	1941 年文云村战斗阵亡

部职别	警六团政治处特派员	警六团政治处敌工股长	三五九旅教导员	四纵队锄奸股长	四纵队十九团敌工股长	二纵队锄奸股长
姓名	王金相	贺立兴	陈敏哲	许昌和	吕梁	封士才
年龄	30	22	23		25	
籍贯	湖北	陕西神木	湖南茶陵		晋南	
入伍	1930 年	1937 年	1930 年		1937 年	
入党					1938 年	
牺牲经过	1939 年 2 月绥远厂汉营战斗阵亡	1939 年 2 月绥远寺台沟战斗阵亡	1941 年病故	1940 年 10 月方山东王坪战斗阵亡	1940 年吴城战斗阵亡	

部职别	骑兵支队锄奸股长	三五八旅七一四团教育股长	三五八旅七一四团特派员	骑兵支队特派员	三分区十七团一营教导员	二分区七一四团锄奸股长
姓名	杨根本	赵润夫	郑协元	孙泉清	扈俊英	戴世凯
年龄		22	31			32
籍贯		河北大兴	湖南华容	湖北石首	河北蠡县	湖南澧县
入伍		1938年	1931年	1931年		1935年
入党		1939年		1936年		
牺牲经过	1942年3月	1940年9月朔县谢家岭战斗负伤1941年5月牺牲	1940年6月19日米峪镇战斗阵亡	1942年2月	1944年6月14日马家圪瘩战斗阵亡	1943年1月14日病故

部职别	骑兵支队团特派员	独二旅四团民运股长	骑兵支队民运股长	四纵队十九团民运股长	原三纵二十九团特派员	八分区教育科长
姓名	邬光明	王殿荣	王占元	陈登华	苏树生	郝荣本
年龄	29	24		27		
籍贯	湖北荆门	山西宁武			河北高阳	
入伍	1933年	1937年				
入党		1937年				
牺牲经过	1940年12月病故于山西山阴县大沟	1941年3月4日病故于朔县		1940年11月离东阵亡	1940年5月河北固城阵亡	

部职别	二纵队六团敌工股长	三五八旅七团敌工股长	三五九旅七一六团副教导员	三五九旅七一七团三营分支书记	三五九旅七一八团二营分支书记	三五八旅七一四团二营特派员
姓名	张士进	王刚	张曙	张清	薛国维	许定平
年龄	32	29		29		31
籍贯	山西赵城	山东黄县		江西崇义	河北平山	湖北
入伍	1937年	1938年		1932年	1937年	
入党	1938年	1938年			1935年	
牺牲经过	1943年汾阳牺牲	1942年11月1日岚县双井战斗阵亡	1943年5月岚县东后村战斗阵亡	1939年6月20日灵丘占新战斗阵亡	1939年5月20日青羊口战斗阵亡	1939年7月病故

部职别	独一旅七一五团一营分支书记	特务团一营分支书记	三五八旅五团三营特派员	独一旅五团三营特派员	独二旅七一四团三营特派员	三五八旅七一六团三营特派员
姓名	王朗齐	郭邦执	邓正中	瞿勃然	刘忠贵	安维海
年龄	23		23		19	
籍贯	湖南桃源	湖北阳新	江西瑞金	河南沁阳	山西宁武	
入伍	1933年10月	1930年	1934年6月	1936年	1937年	
入党	1932年					
牺牲经过	1939年7月19日河北深县大冯营战斗阵亡	1940年3月23日普明战斗阵亡	1939年6月7日阳曲西庄战斗阵亡	1939年10月29日南石府战斗阵亡	1940年9月6日朔县石板沟战斗阵亡	1939年底在晋察冀反扫荡中阵亡

部职别	独二旅七一四团代理锄奸股长	独二旅供给处特派员	独二旅七一四团三营特派员	独二旅警六团一营特派员	三五八旅七一六团骑兵营特派员	二纵队警备旅副教导员
姓名	何中有	赵宗第	陈文恭	张树信	张义初	王文信
年龄	27	25	27	24	25	
籍贯	四川梓潼	陕西绥德	山西崞县	山西崞县	湖南	
入伍	1934年	1934年2月	1937年	1937年	1935年	
入党	1936年	1934年4月		1937年		
牺牲经过	1941年1月4日庄窝村病故	1941年5月30日保德冯家川病故	1942年4月朔县桃卜窳战斗阵亡	1941年7月27日雁北寺台沟战斗阵亡	1939年11月16日保城九窑子战斗阵亡	

242. 八路军第 120 师暨晋绥军区部队科、团以上干部烈士英名录（1945 年）

抗日战争时期一二〇师暨晋绥军区部队科、团以上干部烈士英名录

部别	职别	姓名	年龄	籍贯	入伍时间	入党时间	何时何地牺牲
动委会三支队	支队长	刘森唐		江西	长征干部	党员	1938 年 1 月于山西省清源县高白镇牺牲
三五八旅教导队	政委	郭有松				党员	1938 年 2 月 5 日于山西省阳曲县河口镇牺牲
三五九旅七一七团政治处	主任	刘理明	26	湖南浏阳	1932 年	1929 年	1938 年 3 月 12 日于山西省五寨县三井镇牺牲
三五九旅七一七团	政委	刘礼年	29	江西莲花	1931 年	1932 年	1938 年 3 月 30 日于山西省宁武县石湖河牺牲
动委会游击总队	代总队长	谭公强		江西	长征干部	党员	1938 年 5 月于山西省文城县牺牲
动委会一支队	支队长	周平	24	贵州	长征干部	党员	1938 年 9 月 18 日于山西省太谷县北沈村车站牺牲
独立五支队	支队长	张荣				党员	1938 年于山西省太谷县徐沟牺牲
大青山骑兵支队四支队	副支队长	黄镇	31	江西	1931 年	党员	1939 年 3 月于绥远武川县章日头牺牲
独一旅三团	政委	朱吉昆	28	湖北江陵	1930 年	1931 年	1939 年 4 月 24 日于河北省河间县南留路牺牲
独二旅五团	政委	赖辉	26	江西上饶	1931 年	党员	1939 年 5 月于山西省阳曲县西庄牺牲
彭五八旅独一团	政委	赖香宏		江西上饶	1932 年	党员	1939 年 8 月 11 日于山西阳曲县北小店牺牲
独一旅	参谋长	郑征	30	江西太和	1930 年	1931 年	1939 年 9 月 28 日于河北省灵寿县陈庄牺牲
独二旅	旅长	魏大光	37	河北霸县	1937 年	党员	1939 年 9 月 28 日于河北省霸县牺牲
独一旅二团	一参谋（原一团参谋长）	张荣	31	江西永丰	1931 年	1932 年	1939 年 9 月 28 日于河北省灵寿县陈庄牺牲
独立三支队政治部民运科	科长	赵发玉	23	山西汾阳	1938 年	1935 年	1939 年 9 月于河北省任丘县魏庄牺牲
独一旅七一五团	一营长（原一团副团长）	曾庆云	32	四川番新	1930 年	党员	1939 年 10 月 24 日于山西省灵丘县站上村牺牲
独立六支队	政委	胡一新				党员	1939 年 10 月于山西省右玉县杀虎口牺牲

抗日战争时期一二〇师暨晋绥军区部队科、团以上干部烈士英名录

单位	职务	姓名	年龄	籍贯	参加革命时间	入党时间	牺牲时间、地点
独立三支队锄奸科	科长	何定福	30	湖南浏阳	1930年	1931年	1939年10月18日于河北省蠡县鲍墟牺牲
三五九旅政治部组织科	科长	陈友元	22	江西莲花	1933年	1933年	1939年于冀中牺牲
一二〇师政治部锄奸科	科长	高尚凤		陕北		1933年	1939年于河北省饶阳县大尹村牺牲
决死二纵队政治部民运科	科长	刘俊才				党员	1939年于山西省泉子坪病故
大青山骑兵支队脑	主任	彭德大	29	江西吉安	1930年	1931年	1940年3月12日于绥远省武川县后脑牺牲
津南支队	政委	陈文彬	29	湖南茶陵	1933年	1930年	1940年3月22日于河北省新河县卫家庄牺牲
骑兵支队政治部组织科	科长	阎德明	32	安徽	1931年	党员	1940年3月于绥远省武川县牺牲
三支队司令部二科	科长	林青		四川大竹	1937年	党员	1940年5月于山西省静乐牺牲
暂一师政治部宣传科	科长	张固	29	山西五台	1937年	党员	1940年6月于山西省岢岚县康牺牲
独一旅政治部民运科	科长	邵玉树		河北任丘	1937年	党员	1940年6月于冀中牺牲
决死四纵队政治部	科长	董一飞	34	东北	1940年	抗战前入党	1940年6月于山西省交城县石沙庄牺牲
一二〇师政治部民运部	副部长	王邦秀	31	江西吉安	1934年	1938年	1940年6月30日于山西省交城县邓家沟牺牲
二分区司令部二科	科长	张源济	25	山西代县	1937年	1938年	1940年9月4日于山西省朔县大虫峪牺牲
暂一师三十六团政治处	组织股长（原36团代主任）	刘野平		吉林市	1937年	党员	1940年9月于山西省五寨县凤子头牺牲
大青山骑兵支队政治部工科	科长	王仪卿	28	山东胶东	1938年	1938年	1940年12月于绥远省武川县南沟子牺牲
三五八旅八团	副团长	左清臣	37	河北武强	1937年	党员	1941年1月10日于山西省阳曲县西庄牺牲
三五八旅八团政治处	副主任	黄湘				党员	1941年1月10日于山西省阳曲县西庄牺牲
大青山骑兵支队二团	团长	王贤光	28	湖北沔阳	1930年	1934年	1941年2月于绥远省陶林牺牲

抗日战争时期一二〇师暨晋绥军区部队科、团以上干部烈士英名录

单位	职务	姓名	年龄	籍贯			牺牲情况
决死四纵队政治部组织科	科长	金敏	29	辽宁	1939年	1935年	1941年2月病故
独二旅警六团	参谋长	秦实庵	31	湖南桑植	1930年	1934年	1941年3月11日于绥远省清水河县黑铁沟牺牲
一二〇师政治部敌工部	科长	王森铨	32	山东	1937年	1938年	1941年6月于河北省武川县牺牲
大青山骑兵支队四支队	政委	孙春热	24	江西	1930年	党员	1941年于绥远省武川县牺牲
决死二纵队四团	团长	王佃全				党员	1941年于晋西北牺牲
洪赵纵队	纵队长	宴显升				党员	1941年5月28日于山西省汾阳县牺牲
三五八旅人民自卫处	主任	张元和	28	江西吉安	1930年	1932年	1941年5月于陕西省绥德县病故
大青山骑兵支队四支队	支队长	张宝龙				党员	1941年牺牲
暂一师政治部组织科	科长	李虎臣	29	山西文水	1937年	党员	1941年于山西省岢岚县胡家矗牺牲
决死二纵队卫生部	部长	张汉斌	29	湖北石首	1930年	1935年	1942年1月16日于山西交城县中庄牺牲
三五八旅政治部总务科	科长	胡定民	35	湖北江陵	1934年	1935年	1942年2月6日于山西兴县曹家坡牺牲
二分区政治部组织科	科长	颜隆茂		江西莲花	1934年	1931年	1942年于山西省兴县病故
八分区	副司令员	刘德明	32	陕西礼泉	1931年	1933年	1942年2月17日于山西省交城县中庄牺牲
三五八旅政治部组织科	科长	顿德俊	32			党员	1942年春于山西省静乐县牺牲
大青山骑兵支队二团	代政委	刘水仔	29	江西莲花	1932年	1932年	1942年6月于绥远省陶林县牺牲
新军总指挥部队列科	科长	刘功章	25	江西兴国	1931年	党员	1942年6月13日于山西省汾阳县隆兴村牺牲
八分区司令部作战科	科长	赵永德	24	四川	1933年	1936年	1943年8月24日于山西省武家坡牺牲
二分区司令部武装科	科长	董东翘	35	辽宁	1937年	党员	1943年10月10日于山西省保德县康家滩牺牲

抗日战争时期一二○师暨晋绥军区部队科、团以上干部烈士英名录

单位	职务	姓名	年龄	籍贯	参加革命时间	党员	牺牲时间地点
工卫旅政治部武装科	科长	薛兮佐		山西平遥	1937年	党员	1943年于山西省文水县牺牲
一二○师留守处	主任	王祥发	34	江西兴国	1930年	1931年	1944年3月30日于陕西省后方医院病故
六分区三十五支队	参谋长	李兑林	30	山西崞县	1938年	1937年	1944年5月17日于山西省静乐县潘家湾牺牲
塞北分区司令部四科	科长	张逢福	38	湖北监利	1929年	1934年	1944年10月23日于山西省河曲县黄树坪牺牲
塞北分区司令部二科	科长	姚典训	30	江西安福	1930年	1933年	1944年10月23日于山西省河曲县黄树坪牺牲
塞北分区政治部	主任	曾锦云	36	江西永新	1929年	1928年	1944年10月24日于山西省河曲县黄树坪牺牲
塞北分区组织部	科长	谢礼云	29	江西吉安	1930年	1934年	1944年10月24日于山西省河曲县黄树坪牺牲
二十七团	政委	王兴隆		河北深县		党员	1944年12月于陕西省贺家川牺牲
南下支队杨支队一科	科长	吴柏平	25	湖南	长征干部	党员	1945年于湖南省岳阳牺牲
塞北分区政治部宣传科	科长	张明煦	33	四川	长征干部	党员	1945年春于山西省偏关病故
三分区司令部二科	科长	邢纪东	29	辽宁沈阳	1938年	1938年	1945年3月于山西省离石下水西牺牲
南下支队三大队（原七一九团）	大队长	廖光绍	33			1932年	1945年6月于山西省平遥县牺牲
南下支队二大队（原七一八团）	大队长	陈宗尧	35	湖南茶陵	1929年	1930年	1945年6月7日于湖南省岳阳黄岸市牺牲
南下支队一大队（原七一七团）政治处	主任	张云普	27	江西永新	1933年	1932年	1945年6月于湖南省岳阳牺牲
二分区三十六团	团长	高永祥	33	甘肃灵台	1930年	1932年	1945年7月于山西省神池县横山村牺牲
南下支队五大队	参谋长	刘仁		贵州毕节	长征干部	党员	1945年于湖北通山县牺牲
八分区二支队	支队长	吕怀忠		山西	1937年	党员	1945年8月于山西省文水县牺牲
决死二纵队政治部宣传科	副科长	周鹏成					

抗日战争时期一二○师暨晋绥军区部队队科、团以上干部烈士英名录

决死二纵队司令部一科	科长	张汉	
三五八旅政治部组织科	科长	阎德茂	
八分区五团司令部	参谋长	燕健	
八分区五团政治处	主任	郭建中	
决死二纵队卫生处	政委	牛继真	
三五九旅七一七团	政委	牛继会	
大青山骑兵支队一团	政委	崔炎	
工作团	主任	付及文	
六支队	支队长	宋延生	
工卫旅敌工科	科长	郭寿珍	
六分区	武工队长	周洪涛	

说明：1. 此烈士名单，是根据不完整的历史材料及采访调查登记的，错误和遗漏，在所难免，请了解的同志，给予补充和指正。

2. 因当时干部级别不十分明确，是按相当团级的职务登记的，有无不适当之处，或姓名、年龄、入伍、籍贯、入党年月、牺牲时间及地点有差错之处，亦请一并更正。

3. 凡调出一二○师和晋绥到其他战略区工作及在1945年10月以后牺牲的科、团以上干部，这里均不再登记。

· 2168 ·

243. 晋绥军区第6军分区一年来牺牲人员登记

（1945 年）

军区政治部

六分区十九支队牺牲人员登记

姓名	张艮桂	王艳斗	张有昌	白在前	宫新民	蒋根通	高二	高尚喜	武媚柱
籍贯	山西临县石庄村	山西崞县黑酒圪洞	山西静宁县苏家堡	山西兴县	山西静宁辉顺沟	山西静乐	山西朔县	山西临县石庄村	山西神池
部别与职别	一中队战士	一中队战士	一中队战士	一中队战士	一中队战士	一中队战士	一中队副班长	一大队一中队班长	十九支队特务连副班长
略历及死难经过	九月四日静乐木瓜山战斗	五月二十日静宁化北屯战斗	同上	四月十二日忻县上寺村战斗	同上	同上	八月十七日忻洲南卢子村战斗	九月四日静乐木瓜山战斗	五月二十七日宁化北屯战斗
备考									

姓名	王东有	高喜进	刘喜艮	解保泉	梁栋	王儿	染万贵	赵永生	张庭士
籍贯	河南人	山西临县郭家岔	山西临县月季村	山西崞县西常村	山西崞县任家沟	山西忻洲下柏沙	山西崞县	山西静宁盆子水	山西临县榆林沟
部别与职别	同上	同上	七中队战士	七中队战士	三大队七中队班长	三大队队部侦察员	二大队五中队战士	二大队四中队战士	一中队通讯员
略历及死难经过	同上	同上	忻州南芦子村战斗	同上	七月二十一日忻洲门闲石村战斗地雷踏响了死	五月十九日定襄李家庄战斗	九月二日静乐南沟口战斗	七月二十一日红崖上村战斗	静乐木瓜山战斗
备考									

六分区十九支队牺牲人员登记

姓名	崔善福	闫德海	梁恒江	沈计堂	李俊河	武双和	赵玉贵	张明星	王尚进
籍贯	山西忻洲西呼延村	山西忻洲宋家湾	山西忻洲温村	山西忻洲南营村	山西崞县陈家庄	山西忻洲赤水村	山西忻洲屯庄	山西忻洲大圪滩	山西静乐由泉平
部别与职别	同上	同上	同上	同上	八中队战士	八中队伙夫	八中队通讯员	八中队班长	三大队八中队文书
略历及死难经过	四月七日崞县贯上村战斗	同上	同上	同上	同上	同上	同上	同上	忻洲门闲石村
备考									

姓名	赵兴科	石五小	王双虎	王满喜	王六元	董二牛	郭自金
籍贯	山西忻县石盆子村	山西岢岚	新窑上	山西忻县石家庄	山西忻县五区温村	山西崞县五区	山西忻县五区温村
部别与职别	同上	同上	同上	同上	游击队员	忻县六区游击队队长	忻县五区游击班长
略历及死难经过	同上	静乐三区对子沟七月十九日战斗	同上	同上	同上	忻五区三月十五日驼林村战斗	崞县三区贯上村战斗
备考							（四月七日战斗）

原十九团牺牲人员登记

姓名	杨新	张庆山	葛万洋	温义玉	李少山	刘伟
籍贯	山西乡垣	河南		山西忻洲	河北	山西偏关
部别与职别	武工四大队副政委	四连排长	四连排长	原十九团四连政指	原十九团四连连长	原十九团一连副政指
略历及死难经过	十一月忻洲官庄战斗	同上	同上	在刘家塌战斗	在刘家塌战斗	在官庄战斗
备考						

六分区二十支队牺牲人员登记

姓名	郭五小	高来贵	王殿仁	高国伟	孙善保	吕凤祥	渠德大	王进德	李万清
籍贯	山西朔县	山西临县	山西汾阳县	山西临县	山西五寨县	同上	山西临县	山西五寨县	绥远
部别与职别	同上	同上	同上	同上	同上	同上	三连战士	三连班长	二十支队三连排长
略历及死难经过	塌坡泉战斗	官地村战斗	同上	同上	同上	同上	同上	同上	崞县马底沟战斗中被俘去
备考			(党员)						(党员)

六分区二十支队牺牲人员登记

姓名	王令法	李兰贵	贾蓝	王英花
籍贯	山西静乐	山西宁武	山西临县	
部别与职别	崞县武工队工作员	七连战士	七连班长	四连战士
略历及死难经过	在崞县战斗亡	四月细腰战斗	病亡	四月围困沟口战斗
备考				党员

244. 晋绥军区第 3 军分区一年来牺牲人员登记
（1945 年）

三军分区特务团牺牲人员登记

姓名	牛仁久	刘春光	李小堂	姚有治	严鸣武	孙继文	毕丕文	崔朝昆	丁少柏
籍贯	山西兴县	河北	河北	河北	湖南	河北	河北	山东	江西
部别与职别	一连战士	一连司号员	一连班长	一连排长	一连副连长	通讯连班长	通讯连侦察组长	政治处教育干事	特务团三营政治教导员
略历及死难经过	同上	同上	同上	同上	九月十五日方山开府战斗	被敌包围后决不屈服趁机跑时被敌打死	十一月八日于典亭遭遇战斗	同上	八月离石县官庄垣战斗
备考			党员	党员	党员			党员	党员

姓名	王志有	刘振斌	刘炳德	杨生	曹振东	刘俊升	李少清	王治山	田汗学
籍贯	山西兴县	河北	河北	河北	河北	河北	河北	河北	山西兴县
部别与职别	二连战士	二连班长	二连班长	二连班长	二连班长	二连排长	二连排长	二连排长	一连战士
略历及死难经过	七月二十三日郑家岔撤退时	九月十四日赤艰岭战斗冲锋	九月十五日开府伏击阵地	同上	同上	同上	同上	十一月七号兴县李家集战斗	九月十五日方山开府战斗
备考		党员		党员	党员	党员	党员	党员	

姓名	赵风山	薛金保	陈云汗	吕四庆	严朱儿	王四	康子东	胡增来	苏子千
籍贯	同上	同上	同上	同上	同上	同上	同上	同上	山西兴县
部别与职别	同上	同上	同上	同上	同上	同上	同上	同上	二连战士
略历及死难经过	同上	同上	同上	同上	同上	同上	同上	同上	同上
备考									

姓名	韩子耀	任世清	何冲林	任曹东	贾树义	黄金良	高如林	马七儿	刘玉柱
籍贯	山西兴县	山西	山西静乐	山西孝义	河北	河北	山西	山西兴县	山西兴县
部别与职别	五连炊事员	六连政指	五连班长	五连班长	一营部卫生员	三连班长	三连政指	同上	二连战士
略历及死难经过	九月二十日沙坡底战斗	九月病亡	同上	九月二十日临县沙坡底战斗	九月十五日开府撤退时	九月十四日赤艰岭肉搏战斗	九月十四日赤艰岭战斗	同上	十一月七日兴县李家集战斗
备考		党员	党员	党员	党员				

姓名	裴起科	杨占全	任炳支	白旺信	张秋香	王志明	任不久	王克清	高特拉
籍贯	同上	同上	同上	同上	同上	同上	同上	同上	山西兴县
部别与职别	同上	同上	同上	同上	同上	同上	二连战士	二连战士	二连战士
略历及死难经过	同上	同上	同上	同上	同上	同上	同上	同上	十一月七号兴县李家集战斗冲锋
备考									

姓名	张振胂	樊鸿云	武风城	高阵胂	白任有	彭儿令	杨保章	李茂花	孙古仁
籍贯	同上	同上	同上	同上	山西兴县	河北	四川	同上	山西兴县
部别与职别	同上	同上	同上	同上	七连战士	七连副班长	七连政指	同上	五连战士
略历及死难经过	同上	同上	同上	同上	同上	同上	九月二十日沙坡底战斗	同上	沙坡底战斗
备考									

姓名	陈学增	李满治
籍贯	山东	四川
部别与职别	十连战士	三营医生
略历及死难经过	八月官庄战斗与敌肉搏	十一月蔡家崖战斗
备考		

说明：1. 此登记内还有五个人不知其实情未写五连三个七连一个九连一个。

2. 另有六连三营部十连三个单位因无法调查没有完全登记起来，大约还有三十个上下未算入在内，因等材料来是困难的，故收进经了解的先发布之。

姓名	高文旦	业猫	丑牛	赵来喜	高玉熬	崔振德	高世昌	王记成	胡昌国	郭来后
籍贯	同上	同上	山西兴县	山西兴县	山西兴县	河北	河北安平	山西离石	湖北	山西兴县
部别与职别	同上	同上	同上	九连战士	九连班长	九连班长	九连班长	九连班长	九连排长	七连战士
略历及死难经过	同上	同上	同上	同上	同上	同上	同上	同上	八月离石官庄垣战斗	九月二十日临县沙坡底战斗
备考				党员	党员	党员	党员	党员	党员	

三军分区十七团牺牲人员登记

姓名	王建国	孟昭志	扈俊英	王世俊	刘金山	刘五奇	王香友	张朋霄	冯荫权
籍贯	同上	同上	河北蠡县	河北	河北无极	河北安平	河北安国	河北清苑	河北
部别与职别	一营机枪班射手	一营重机枪排长	一营教导员	同上	同上	侦察员	团侦察员	侦察队副队长	十七团作战参谋
略历及死难经过	八月时西属巴战斗亡	马家圪台敌合击跳崖牺牲	马家圪台敌合击伤后被俘不屈打死	五月在临县五区被敌俘打死	四月在圪洞被包俘后不屈被敌打死	三月在圪洞被敌包围亡	九月在三交被敌人包围后亡	十月三交追击敌人时亡	八月西属巴战斗中指挥重机枪阵亡
备考									

十七团牺牲人员登记

姓名	张长顺	魏槐林	李满川	张小五	宋茂林	刘振保	李火头	解义民	肖连山
籍贯	河北	河北	河北定县		同上	同上	同上	河北定县	河北博野
部别与职别	同上	同上	同上	同上	同上	同上	同上	四连战士	四连副班长
略历及死难经过	同上	同上	同上	同上	同上	同上	同上	六月六日马家圪台战斗亡	五月大岩战斗亡
备考									

姓名	赵庆德	史焕成	刘双羊	王小树	郄瑶昌	董凤太	王福林	李俊尧	张逢洲
籍贯	河北	河北定县	河北无极	河北	河北平山	河北定县	河北清苑	河北	无极
部别与职别	四连小炮班	四连班长	四连班长	四连班长	四连事务长	四连事务长	四连副排长	三连排长	四连排长
略历及死难经过	同上	同上	同上	六月六日马家圪台战斗亡	十月在袭圪洞战斗亡	同上与敌搏斗亡	六月六日马家圪台战斗亡	九月李家塬战斗亡	六月六日马家圪台战斗亡
备考									

十七团牺牲人员登记

姓名	韩纪福	王金生	王国祥	郭纪春	展丙礼	徐纯兰	杜三娃	彭茂同	谢会生
籍贯	河北定县	河北蠡县	河北安国	河北饶阳	河北蠡县	河北清苑	河北	河北定县	河北束鹿
部别与职别	十二连副排长	十二连排长	十一连战士	八连班长	八连连长	七连排长	同上	六连战士	六连班长
略历及死难经过	三月破马岚离公路在圪洞战斗亡	四月在张家山战斗亡	一月被敌合击亡	八月交口战斗亡（伏击）	八月在交口战斗亡（伏击）	七月袭击店坪负重伤后亡	九月因病回队时在大平被特务分子害死	同上	八月在西属巴战斗亡
备考									

姓名	齐振江	张正月	杨秋保	王金瑛	杜海金	冯纪坡	苏振坤	刘桂三	张清和
籍贯	河北保定	河北深泽	河北行唐	河北安国	河北定县	河北安国	河北无极	河北蠡县	河北定县
部别与职别	六连班长	同上	五连战士	五连战士	五连战士	五连副班长	五连班长	五连排长	五连指导员
略历及死难经过	五月袭击方山城亡	同上	同上	同上	八月西属巴战斗亡	五月神仙山战斗亡	八月西属巴战斗亡	五月神仙山战斗亡	八月西属巴战斗亡
备考									

姓名	张志
籍贯	河北元氏县
部别与职别	十二连战士
略历及死难经过	三月马家圪台战斗亡
备考	

说明：1. 此登记尚缺一营营部及一连十一连三个单位的在外因无有材料（十七团）

2. 离石支队临南大队临北大队无有材料，未登记。（这是整个分区缺少。）

三分区离石支队牺牲人员登记

姓名	郝外富	冯其有	高情孔	张树山	王文功	张成德	刘四有	任成金
籍贯	山西离石二区掌村	山西离石冯家沟	山西离石陈家山	山西离石墕头村	山西离石王家坡村	山西离石南墕村	山西离石铁留里	山西离石赤满圪村
部别与职别	二中队战士	二中队四班长	一中队队员	一中队队员	一中队副班长	一中队战士	大队部侦察员	大队部侦察副班长
略历及死难经过	同上	十月在李家垣白刃搏斗亡	三月在石家峁被敌伏击亡	八月在龙花垣上亡	在王家峁敌人伏击亡	三月在石家峁被敌伏击亡	九月在介东打伏击亡	十月王家坡侦察敌人杀了
备考		党员	党员		党员	党员		党员

三军分区临南大队牺牲人员登记

姓名	张开	高垲追	郭光华	闻贞受	宋文汗	张应支	刘吉生	李树华	郝德荣
籍贯	山西临县张家坡	山西临县姚则湾	山西临县郭家山	山西临县米家沟	山西临县宋家圪	山西临县张家圪塔	山西临县小塔村	山西临县樊家山	山西临南胡家圪凹
部别与职别	二中队战士	同上	同上	同上	同上	一中队战士	一中队班长	通讯员	大队队部侦察员
略历及死难经过	五月埋地雷被敌俘去	五月病亡	二月病亡	六月被俘	同上	同上	三交斗泉战斗亡	十一月通讯被俘去亡	六月三日三交侦察亡
备考									

分区司令部

姓名	崔勤	韩双茂		柳长根
籍贯	河北	河北献县		山西离石一区下垣村
部别与职别	侦察员	分区侦察排长		三中队队长
略历及死难经过	同上	七月在牛家岭被敌围		七月病亡
备考		党员		党员

临北大队牺牲人员登记表

姓名	郭福桃	郭德宋	铁毛
籍贯	山西临县三区柳福沟	山西临县一区延长村	山西临县五区野菲村
部别与职别	侦察员	一中队侦察员	临北大队部放羊生产员
略历及死难经过	三月大西沟敌人杀了。用铁条穿孔而烧死	三月在大西沟被敌俘去给敌洋狗活吃了	在唐家沟用手榴弹打狼不会打受重伤后而死
备考		做过四年工作	

245. 渤海军区军工科编制抗战八年来所受损失统计表
（1945 年）

吴江柳
张少白

年月日	地点	品名	数量		单价	总价	说明
1940.12.20	广饶二区大张淡	黑磺	4000	斤	10 元	40000	
×	×	礁子	500	斤	6	3000	
×	×	条子布	90	匹	500	45000	
×	×	大洋布	50	匹	1500	75000	
×	×	土布	60	匹	500	30000	
×	×	铜元	400	斤	10	4000	
×	×	洋油	6	筒	1000	6000	
×	×	丝线	2	斤	500	1000	
×	×	风钢丝	20	部	1000	20000	
×	×	钢锉	80	干	100	8000	
×	×	麻葛	6	匹	700	4200	
×	×	快硝	20	斤	300	6000	
×	×	硼砂	15	斤	300	4500	
×	×	漆片	30	部	200	6000	
×	×	皮带	120	条	100	12000	
×	×	枪背带	150	条	50	7500	
×	×	皮背包	5	个	1500	7500	
×	×	码线	5	卦	1000	5000	
×	×	杭弦	5	斤	1000	5000	
×	×	鞋子	20	双	100	2000	

年月日	地点	品名	数量		单价	总价	说明
1940.12.20	广饶二区大张淡村	硫酸	100	斤	800	80000	
×	×	棉花	320	斤	30	9600	
×	×	核桃木板	20	张	200	4000	
×	×	毡帽子	200	顶	30	6000	
×	×	手套子	150	付	20	3000	
×	×	肥皂	100	条	10	1000	
×	×	纱布	5	打	200	1000	
×	×	小铁锹	150	把	100	15000	
×	×	破枪	5	支	1000	5000	
×	×	火硝	600	斤	30	18000	
×	×	房子	10	间	4000	40000	
1941.4.25	×	洋钮子	20	个	50	1000	
×	×	木锉	15	千	30	450	
×	×	火钢丝	5	部	500	2500	
×	×	手榴弹	1000	发	20	20000	
×	×	礁子	1500	斤	6	9000	
×	×	房子	10	间	4000	40000	
1941.8.13	×	风钢丝	6	部	1000	6000	
×	×	水平	1	架	200	200	
×	×	手拧铣	3	千	20	60	

年月日	地点	品名	数量		单价	总价	说明
1941.8.13	广饶二区 张淡村	炭	2000	斤	2	4000	
×	×	礁子	1000	斤	6	6000	
1943.11.25	垦区一区 东北顷地	炮弹	600	发	200	12000	
×	×	地雷	80	个	1000	80000	
×	×	甘油炸药	500	斤	300	150000	
×	×	雷管	300	个	30	9000	
×	×	导火线	500	米尺	30	15000	
×	×	银元	150	元	50	7500	
×	×	柳木	500	料	200	100000	
×	×	钢锉	200	干	100	20000	
×	×	风钢丝	150	部	1000	150000	
×	×	螺丝钉	300	盒	40	12000	
×	×	明雄磺	50	斤	400	20000	
×	×	快硝	30	斤	300	9000	
×	×	水胶	30	斤	30	900	
×	×	鱼鳔	30	斤	200	6000	
×	×	文稿纸	30	刀	70	2100	
×	×	鞋钉子	150	盒	40	6000	
×	×	洋油	320	斤	20	6400	
×	×	生铁	3000	斤	2	6000	

年月日	地点	品名	数量		单价	总价	说明
1943.11.25	垦二区东北顷地	千子土	2000	斤	4	8000	
×	×	道轨铁	2500	斤	5	12500	
×		黑磺	200	斤	6	1200	
×	×	火酒	60	斤	2000	120000	
×	×	水银	2	斤	1200	2400	
×	×	杭弦	30	斤	1000	30000	
×	×	大瓮	35	个	200	7000	
×	×	洋漆	50	盒	20	1000	
×	×	铝	250	斤	10	2500	
×	×	风钢铣头	200	个	50	10000	
×	×	九二迫击炮	1	门	10000	10000	
×	×	房子	8	间	4000	32000	
×	×	铜	800	斤	10	8000	
×	×	棉衣	50	套	500	25000	
1938.8.27	长山八区葫茹峪	老虎钳子	2	把	2000	4000	
1939.4.10	邹平二乡礼泉寺	镟床	3	部	50000	150000	
×	×	摇铣	4	个	1500	6000	
×	×	老虎钳	50	把	2000	100000	
1939.5	邹平十三乡刘家井子	修枪工具	1	部		30000	
×	×	克兰式机枪	1	挺		10000	

年月日	地点	品名	数量		单价	总价	说明
1939.5.10	邹平十三乡刘家井子	土造步枪	5	支	1000	5000	
1940.12.17	长山八区八柱台	大风匣	1	面	3000	3000	
×	×	火炉	1	个		5000	
×	×	手榴弹头	500	个	10	5000	
×	×	老虎钳	4	把	2000	8000	
×	×	步枪	1	支	1000	1000	
×	×	子壳	3000	个	2	6000	
×	×	房子	32	间	4000	128000	
1941.9.24	长山八区东峪葫茹峪	大风匣	1	面		3000	
×	×	火炉	1	个		5000	
×	×	步枪	10	支	1000	10000	
×	×	军用铁锹	500	张	100	50000	
×	×	刺刀	100	把	100	10000	
×	×	手榴弹	600	发	20	12000	
×	×	铜元	400	斤	10	4000	
×	×	清水磺	150	斤	50	7500	
×	×	火硝	500	斤	30	15000	
×	×	房子	27	间	4000	108000	
1940.10	寿光六区牛头镇	床	2	张	250	500	
×	×	桌子	3	张	200	600	

年月日	地点	品名	数量		单价	总价	说明
1940.10	寿光六区牛头镇	铃盒子	4	付	20	80	
×	×	木样子	6	付	20	120	
×	×	炉子	1	套		500	
×	×	蚊帐	5	架	100	500	
×	×	房子	10	间	4000	40000	
1941.7.1	四边彭家庄	绒布条	2	卦	200	400	
×	×	风匣	1	个	500	500	
×	×	黑药	100	斤	50	5000	
×	×	手榴弹皮	800	个	10	8000	
×	×	手榴弹	1100	个	20	22000	
×	×	房子	5	间	4000	20000	
1942.12.12	博兴十区三里庄	手榴弹把	12000	个	2	24000	
×	×	木镟床	2	个	500	1000	
1943.11.21	垦区杨家村	钻钳	1	把	2000	2000	
×	×	小驴	1	匹	500	500	
×	×	炉	1	套		500	
×	×	风匣	1	个		500	
×	×	地雷样子	4	付	50	200	
×	×	手榴弹样子	20	付	10	200	
×	×	砂箱	15	个	100	1500	

年月日	地点	品名	数量		单价	总价	说明
1943.11.21	恳区杨家村	地雷砂箱	20	个	100	2000	
×	×	手钳子	4	把	100	400	
×	×	真子	1	个	500	500	
×	×	火钳子	2	把	100	200	
×	×	条筐	3	个	30	90	
×	×	大锤	4	把	200	800	
×	×	钻子挂板	4	套	100	400	
×	×	火棍	4	根	50	200	
×	×	小铁棍	114	斤	20	2280	
×	×	$1\frac{1}{2}$号铁丝	100	斤	100	10000	
×	×	铁筛子	6	个	400	2400	
×	×	宁麻	11	斤	10	110	
×	×	手榴弹把	2400	个	2	4800	
×	×	大木镟床	3	个	500	1500	
×	×	铣眼床子	1	个	500	500	
×	×	大小锯	11	把	100	1100	
×	×	大板凳	4	条	50	200	
×	×	小板凳	24	条	30	720	
×	×	大小刨子	34	把	100	3400	
×	×	爬子	14	把	50	700	

年月日	地点	品名	数量		单价	总价	说明
1943.11.22	恳区毛寺坨	冷泵	1	部		1000	
×	×	镟床	5	部	50000	250000	
×	×	大枪	7	支	1000	7000	
1944.11.21	恳区杨家村	房子	31	间	4000	124000	
1938.4.5	邹平二乡礼泉寺	步枪	140	支	1000	140000	
×	×	大铣	4	口	2000	8000	
×	×	房子	70	间	4000	280000	
1939.5.20	长八区牛家河滩	摇铣	4	口	1500	6000	
×	×	钻钳	2	把	2000	4000	
×	×	步枪	8	支	1000	8000	
1943.11.22	恳区东北顷	大钳	15	把	2000	30000	
×	×	摇铣	2	口	1500	3000	
×	×	风匣	4	个	500	2000	
×	×	长短枪	420	支	1000	420000	
×	×	房子	21	间	4000	84000	
		钢轨	1500	斤	5	7500	
		铁丝	720	斤	100	72000	
×	×	钢锉	450	千	100	45000	
×	×	棉衣	40	套	500	20000	
1939.11	临淄二区訾家葛村	木镟床	2	个	500	1000	

年月日	地点	品名	数量		单价	总价	说明
×	×	手榴弹	200	个	20	4000	
×	×	锯	4	把	100	400	
1943.11.21	恳区杨家村	马子锯	2	把	1000	2000	
×	×	斧子	8	个	50	400	
×	×	大小箱子	48	个	50	2400	
×	×	轮铣	1	个	1500	1500	
×	×	小铣	3	个	1000	3000	
×	×	蟹爬子	3	个	50	150	
×	×	钳子	4	把	100	400	
×	×	开锤	1	把	200	200	
×	×	大小锤子	210	把	100	21000	
×	×	桌子	15	张	200	3000	
×	×	房子	32	间	4000	128000	
×	×	步枪	3	支	1000	3000	
×	×	手枪	1	支	1000	1000	
×	×	雄黄	6	斤	300	1800	
×	×	杭弦	25	斤	1000	25000	
×	×	硝酸	8	升	1000	8000	
×	×	硫酸	2	升	800	1600	
×	×	火酒	2	筒	1500	3000	
×	×	漆片	54	斤	200	10800	
×	×	水银	2	升	1000	2000	

年月日	地点	品名	数量		单价	总价	说明
1943.11.21	恳区杨家村	铜条	30	斤	50	1500	
×	×	皮纸	5	刀	200	1000	
×	×	双抄纸	30	刀	30	900	
×	×	蜂腊	45	斤	200	9000	
×	×	鱼鳔	5	斤	200	1000	
×	×	忔药	20	斤	50	1000	
×	×	雷管药	20	斤	300	6000	
×	×	白药	2	两	1000	2000	
×	×	螺丝钉子	540	盒	40	21600	
×	×	礁子	3500	斤	5	17500	
×	×	铁	3700	斤	10	37000	
×	×	黑磺	300	斤	6	1800	
×	×	火硝	320	斤	30	9600	
×	×	花铁	7	张	200	1400	
×	×	骡子	2	头	10000	20000	
×	×	锅	4	口	500	2000	
×	×	盆子	60	个	50	3000	
×	×	大瓮	7	个	200	1400	
×	×	焊锡	11	斤	60	660	
		怪针	2	个	200	400	
1943.3.28	恳区十六村	房子	32	间	4000	128000	

年月日	地点	品名	数量		单价	总价	说明
1943.3.28	恳区十六村	大车	1	辆		10000	
×	×	骡子	3	头	10000	30000	
×	×	锉桌	1	张		1000	
1943.11.22	恳区毛寺坨	房子	40	间		160000	
×	×	大车	1	个		10000	
×	×	骡子	3	头		30000	
×	×	大风船	1	只		10000	
×	×	麦子	400	斤		2400	
×	×	小米	200	斤		1200	
×	×	二尺镟床	1	部		60000	
×	×	轻机枪	5	挺		50000	
×	×	88小炮	9	门		9000	
×	×	88小炮弹	600	发		60000	
×	×	钻钳	7	把		14000	
×	×	摇铣	2	口		3000	
×	×	砂轮	1	套		500	
×	×	大小钳子	200	把		40000	
×	×	生铁	2000	斤		4000	
×	×	铜	4000	斤		40000	
		钢	4500	斤		22500	
1939.11	临淄二区訾家葛村	斧子	2	把		100	

年月日	地点	品名	数量		单价	总价	说明
×	×	木锉	2	干		100	
×	×	洋木铣	1	干		100	
×	×	蟹扒子	2	个		100	
×	×	黑炸药	20	斤		1000	
1941.4.15	广一区毛王庄	压药碾	1	盘		5000	
×	×	火硝	200	斤		6000	
1941.6.15	×	黑磺	100	斤		600	
1941.9.11	×	大驴	1	头		1500	
1942.12.10	博兴十区袁家村	纯硝	200	斤		12000	
×	×	黑磺	150	斤		900	
1943.4.25	×	××	800	斤		4800	
×	×	纯硝	400	斤		24000	
×	×	大瓮	2	个		400	
×	×	火硝	1500	斤		45000	
1940.3	邹平十一乡南寺庄	面给养	1500	斤		15000	
1940.11	长八区小马峪	棉军服	400	套		20000	
×	×	裹腿带	200	付		40000	
×	×	军棉帽	100	顶		5000	
1941.4	长八区张家洞子	缝衣机	2	架		20000	
		洋布	10	匹		15000	

年月日	地点	品名	数量		单价	总价	说明
1941.4	长八区张家洞子	码线		卦		1200	
×	小马峪	房子	5	间		20000	
1941.11	恳区八大组	麦子	3	斗		600	
×	广饶七区六户	高粱	10	斗		600	
×	广饶七区沙营	大豆	8	斗		480	
1943.4.28	博兴十区袁家庄	毯子	1	床		500	
×	×	被子	1	床		300	
×	×	单衣	4	套		800	
×	×	棉袍	1	件		500	
×	×	大氅	1	件		500	
×	×	鞋袜	2	双		200	

以上所损失之东西共计5053750.00元

246. 抗日战争八年敌我兵力损失统计
（1945 年）

抗日战争八年敌我兵力损失统计

部别	项别	人数
敌军	毙伤	520000
	俘掳	6000
	投诚	800
	合计	526800
伪军	毙伤	490000
	俘掳	513000
	反正	183000
	合计	1186000
我军	负伤	290000
	阵亡	160000
	被俘	46000
	失踪	87000
	合计	583000

247. 平原省人民检察署编制的日军战犯罪恶摘要表

（1945 年）

日本战犯名单

平原省人民检察署

日本战犯罪恶摘要表（聊城专区）

姓名	年龄	部别职务	阶级	犯罪时间	犯罪地点	罪恶摘要
能登胜照	32	59 师团 45 大队第二中队副班长兵长	士级	1943.3	平原冠县	该犯亲自审讯了我四名游击队员经严刑拷打后被该犯杀死并强奸了我国妇女两人。
冈田英雄	31	59 师团 42 大队第二中队一小队第一班兵长	士级	1944	平原冠县	俘我游击队员二名，由该犯杀害更大肆抢夺财物。
井平茂三	32	59 师团 41 警备大队兵长	兵长	1942.8	平原莘县	该犯参加十次对我军扫荡，除领导属下抢夺当地居民更烧毁我村庄屠杀我无辜百姓。
矢野昇	33	59 师团工兵队兵长	兵长	1943.9 至 1943.12	平原省莘县大德头地方	该犯强奸两名中国妇女，并掠夺了植物油马匹等。
荒川春香	32	59 师团 54 旅团 109 大队第五中队	士级	1944.6	平原东阿县	该犯捕我进步群众交由日本宪兵队审讯，拘施以严刑拷打，其中八名被送交泰安日本宪兵队处理。
矢崎贤三	31	59 师团 53 旅团 44 大队	尉级中尉	1944.2	平原莘县（原山东）	（宫本，齐藤两人证言）该犯亲自砍杀一老百姓，并令其属下，烧毁了八个村庄。

战犯罪恶摘要表（聊城专区）

姓名	年龄	部别职务	阶级	犯罪时间	犯罪地点	罪恶摘要
菊池近次	32	59师团44大队机枪中队二分队长	曹级	1941 1942 1944	平原省阳毂 平原省阳毂东昌韩克（译音）东勃（译音）平原省阳毂东昌等城市	抢一家住户 扫荡作战中该犯亲自强奸我国少女，抢夺十家和平居民的粮食物资等。对我军扫荡时该犯大肆抢掠我市民及殴打我居民之罪刑。
伊桥彰一	32	59师团45大队伍长		1941.1 1942.10	平原省东阿附近方国（译音）地区（可能在山东省）	和我抗日游击队进行过战争和士兵们抢夺我和平市民的牲畜衣物等。与游击队进行战斗，捉我军战士一名，被其活活打死。并掠夺居民财物，鸭，牛，马，居民向其要就被毒打。
				1942.10.12	山东新泰平原东阿蒙荫莱芜地区	与我军进行四次战斗，并抢掠居民财物，强奸我国妇女，殴打百姓。
				1944.8	口屋（译音）地区（可能在山东省）	捉我地下党员一名，该犯亲自审问，并施以严刑拷打，灌凉水，过电等毒刑后，送师团部处理。

日本犯罪恶摘要表（聊城专区）

姓名	年龄	部别职务	阶级	犯罪时间	犯罪地点	罪恶摘要
菊池近次	32	59师团44大队机枪中队二分队长	曹级	1943	平原省东阿县（不确实）	该大队在扫荡中，俘我军战士一千余名并烧毁五所我居民房屋，抢夺约十五户，打伤两名妇女
金子安次	32	59师团44大队机枪中队班长	曹级	1940.9入伍 1941.4 1942 1943	平原省阳毂华北堪聶打捷克，东有马晓，年克金新高，打聶有（以上均译音）谢高（译音）但梭（译音）来布市（译音）爱阁奴（译音）	该犯参加过八十多次对我八路军大扫荡，所到之处均遭到其奸淫烧杀抢掠的祸害。
						杀死我三十个中国人 杀死十个中国人 杀死十个中国人 杀死二十多人
				1943	道也击动（译音）	抢了五十多家老百姓，衣食全部拿走，并强奸了五个姑娘，东西抢走后房子就烧了杀死二十多个人
				1944.10 1945	山东打捷把（译音）	扫荡时抓了60多名逃跑的老百姓，该犯监视，并加以审问，他首先用刺刀挑了一个中年男人，然后指着别的老乡说：假如不说出中国军队在哪里，将要遭到同样命运！

日本犯罪恶摘要表（新乡专区）

姓名	年龄	部别职务	阶级	犯罪时间	犯罪地点	罪恶摘要
菊池义邦	34	一一〇大队第四中队小队长		1943.5至6月	平原新乡	该犯参加扫荡作战，抢夺我二十多个村庄，将一切食物等都抢夺一空。
长田政雄	35	一一七师团第二〇四大队通讯中队分队长	曹级	1944年7月	平原省新乡鲁南分村	该犯率队向我军扫荡六七次，曾将我军被俘战士一名当作刺杀练习而刺死。
冈木铁四郎	37	一一七师团第三八九独立步兵大队情报部长助手	曹级	1944.9至1945.8	平原省新乡	该犯汇集有关我八路军游击队的情报，利用大批特务打入我群众中刺探我军消息，向日寇一一七师部汇报。
佐藤满男	33	一一七师团三九一大队三小队	士级	1944.2.至1945年	平原省新乡地区	该犯在战斗中抢夺我百姓金钱家畜粮食等并殴打居民，强迫给其运弹药。并刑讯我被俘战士，做刺杀练习，该犯亲身杀战士六名。

2203

日本战犯罪恶摘要表

姓名	年龄	部别职务	阶级	犯罪时间	犯罪地点	罪恶摘要
川岛武俊	31	六三步兵联队	少尉	1942 年	平原省辉县地区	该犯杀害我游击队员四十余名，俘二十余名均交旅部杀害，于商河附近该犯亲打死我游击队员四名，并抓捕我群众四名，亦均被该犯严刑拷打。
小野淳大郎	32	五九师团一一大队炮兵队伍长	曹级	1942 年 1943 年 5 月	山东省青岛附近 平原省新乡（译音）附近	向我八路军进犯时曾抢掠我百姓之粮食，牛、猪、马及其他物品等甚多。向我新四军进犯时炮击我和平居民死伤很多并对我居民抢掠，杀死居民四名，杀伤二名，抢牛三头，猪十一头，鸭三十五只。
根上民夫	32	二二一步兵联队	少尉	1943 年 11 月	平原省温县	该犯拆毁了我百姓十座房子，并将所有木头用作修兵营，此外还抢掠了我居民的粮食、牲畜等。
河原林真一	35	一一七师团一五六二九工兵部第二工兵中队长	中尉	1944 年 9 月至 10 月间	平原省辉县地区	该犯率领三十名士兵强修从石岭口到南口村的道路并在道路修了一座新木桥，当时抓我四百名居民在其暴力下修道，该犯在四天中就枪杀我居民四十余名。
加藤周司	32	五九师团四二大队一中队	曹级	1941 年 2 月	平原省武城县沙坛（译音）	该犯在扫荡中俘我战士十名，并亲自枪杀我三名战士。

日本犯罪恶摘要表

姓名	年龄	部别职务	阶级	犯罪时间	犯罪地点	罪恶摘要
越正	31	一一七师团第一独立旅团七六大队第二兵队长	士级	1943年	平原省永平县地区（译音）	该犯于邯郸地区以剑刺杀我五名被俘战士，又至彰德附近以棒拷打我十五名同胞，于永平地区不仅殴打我同胞，而且放火烧毁许多民房和村庄，并掠夺大量财物。

248. 军委卫生部编制的抗战八年中全军伤亡统计
(1945 年)

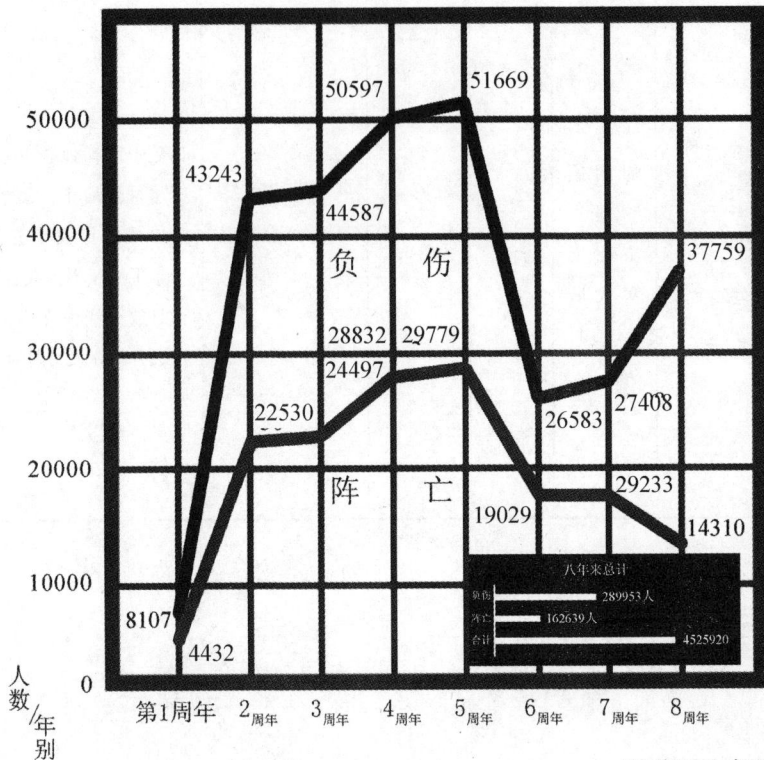

负　伤

阵　亡

50597　51669
43243
44587
37759
28832　29779
24497
22530
26583　27408
19029
29233
14310
8107
4432

八年来总计
负伤　289953人
阵亡　162639人
合计　4525920

第1周年　2周年　3周年　4周年　5周年　6周年　7周年　8周年

人数/年别

50000
40000
30000
20000
10000
0

军委卫生部医政处制

249. 晋冀鲁豫军区八年抗战中边区人员伤亡统计表
(1945 年)

1946 年 3 月份制

1. 边区人民被敌摧残伤亡统计

边区总人口	28000000 人	被敌屠杀	732000 人
负伤者	244000 人	遭敌拷打	6100000 人
被掳去壮丁	488000 人	受敌蹂躏后致成鳏寡孤独者	780000 人
流徙外出难民	3000000 人	因敌灾冻饿死	244000 人
旱水蝗虫等天灾死亡人口	860000 人	妇女被奸污	363000 人
被奸后患传染病者	122000 人	目前急待救济	4200000 人
八年总患疫病	12000000 人		

附注：

1. 人民被杀害最残酷为四三年春，仅冀南行政区，每村每日平均被杀一人。

2. 被掳去之壮丁逃回者仅三分之一。

3. 总人口之28000000 为目前调查确数。

2. 八年抗战中边区人民力役财产损失统计

损失品名		损失品数目	损失物品价值（法币）	
			单价	合计价
粮食		27450000000 斤	50 元	1372500000000 元
房屋		（间）4880000	50000 元	244000000000 元
力役折工		2928000000 个	500 元	1464000000000 元
金银折价		—	—	122000000000 元
铜锡		12000000 斤	500 元	6000000000 元
铁		36000000 斤	150 元	5400000000 元
农具		（件）80400000	5000 元	366000000000 元
被服		（件）97600000	4000 元	390400000000 元
树木		（株）8103000	2500 元	20328000000 元
家畜损失	耕畜	（头）1708000	75000 元	128100000000 元
	山羊	（只）3500000	5000 元	17500000000 元
	肥猪	（口）348000	30000 元	104400000000 元
	鸡	（只）73200000	500 元	36600000000 元
总共损失		—	—	4277228000000 元
备考		1. 力役负担 1940—1945 年来边沿区壮丁几全被征调，每丁每年按四个月计算，五年共计如上数。 2. 粮食损失只计算最严重之五年。 3. 铁损失统计只计算敌寇向民间征集的数目至于各大矿场之损失不在此数内。		

3. 八年抗战中边区文化事业受敌摧残损失统计

机关种类	被敌摧毁数目	每座需建筑费	共需建筑费
初级小学	46567 座	500000 元	23283500000 元
高级小学	1000 座	5000000 元	5000000000 元
中学乡师	400 座	10000000 元	4000000000 元
省立中学	50 座	200000000 元	10000000000 元
合计	48017 座		42283500000 元

Ⅳ. 社会福利事业（即目前急赈意见）

一、边区有孤苦儿童 200000 人，拟设托儿所 26 处，每处需法币 50000000 元，共需款 1300000000 元；

二、边区现患传染病者 1350000 人，拟设卫生医院 27 处，每处需法币 500000000 元，共需款 13500000000 元；

三、边区有重彩号之荣誉军人 50000（现仍住院者 30000 人），每人需救济费法币 100000 元，共需款 5000000000 元；

四、边区共有贫寒抗属 1200000 人，每人需救济费法币 10000 元，共需款 12000000000 元；

以上四项共计需法币 31800000000 元。

4. 边区行政区划、人口、土地一览表

名称	行政区 数目	冀鲁豫	冀南	太行	太岳	边区合计
人口	自然人口	13000000	7000000	5000000	3000000	28000000
	负担人口	11000000	7000000	4500000	2500000	25000000
辖行政单位	专署	7	5	6	4	22
	县	70	43	47	33	193
	市	3	2	3	—	8
	行政村	25000	14367	4800	2400	46567
耕地亩数		34100000	24500000	15300000	10000000	83900000
每人平均耕地		3.1	3.5	3.4	4.0	3.36 亩
备考		1. 负担人口与自然人口差数之 3.000.000 人口即由敌灾造成之无力负担难民。 2. 边区共辖之 193 县系战争中因敌分割而划小之县份，如按旧县制实 174 县，其中完整县 111，非完整县 63。				

250. 晋绥军区直辖兵团一年来牺牲人员登记
（1945 年）

军区政治部
军区直属各部牺牲人员登记

姓名	杨志诚	冯树海	杨占元	武文昌	秦拴柱	丁基	张守智	李芳	宋光普
籍贯	山西汾阳	山西临县	河北人	四川人	山西人	西安人	河北新乐县	江苏人	东北人
部别与职别	军区警备连战士	同上	同上	军区侦察连侦察员	军区政治部炊事员	军区政治部战斗报社记者	同上	二科侦察参谋	军区司令部二科股长
略历及死难经过	十月反扫荡中腹部中弹	十月反扫荡中被敌打死	十月反扫荡中侦察时遇敌被敌刺死了	十月反扫荡腹部中弹而亡	十月间因病积劳牺牲	八月在赤艰岭参加突击队冲锋打死	五月岚县唐家沟战斗突围牺牲了	四月兴县南沟与敌冲锋小腹中弹十余粒死了	五月岚县唐家沟侦察被敌包围打死
备考	（党员）		（党员）	（副班长）		（党员）	（党员）	（党员）	（党员）

姓名			郝长富	邓吉兴	李天喜	刘文秀	王银山	张士荣	张占林
籍贯				湖北石首	山西静乐	河北人	河北人	河北人	河北人
部别与职别			后勤工厂伙夫	原岚县武工队政委	同	同	同	同	军区警备连战士
略历及死难经过			病亡	任过民运科长兵工厂政委病亡于医院	开荒时四月间劳动过度死亡	因伤重死亡	同	同	十月反"扫荡"战斗中
备考				（党员）	他是劳动模范者				

二十一团牺牲人员登记

姓名	牛最连	李三多	贾来福	张耀	刘云	崔俊山	丁成玉	高尚荣	东信星
籍贯	山西兴县	山西兴县人	山西清源人	山西祁县	山西清源人	山西神池人	山西文水人	山西临县人	河北天津
部别与职别	同上	同上	二连战士	二连班长	二连班长	二连排长	一连伙夫	一连战士	二十一团一连连长
略历及死难经过	同上	同上	同上	同上	同上	七月岚县黄俭战斗	一月间因伤寒病亡	五月间南沟战斗	七月间岚县河口镇与敌肉博
备考									

姓名	游步成		李宽大	蒋维	顾福天	郝谦英	白春富	武丑三	高万年
籍贯	河北人			山西交城	山西交城人	山西文水	山西兴县	徐沟人	山西兴县
部别与职别	兴岚支队大队长		四连战士	四连战士	四连班长	同上	三连战士	三连伙夫	二连战士
略历及死难经过	七月岚县河口镇战斗与敌搏斗阵亡		十一月兰家塔战斗	二月病亡	十月反扫荡兴县沟门前战斗	十一月病亡	同上	十月反扫荡界河口战斗	七月岚县黄俭战斗
备考									

兴岚游击支队牺牲登记

姓名	白整齐	志二小	高登成	孙来步	白候银	李候小	关通职	刘云候	高秀云
籍贯	山西岚县	山西岚县	山西岚县	山西静乐人	山西兴县	山西兴县	山西兴县	山西兴县	山西兴县
部别与职别	同上	同上	同上	战士	兴岚支队班长	同上	同上	同上	兴岚支队战士
略历及死难经过	同上	同上	同上	七月河口镇战斗	同上	同上	同上	十月岚县界河口战斗	十月岚县界河口镇战斗
备考									

姓名		王全魁	杨海则	康喜则	张文化	李心明	吕金山	贾木明	段二维
籍贯		山西静乐	山西岚县	山西岚县	河北	山西静乐	山西岚县	山西兴县	山西静乐人
部别与职别		战士	战士	战士	战士	战士	班长	班长	兴岚支队班长
略历及死难经过		同上	同上	同上	同上	同上	同上	同上	七月间岚县河口镇战斗
备考									

<h2 style="text-align:center">二十七团牺牲登记</h2>

姓名	赵志化	孟老三	李迎花	佟连祥	陈有海	解申	马登水	冯文宾	李成
籍贯	河北永清		河北高阳		河北	河北安州	河北蠡县	河北深县	河北饶阳
部别与职别	四连战士	四连班长	四连班长	三连班长	三连班长	二连战士	二连战士	二连班长	二十七团一连战士
略历及死难经过	七月毛地战斗撤退		四四年七月毛地战斗撤退		炭窑庄战斗	十一月八日车家沟战斗	舍空塌战斗	病亡	急病阑肠炎
备考	党员		党员				党员		

姓名	侯双虎	赵洪彬	王宪瑞	刘润田	高文波	于云雨	李新友	徐小怀	李春德
籍贯	河北容城	河北霸县	河北固安	河北安次	河北雄县	冀东茶亭			
部别与职别	七连战士	七连班长	七连班长	七连班长	七连连长	六连战士	四连战士	四连战士	四连战士
略历及死难经过	同上	十一月七日孙家窑战斗	十一月六日曲家沟掩护时	同上	十一月七日孙家窑战斗撤退时	走火打死			
备考		党员	党员	党员	党员				

二十七团牺牲登记

姓名	张子清	韩宝贵	王德良	纪庆文	王廷粥	刘宝昌	崔田	贾什荣	乔振东
籍贯	陕西神府	河北宛平	河北固安	河北霸县	河北任丘	河北永清	河北新城	河北高阳	河北涿县
部别与职别	九连战士	八连战士	八连战士	同上	同上	同上	八连战士	八连副班长	七连战士
略历及死难经过	十一月九日在冯家沟腹部打伤	在黄河淹死了	同日打头部	同日打头部	十一月八日兴县羊干村打头部	同上	十一月九日马家垛战斗	病亡	十一月七日孙家窑战斗
备考			党员				党员	党员	

姓名	邢俊升	陈仓	刘殿英	蔡福田	孟岭	吴宝祥	赵德明	郭鑫	陈仲起
籍贯	河北定县	河北安新	辽宁金县	河北容城	河北任丘	河北大兴	河北安次	河北永清	河北涞水
部别与职别	十一连班长	十一连班长	十一连副连长	十连战士	十连战士	十连班长	十连副连长	九连战士	九连战士
略历及死难经过	同上	同上	十月沟门前战斗	同上	同上	同上	十一月车家沟撤退时亡	十一月九日腰部炮伤	十一月九日冯家沟腹部被敌人刺伤
备考	党员	党员		他是理发员	党员	党员	党员	党员	

姓名	张春德		黄树清	王国均	晋天仓	张有才	杨瑞田	
籍贯	河北定县	河北房山	河北房山	河北涞水	河北蠡县			说明：上面有些空格子因查问不出故无法登记
部别与职别	同上		同上	同上	同上	同上	十一连战士	
略历及死难经过	病亡		同上	同上	同上	十一月沟门前战斗	十一月交楼战斗	
备考								

251. 渤海军区抗战八年来卫生机关及粮秣损失一览表

（1946年2月）

抗战八年来敌伪军扫荡我卫生机关所受损失一览表

年月日	损失驻地	烧杀刺死	俘虏去数	烧房子数	合计洋	烧抢被服	合计洋	烧抢药品	合计洋	抢去给养	合计洋	抢去车马数	合计洋	抢去菜肉	合计洋	总计洋数
1938年9月18日	广三区崔家郭村									给养1250斤	1250元			肉25斤	25元	1275元
1938年12月26号	广三区后贾庄临四区耿家坡					123床	3690元									3690元
1940年9月15号	广三区后贾庄	烧死员1名														
1940年10月18号	蒲台三区北河头村	刺死伤员6名	俘去2名			被子200床衣服50套	14000元									14000元

续表

1941 年 7.1—7.7	广四区王昌屋子		军医看护长等 6 名耿中一、崔儒林、崔秀文、杨可风									马 8 匹	8000 元			8000 元
1943 年 4 月	八六组十四十五村博兴率集材料股	刺死伤员 14 名	34 名高华、于东文、杨山林、张口中	烧房 50 间	1000000 元	480 床	24000 元	21 大箱	850000 元	5000 斤	50000 元	马 3 匹大车 1 辆	35000 元	肉 100 斤菜 250 斤	1250 元	1960250 元
1943 年下半年 11 月 18 号	新立县八大股十四利、张家圈、小口夹河、广北王岗、沙营青坨子	杀死伤员 30 名工作人员 5 名	俘去伤员工作人员 53 名	400 间	2000000 元	被褥 3500 床布 800 疋	1756000 元	36 大箱棉花 1500 斤	330000 元	麦子 100000 斤	400000 元	猪 40 头羊 52 头骡马 15 头	650000 元	青菜 5000 斤	10000 元	5146000 元
1944 年 11 月 12 号	利泽张家圈小口子	杀死伤员 1 名区长		250 间	1200000 元							床 500 桌子 100 张、橙子 200 日用物品家具	650000 元			1850000 元
合计		57 名	95 名	700 间	4200000 元	1318 床	1797690 元	57 大箱棉 1500 斤	1180000 元	106250 斤	451250 元	骡马 26 头猪羊 92 头物品 300	1343000 元	肉 125 斤菜 5250 斤	11275 元	8983215 元

252. 冀晋区八年来医院损失调查统计表
（1946 年 4 月 30 日）

冀晋区医院损失调查表

冀晋第一医院

概括规模	名称	共有房间	设备合洋	药材合洋	工作人员数目	共有床位	住址
数目		465 间	17212551	28312161	388 人	650 个	阜平县大台村一带

所受损失		年份　数目　项别	1937 年	1938 年	1939 年	1940 年	1941 年	1942 年	1943 年	1944 年	1945 年	总计
房舍	间数			65 间	102 间	111 间	278 间	25 间	302 间			883 间
	合洋			5200000	8160000	8880000	22240000	2000000	24160000			70640000
资材	药材（合洋）			1151213	2510131	3132112	5121311	162112	7512341			19589220
	设备（合洋）			152131	173282	120135	313125	51301	421282			1231256
	合计			6503344	10843413	12132247	27674436	2213413	32093623			91460576①

① 原文如此，计算有误。

概括 规模	名称	住址	共有床位	工作人员数目	药材合洋	设备合洋	共有房间
	数目	阜平县大台村一带	650 个	388 人	28312161	17212551	465 间

所受 损失	项目 数目 年份	1937年	1938年	1939年	1940年	1941年	1942年	1943年	1944年	1945年	总计
	人员 工作人员		3	12	13	25	16	36			105
	人员 伤病员		5	55	65	83	29	108			345
	合计		8	67	78	108	45	144			449①

附记：

1. 币值说明：
年份1937年、1938年、1939年、1940年、1941年、1942年、1943年、1944年、1945年、1946年（据当时实物价格概括作比）
货比：1：2：6：30：160：30：500：800：1000。

2. 表中逐年之洋数都以当时实物价格，根据上项货比说明折合成现币。

3. 人员损失系指被敌杀戮或被俘。（一般死亡不在内）

4. 设备、药材、房舍等数目全为经常建制数，当消耗后或被敌人破坏后，都即设法补充之。

5. 1937年根据地新建雏形无统计存查未表，1944、1945二年间敌未至阜平，故无损失。

6. 房每间折现币80000元。

---

① 原文如此，计算有误。

冀晋区医院损失调查表

冀晋第二医院

概括规模	名称	共有房间	设备合洋	药材合洋	共有床位	工作人员数目	住址
	数目	450间	16213501	26312131	600个	367人	孟平县蛟潭庄一带

所受损失	项别 \ 年份		1937年	1938年	1939年	1940年	1941年	1942年	1943年	1944年	1945年	总计
资材	房舍	间数		72间	112间	132间	301间	31间	412间	65间	12间	1137间
		合洋		5760000	8960000	10560000	24080000	2480000	320000000①	520000000②	960000	90960000
	药材（合洋）			1121216	2311253	3630183	6121311	151121	8122342	512312	65213	22034951
	设备（合洋）			161312	183165	1211214	323126	53126	431325	61328	12512	1347108
	合计			7042528	11454418	14311397	30524437	2684247	41513667	5773640	1037725	114342059
人员	工作人员			4	13	14	21	26	38	2	1	119
	伤病员			7	65	72	73	101	132	3	2	455
	合计			11	78	86	94	127	170	5	3	574

附记：

1. 币值说明：
年份：1937年1938年，1939年，1940年，1941年，1942年，1943年，1944年，1945年，1946年（据当时实物物价概括作比）
货比：1：2：6：30：160：30：500：800：1000。
2. 表中逐年之洋数都以当时实物资格，根据上项货比说明折合成现币。
3. 人员损失系指被敌杀戮或被俘。（一般死亡不在内）
4. 设备、药材、房舍等之数目全为经常建制数，当消耗后或被敌人破坏后，都即设法补充之。
5. 1937年无资料计存查，故未统计。

①② 原文如此，计算有误。

· 2221 ·

冀晋区医院损失调查表

冀晋第三医院

概括规模	名称	共有房间	共有床位	工作人员数目	设备合洋	药材合洋	住址
	数目	475 间	620 个	375 人	18123125	26315180	唐县候各庄一带

所受损失	项别 \ 年份	数目	1937 年	1938 年	1939 年	1940 年	1941 年	1942 年	1943 年	1944 年	1945 年	总计
资材	房舍	间数		24 间	89 间	132 间	295 间	31 间	312 间	63 间		946 间
		合洋		1920000	7120000	10560000	23600000	2480000	24960000	5040000		75690000①
	药材（合洋）			1201512	3313125	3422123	5151312	196134②	6152135	51216		19484557
	设备（合洋）			162141	183078③	141125	353112	52125	481295	63212	8128	1444156
	合计			3253655④	10616143	14123248	29104424	2725259	31593430	5154428	8128	96608713
人员	工作人员			1	1	8	21	13	35	2	1	80
	伤病员			1	2	12	75	23	112		1	226
	合计			1	3	20	96	36	147	2	1	306

附记：

1. 年份：1937 年，1938 年，1939 年，1940 年，1941 年，1942 年，1943 年，1944 年，1945 年，1946 年（据当时实物价格概括作比）

货比：1：2：6：30：160：30：500：800：1000。

2. 表中逐年之洋数都以当时实物资格，根据上项货比说明折合成现币。

3. 人员损失系指被敌杀戮或敌俘。（一般死亡不在内）

4. 设备、药材、房舍等之数目全为经常建制数，当消耗后或被敌人破坏后，都即设法补充之。

5. 1937 年无统计存查，故未统计。

①②③④ 原文如此，计算有误。

冀晋区医院损失调查表

冀晋第四医院

概括规模	名称	共有房间	设备合洋	药材合洋	共有床位	工作人员数目	住址
数目	冀晋第四医院	385 间	1513126	23131655	550 个	355 人	平山下柳村一带

所受损失	项别	1937年	1938年	1939年	1940年	1941年	1942年	1943年	1944年	1945年	总计
资材	房舍 间数		13 间	85 间	103 间	218 间	26 间	295 间	11 间		751 间
	房舍 合洋		1040000	6800000	8240000	17440000	2080000	23600000	880000		60080000
	药材（合洋）		821351	1851108	2653181	4165215	133125	6953128	81215		16658323
	设备（合洋）		103755	181201	193125	311815	51216	471326	31260		1343698
	合计		1965106	8832309	11086306	21917030	2264341	31024454	992475		78082021
人员	工作人员			2	5	6	1	7	2		21
	伤病员		11	8	15	19	8	112	2		175
	合计		11	10	20	25	9	119	2		196

附记：

1. 币值说明：

年份：1937年、1938年、1939年、1940年、1941年、1942年、1943年、1944年、1945年、1946年（据当时实物价格概括作比）

货比：1：2：6：30：30：160：30：500：800：1000。

2. 表中逐年之洋数都以当时实物资格，根据上项货比说明折合现币。

3. 人员损失系指被敌杀害殴或被俘。（一般死亡不在内）

4. 设备、药材、房舍等之数目全为经常建制数，当消耗后或被敌人破坏后，都即设法补充之。

5. 1937年无统计存查，故未统计。

冀晋区医院损失调查表

冀晋第五医院

概括规模	名称	共有房间	设备合洋	药材合洋	工作人员数目	共有床位	住址
	数目	312间	12113165	18103173	295人	500个	灵丘下关一带

项别	年份	1937年	1938年	1939年	1940年	1941年	1942年	1943年	1944年	1945年	总计
所受损失 房舍	间数		12间	85间	103间	212间	45间	312间	12间	6间	787间
	合洋		960000	6800000	8240000	16960000	3600000	24960000	960000	480000	62960000
资材	药材（合洋）		132150	1341208	2671851	4172163	141210	3974126	65553	9265	12507526
	设备（合洋）		81265	121352	133125	401206	53301	451625	31201	1859	1274934
	合计		1173415	8262560	11044976	21533369	3794511	29385751	1056754	491124	76742460
人员	工作人员			2	5	25	21	31	1		85
	伤病员		2	4	15	86	69	138	2	4	320
	合计		2	6	20	111	90	169	3	4	405

附记：

1. 币值说明：
年份：1937年，1938年，1939年，1940年，1941年，1942年，1943年，1944年，1945年，1946年（据当时实物价格概括作比）
货比：1：2：6：30：160：30：500：800：1000。
2. 表中逐年之洋数都以当时实物资格，根据上项货比说明折合成现币。
3. 人员损失系指被敌杀害或被俘。（一般死亡不在内）
4. 设备、药材、房舍等之数目全为经常建制数，当消耗后或被敌人破坏后，都即设法补充之。
5. 1937年无统计存在，故未统计。

253. 晋察冀军区寇灾损失调查表

（1947 年 10 月 9 日）

晋察冀军区卫生部　寇灾损失调查表　1947 年 10 月 9 日填

损失类别 \ 项目 数目	损失物资数	折款数	备考
无线电台	部		① 骡子于平山桃园被敌人拉走二头（1941 年反扫荡时），炭灰铺反扫荡摔死二头。
电话机	部		
牛马驴骡共数	四头	一千二百万元	② 1943 年反扫荡被日机炸死蔡云霄殷子义伤傅唯一（阜平北瓜台）。
被服	一百零六件	七百五十万元	
粮食	八百斤	一百六十万元	③ 粮食苏家台刘家台玉米三百五十斤，炭灰铺小米四百五十斤。
桌凳	件		
饭具	三百件	三百万元	④ 棉衣苏家台十四件，炭灰铺四十五，件康尔沟四十七件。
文具	一百五十件	一百万元	
武器	一枝	一千万元	⑤ 棉花在阜平井沟损失。
医药器材	六十九箱	一万万五千万元	⑥ 药材：下店敌人挖去四箱，炭灰铺山上敌捣毁十五箱，1943 年在下店子丢十箱。
棉花	二百五十斤	二百五十万元	
纱布机子	一架	二百万元	
器械	二套	一千万元	⑦ 文卷系医务书籍等。
			⑧ 刘姓理发员和药厂石姓工人被打死。
共计		一万万九千九百六十万元	⑨ 1943 年 10 月被俘勤务员、护士各一名。

人员损失	亡		伤		共数
	四十人		二人		四十二人
	被俘未回		被俘已回		共数
					六
	因致残废数				

⑩ 干部杨达夫李光义在山西被敌刺死。

⑪阜平对子里 43 年死伤员十五人伙夫二人，上士一人，被俘六人，伙夫一人因被围上吊。

⑫在大油瓶村牺牲排级干部五人，护士一人。

⑬1940 年在阜平康尔沟损失棉被三十五条。

文卷损失	七箱

说明：一、折款数系以该项物资目前的市价折成边币。

　　二、人员损失内之死亡者应在备考内说明姓名，择其殉难时誓死不屈英勇斗争事迹附录于备考内或另纸填写贴于表背。

白求恩医科大学　寇灾损失调查表　1947 年 9 月 12 日填

损失类别 ＼ 项目数目	损失物资数	折款数	备考
无线电台	0 部		
电话机	0 部		
牛马驴骡共数	十头	二千伍百万元	
被服	五百四十件	三千八百一十五万元	
粮食	五万一千三百斤	一万零二百六十万元	
桌凳	六十一件	二百二十四万元	
饭具	三百五十件	三百五十万元	
文具	四千五百三十七件	九千六百四十五万元	1. 人员损失数中，详细姓名难以查考，仅知者为左克、傅文元、冯剑、段子毅、赵明、萧敏、陈朱全、古剑、朱顺贤、吴红等。赵明系一女同志，军四期学员，1940 年于华子沟被俘，带至平阳绑至树上刺死。
武器	步枪五支子弹二千发	三千五百万元	
医药器材	五百磅	一万万元	
器具	一百一十二件	五百六十万元	2. 个人损失未列入调查内。
钱	白洋三十五元边币七百二十元	七百七十三万元	3. 器具指酒缸（或成标本的）口袋、马具等。
电线	五百四十丈	五千四百万元	
房子（课堂）	二十间	一万万元	
共计		五万七仟零二百七十万元	

人员损失	亡	伤	共数
	二十六		二十六
	被俘未回	被俘已回	共数
	二	四	六
	因致残废数		

文卷损失	0 箱

说明：一、折款数系以该项物资目前的市价折成边币。

二、人员损失内之死亡者应在备考内说明姓名，择其殉难时誓死不屈英勇斗争事迹附录于备考内或另纸填写贴于表背。

白求恩医科大学　寇灾损失调查表　1947 年 10 月 9 日填

损失类别 \ 项目数目	损失物资数	折款数	备考
无线电台	部		
电话机	部		
牛马驴骡共数	六头	五百三十五万元	
被服	二百七十七件	一千六百一十七万元	
粮食	一千五百零一斤	五百零一万五千元	
桌凳	件		
饭具	一百五十件	一百五十万元	
文具	件		
武器			① 牲口内包括骡子一头，猪三口，奶羊一只，驴一头。② 被服内包括草褥子一百零八件，棉被六十六件，单门帘五十六个，棉衣四十七件。③ 粮食包括小米一千斤，海盐二百斤，油一百零五斤，炒面九十六斤，大米一百斤。④ 此系一典型材料，后附损失详表二份。
医药器材			
药品	一百六十四磅	一千零九万三千五百元	
注射液	八百十六支	一百九十二万元	
器械	一百九十五件	一万万四千九百八十一万元	
棉花	一百斤	一百万元	
共计		一万万九千零八十五万八千五百元	

人员损失	亡	伤	共数
	五		五
	被俘未回	被俘已回	共数
	一	六	七
	因致残废数		
文卷损失	办公箱六箱		

说明：一、折款数系以该项物资目前的市价折成边币。

二、人员损失内之死亡者应在备考内说明姓名，择其殉难时誓死不屈英勇斗争事迹附录于备考内或另纸填写贴于表背。

白求恩国际和平医院　寇灾损失调查表

品名	数量	合价	品名	数量	合价
石炭酸	8p	80000 元	安替披林	1P	270000 元
福尔马林	11p	220000 元	阿斯披林	3P	54000 元
来苏尔	3p	60000 元	黄碘	1P	224000 元
缬草丁几	3p	180000 元	里夫奴尔	2OE	400000 元
海葱丁几	1p	60000 元	硼酸	6P	300000 元
远志丁几	4p	200000 元	锰剥	$\frac{1}{2}$P	225000 元
杏仁水	3p	90000 元	养蓉末	3OE	18000 元
樟脑丁几	2p	80000 元	药特灵	2OE	16000 元
三黄丁几	10p	500000 元	麻黄素	2OE	340000 元
黄连丁几	9p	450000 元	黄降汞	1OE	130000 元
陈皮丁几	9p	450000 元	昇汞	1P	108000 元
芳香丁几	7p	350000 元	白降汞	1OE	15000 元
苦味丁几	4p	200000 元	阿特罗品	20g	16000 元
阿片丁几	2p	486000 元	红汞	1P	36000 元
火酒	15p	755000 元	卡非因	4OE	120000 元
凡士林	10p	240000 元	奴夫卡因	$\frac{1}{2}$P	225000 元
健胃散	15p	450000 元	磷古	2OE	160000 元
吡化铋	3p	108000 元	口卡因	1OE	96000 元
食盐	30p	270000 元	甘汞	$\frac{1}{2}$P	45000 元
抵痢散	8p	240000 元	硝酸银	3OE	330000 元
痢必停	6p	180000 元	蛋白银	2OE	160000 元
溴化钾	2p	360000 元	硝酸银棒	1OE	10000 元
溴化钠	1p	180000 元	麻黄素液	6 盒	180000 元
扑消丹灵	1p	50000 元	樟脑液	8 盒	240000 元
殁痛灵	2p	100000 元	重蒸馏水	30 支	90000 元
大黄末	5p	135000 元	副肾素液	6 盒	600000 元
托氏散	2p	120000 元	吗啡注液	10 盒	400000 元
杨曹	550g	66500 元	安钠加液	7 盒	210000 元
皮拉米东	0.5p	135000 元	德国六〇六	16 支	200000 元

白求恩国际和平医院　寇灾损失调查表

品名	数量	合价	品名	数量	合价
副木	30块	30000 元	手秤	2具	150000 元
消毒盘（大）	3个	90000 元	手术床	2具	1000000 元
消毒盘（小）	6个	120000 元	产床	2具	400000 元
托马氏架上肢	15付	750000 元	布篷	5个	5000000 元
托马氏架下肢	18付	900000 元	箱子	12个	1200000 元
药羔罐	8个	40000 元	手术衣	12个	840000 元
镊子	50个	250000 元	护士服	20件	1000000 元
手术器械	1套	120000000 元	吊桶	2个	60000 元
眼科器械	1套	17000000 元	磨口瓶	2箱	500000 元
大秤	1架	450000 元	脓盘	3具	30000 元

总计合价：161823500 元

①由阜平岭根损失的东西——炭灰铺山沟里敌人扫荡时

骡子一头	3000000	老母猪一口	300000
肥猪二口	900000	草褥子六十个	4200000
棉被二十条	1800000	小米六百斤	1800000
海盐一百斤	600000	油一百零五斤	735000
乳羊一只	400000	炒面九十六斤	280000
单门帘二十六个	840000	棉衣二十三套半	2870000
大米一百斤	400000	饭具一百五十件	1500000

俘去的人：女看护　白淑珍　杨素平　　　　　另有休养员五人

打死的人：休养员　郑四合（42团战士）等共三名

②由西胜沟红草湾与和平医院在葛么时损失东西：

棉被三十六床	2160000	草褥子四十八个	3360000
门帘三十个	990000	驴子一头	750000
小米四百斤（在青石山顶上）	1200000		
棉花一百斤	1000000		

牲畜被服粮食饭具等总计合价：28035000

晋察冀军区卫生部直属后方医院　寇灾损失调查表 1947 年 9 月 19 日填

损失类别 \ 数目 \ 项目	损失物资数	折款数	备考
无线电台	部		
电话机	部		
牛马驴骡共数	四头	一千万元	
被服	五百六十件	三千九百二十万元	
粮食	七千五百二十斤	一千五百二十万元	
桌凳	件		一、被服包括棉衣一百二十件，被子四百四十床。
饭具	二千三百件	二千五百八十万元	二、粮食仅以小米计算，事实上尚有大米白面。
文具	件		三、饭具包括蒸笼、面板、盆、碗、水桶等。
武器			四、药品仅将西药之规宁、次硝苍、甘汞、雷佛奴尔…等计出，其属自制药品未包括在内。
医药器材	二百五十磅	四千八百万元	
			五、因反扫荡伤病员转移死亡者，因年久及医院改组，人员多不在，故无法写出名单及人数。
共计		一万万三千八百四十万元	六、本表之调查数字系自 1939 年至 1940 年。

人员损失	亡	伤	共数
	五		五
	被俘未回	被俘已回	共数
	因致残废数		

文卷损失			箱

说明：一、折款数系以该项物目前的市价折成边币。

　　二、人员损失内之死亡者应在备考内说明姓名，择其殉难时誓死不屈英勇斗争事迹附录于备考内或另纸填写贴于表背。

伯华药厂　寇灾损失调查表 1947 年 10 月 3 日填

项目　数目　损失类别	损失物资数	折款数	备考
无线电台	0 部		
电话机	0 部		
牛马驴骡共数	十三头	二千六百万元	
被服	八十件	六百四十万元	
粮食	一千斤	二百万元	
桌凳	五十件	五百五十万元	
饭具	一百八十五件	一百八十五万元	
文具	二十五件	十六万元	
武器	枪二枝子弹三十	一千五百万元	
医药器材	二千五百磅	一万万元	
器械	八十件	八百万元	
新式洋房（工作室）	四十间	二万万元	
共计		三万六千四百九十一万元	

一、亡数十三人中，包括伯华药厂厂长范实齐，副厂长庄静山，技师石坦，通讯员李董毕，其他的人已不知叫什么名字。

二、被服包括被子二十床，棉衣六十件。

三、桌凳内包括桌子二十张，板凳三十条。

四、枪支系短枪一，长枪一。

五、工作室是制药用的，完全是自己盖的。

人员损失	亡	伤	共数
	十三		十三
	被俘未回	被俘已回	共数
	一	四	五
	因致残废数		
文卷损失		箱	

说明：一、折款数系以该项物目前的市价折成边币。

二、人员损失内之死亡者应在备考内说明姓名，择其殉难时誓死不屈英勇斗争事迹附录于备考内或另纸填写贴于表背。

阜平大油瓶惨案

1943 年秋季，日寇在大扫荡中，驻涞源马庄村敌人"察南部队"于 11 月 7 日黎明突然袭击我阜平五区大油瓶村（神仙山西边），惨杀我驻在该村的部队人员十五名，村民大小十三名。村中房舍三十余间全部焚毁，衣物用具尽数烧完。

我伯华制药厂干部、工人十余名和卫生部休息的残废人员七人，还有华北联大学生数人，转移坚壁于大油瓶村。在 11 月 7 日天刚发亮，人们还在睡中，敌人就由神仙山的西面山上下来，包围了该村，以两挺机枪在该村的对面山上向村中扫射，并有小炮轰击约半小时，当时驻在村中的我部队人员和居民闻枪声后奋勇向村外乱冲，因敌人枪火密集，将跑出屋外的人群都射死在山坡上、村口边和田垅中。

我伯华药厂厂长范实齐同志，跑出屋门即被射倒，敌人进村后将村中房屋点着，将他拖至燃烧着的房檐下，身上压了一块大石头，烧成焦尸。还有我负伤未死的干部、工人和群众十余人，敌遂用刺刀个个戮死。有卫生部休息的两个十五岁的女护士，敌人用刺刀刺入阴部而死。

藏在屋中的人们，敌人即拖出令其集合在村边的小场中，拷打后俘去我部队人员七名，内有女的三个，工人四个（后逃回）。

敌人把村中的衣物用具，令群众搬出集在一起用火燃烧了。

此惨案只人员的损失如下：

伯华制药厂厂长范实齐，技师石坦，文书李××，通讯员李董毕，并俘去工人五个。卫生部休息残废干部五人，护士二人。

联大学生两人被打死，两人被俘。（后逃回）

村中群众牺牲十三人，共计三十三人。

财物的损失：房子三十余间，衣物用具全数烧毁。

伯华药厂副厂长庄静山同志于同一时间在厂坊村（距大油瓶十余里）带领工人十余名转移，与敌遭遇牺牲。

附录：

1. 八路军第129师关于防止日寇投毒事的命令
(1939年5月20日)

第一二九师命令

队字第65号

1939.5.20

于本部

日寇用尽各种方法，实行他毒攻政策。最近，发现敌探奸细混入我军放毒。例如，随校查出小汉奸混入充任公务员放毒于食品马料中者多次。五旅特干在寒王镇途中遇敌探用毒气筒放毒受伤。前次师设留守处查出混进小汉奸任公务员三名，均系做放毒刺探军情工作。最近师政查出驻地水井敌探放毒等语。师部去年9月16号队字防毒命令及同月30号防毒通报与师政几次防毒训令及通报指出注意防毒的具体办法，据最近发现之事件与检查结果，证明对防毒注意得不够。

另一方面，最近根据集总通报，向我进攻之敌不断放毒气，而我师和辽战斗之事实亦证明此点，兹再次提出具体防毒办法于下：

1. 严格遵照师部去年9月16号发下防毒命令及30号制造简易防毒面具的防毒通报，趁此整训准备战之时，根据通报办法督促卫生机关在6月20号以前每人及牲口完成一个简易防毒面具，购买材料开支先作预算，报师批发。

2. 应根据师发翻印集总防毒教育参考材料二种，与抗日战场二期关于防毒的战术问题及防毒通报，在干部战士中作广泛深入的防毒教育，每排应建立毒气侦察员一名，选择耳鼻锐敏者充任，以备作战防毒警报观察员之用。

3. 提高全体干战对毒气有正确的了解与认识，干部经常注意防毒教育及防止汉奸夸张毒气声势吓人。特别在作战以前，干部应协［助］卫生人员有周到的准备，养成部队对毒气有正确的观念与认识。

4. 根据最近防毒经验，窒息性瓦斯，黄色似茴香味的毒气。如中毒时呼吸即短促咳嗽，轻者用水洗背即愈。催泪性瓦斯，似莲花香味毒气。中毒者流泪不止，轻者用清水洗数次即愈，重者用盐水洗即止，此经验可采用之。

5. 在部队与居民中进行扩大反敌毒攻宣传和提高警觉性，发动与组织群众看守水井。部队尽可能做到必需品以团、营为单位统一购买（如：油盐菜蔬、牙膏、牙粉、肥皂、鞋袜等），买时要商号切实保险和有发票，可疑物品应协同卫生人员加以研究化验及严密厨房组织。

此命令在干部中讨论，战士中上课，在6月20号以前将成绩报师。

此令

师长　　刘伯承　　政委　　邓小平

副师长　　徐向前　　主任　　宋任穷

参谋长　　李达

2. 八路军野战政治部为揭穿日寇残杀俘虏的暴行并追悼200余被害的抗日志士的通知
(1940年)

十八集团军野战政治部为揭穿日寇残杀俘虏的暴行并追悼200余被害的抗日志士的通知

今年七月太原敌人秘密屠杀被俘的抗日志士，先后共计200余名，其中有我八路军、中央军、晋绥军的官兵。今年7月第一次将俘虏营里调出200，并［借］口将你们送到关外做工，实际拉到太原小东门外东北角的乱坟滩里，在一个预先挖好的土坑沿上单排起来，用刺刀一个一个不声不响的刺杀了；7月半三百个中又一次的用同样办法暗杀了数十人。7月26日又用作工的名义调出人十余去残害，其中知名者有我军干部张友炳、袁立夫、赵毅、陈良诚、梁耀、关子如、裴一平、韦公束等同志，我们的赵培宪同志就是从这一次从日寇的血刃下逃回的。世界上那再有比这样更凶恶野蛮毒辣令人切齿痛恨的事吗？然而这次仅是几年来日本几百件残害俘虏罪行中的一次而已，我们为了控诉日寇一贯的虐待屠杀俘虏的罪行，暴露其阴谋欺骗诡计，要把这一件事实向全世界人士宣布，向全国人民宣布，向根据地、敌占区的一广大民众宣布，向我全体党员和全军战士宣布，向友党友军宣布，要揭露日本法西斯强盗的滔天罪恶，因之各兵团政治部在接到这个通知后应采取下列的方法即刻进行工作：

〈一〉在各种报纸杂志上宣布这件事实，并写专门的论文以声讨之。

〈二〉在今年九一八纪念日要召开群众大会、军人大会、支部会议、干部会议等，一面追悼此次在太原被害的二百余名抗日志士，一面要［向］广大群众、战士、党员、干部进行宣传教育，号召为死难烈士复仇。

〈三〉把这一事件编写成小册子、传单并制成壁画、标语到各处张贴散发，要在地方群众中部队中深入教育。

〈四〉把这一件事做为对敌政治攻势重要内容之一，广泛向敌军士兵、伪军伪组织、敌占区人民进行宣传鼓动，共同向敌伪宣传时要同我党我军对待俘虏的政策、优待俘虏的事实对比起来。

〈五〉我们要特别向被俘过来的日本士兵宣传，揭发日寇所谓大东亚圣战的真质，以启发他们的思想，发动他们把我们优待日本士兵弟兄的实情写信告诉敌兵，并可发动各地觉醒联盟发宣言告日本士兵书（用日本文），揭穿日本法西斯的真面貌，事后我们要协同友党友军与我们（因为此次太原被难的）二百余名民族英雄复仇，我们要团结要携手并要为打倒灭绝人性的野蛮的日本法西斯野兽而斗争。

野政

3. 晋察冀军区司令部关于防范敌以投毒方式谋害我军民的通知
（1941 年 2 月 9 日）

通知 2 月 9 日于本部

  据报"近敌在食盐中放以毒药，以便衣或汉奸拐入我驻地附近，丢弃街头，以图谋害我军民"。又息，"敌派出特务汉奸对我外出活动之少数人员劫其武器实行暗杀"等情，希各部注意防范为要。

  右通知

  军区司令部

晋察冀边区敌寇暴行的零星材料之（五）放毒　　　晋察冀日报编

地区		放毒暴行发生的时期	材料来源	毒害人数	备注
县名	区村名				
峄县	石地坪	1946.6.9	1940.7 × 日本报	数十人中毒	敌迫女子小孩数十人回村，聚集一处放毒，大半中毒。
曲阳	六区西流德村	1941.4.5	1941.5.6 本报	200 中毒	抓捕民夫 200 人为敌修路，在修路时敌施放毒瓦斯，全被昏倒，敌又用冷水喷醒以开玩笑。
行唐	游击区	1941.5 月间	1941.5.16 本报	中毒死 4 人	敌人假称给小儿童种牛痘，实际上是打的毒针，现已有四个儿童中毒身死。
望都		1940.1 月×日	1940.2.24 本报	中毒 100 余人	施放毒气

说明：材料太少，所以不用。

4. 晋察冀日报社编制晋察冀边区敌寇暴行统计表（1941 年 5 月）

晋察冀边区敌寇暴行的零星材料之（一） 奸淫统计 统计包括时期：一九四〇年三月至一九四一年五月 晋察冀日报编制

县名	区村名	奸淫暴行发生的时期	材料来源	奸淫人数：所谓"普通"方式的奸淫	轮奸	奸伤	奸死	先轮奸后杀死	共计	备注
浑源	×区小道沟	1940 年 3 月	一九四〇、四、十本报	10 余人					10 余	被奸淫者为七十岁老妇及十二岁之幼女。
灵丘	南山	一九四〇年五月日以前不久	一九四〇、五、十五本报			32	数名		32 又数名	
盂县	温池	一九四〇年四个月来	一九四〇、五、一一本报		130				130	每星期抢架青年妇女八人供其轮奸，四个月来约计为上数。
晋北	晋县城、侯城、田村、位村	一九四〇年九月间	一九一四、四、一一本报	32				1	33	1. 被轮奸后喂了洋狗而死。 2. 另有一个正在分娩的奸妇的妻，被一敌兵将收生婆用剃刀赶走，任意加以玩弄，尚未包括在内。
代县	一、三、八三个区	一九四〇年九、十月	一九四〇、一一阵地报	100 余					100 余	包括老幼妇女
五台	下耿家庄	一九四〇年十一月某日	一九四〇、十一、十一阵地报					1	1	轮奸一十八九岁的女后，以剃刀剌入阴户而死。
涞源	×区	一九四一年三月至五月		500					500	
井陉	某地	一九四一年三月至五月		900					900	强迫青年妇女照相，勒送据点内供其奸污，每夜约十数人。每夜以十人计，三个月来约计如上数（有时被奸死）。

地区		奸淫暴行发生的时期	材料来源	所谓"普通"方式的奸淫	奸淫人数					备注
县名	区村名				轮奸	奸伤	奸死	先奸后杀死	共计	
井陉	北障	一九四一年最近五个月	一九四一、五、十四本报	1500					1500	每天敌寇向该村要十几名妇女带着红被子，供其强奸，五个月合计为上数。
定兴	东娄山村	一九四一年春季×月	一九四一、五、二十本报	200余					200	
涞源	一、二、三区	一九四〇年冬季"扫荡"期间	一九四〇、十三、七挺进报 一九四一、五、本报	4274					4274	
总计	十县：一个县城七个区和十个村庄的总计	由1940年3月至1941年5月		7516	130	32	数名	2	7680 又数名	最低限度的数字7690

说明：（1）这是非常不完全的统计，包括的地区仅仅是十个县份的一个县城七个区和十个村庄。而且还不包括只用文字叙述而未写出具体数字的奸淫暴行事件。因此，被奸淫的总数7690，乃是最低最低限度的数目。

（2）所谓"普通"方式的奸淫，系对待轮奸而言，因无以名之，名之曰"普通"。其中究竟用什么方式，尚不能查明。

晋察冀边区敌寇暴行的零星材料之（二） 烧杀统计 统计包括时期：一九四〇年一月至一九四一年五月 晋察冀日报编制

地区		烧杀暴行发生的时期	材料来源	杀伤人数			烧房间数	备注
县名	区村名			死亡	受伤	合计		
浑源	×区小道沟	1940.3月	1940.4.10本报	3		3		杀死的是老头子
	一、五区	1941.1.7	1941.2.8本报	6		6		村级干部，新战士5
灵丘	昆仑崖村	1940.4.14	1940.5月×日本报	2		2	10余间	其中有一个两岁的小孩，用棉被裹住烧死
	银厂	1940.3.24	1940.3.31本报	24		24	45	用机关枪扫射
	三区，招柏村	1940.2.22	1940.3.7本报	21	射伤的未统计	21	数十间	尚有未射死的，带回敌占区；城内煤窑三人弟兄惨杀
	银厂煤窑	1941.1.4	1941.2.7本报	4		4		煤窑三人弟兄遭惨杀
	八区，古之河	1941.1.11	1941.2.22本报		1	1		用剁刀剌死
繁峙	南山	1940.5.15以前不久	1940.5.15本报	66		66	5965	另奸死数名未计在内
	仲沟村、灌峪村	1940.×月.28日	1941.1.14本报	13	9	22	6	
代县	一、二、八区	1940.九、十月间	1940.10.11阵地报	12		12	20余村庄	惨杀，20余村变成焦土
广灵	五区	1941.二月间	1941年5月25本报	60	13	73	21	另外烧柴火159斤未计在内（破坏春耕）

续表

县名	区村名	烧杀暴行发生的时期	材料来源	杀伤人数 死亡	杀伤人数 受伤	杀伤人数 合计	烧房间数	备注
五台	南茹、毛家村、苏子坡、南北大贤、掌村	1940年7月间某日	1940.7.16 阵地报	19		19		其中有活埋的
	八个区	1940.10月底统计	1940.11.11 阵地报				100余村庄	
	下耿家庄			1		1		一个十八九岁的女子，被轮奸后杀死
	四区大建安等九村	1940.12月	1941.1.14 本报		15	15		村级干部捕去被杀
	温池	1940.4.26前不久	1940.5.11 本报				10余间	
盂县	×××	1940.9月间	1940.10.10 本报	50余		50余	20余村庄	
	十一区、羊毛市村	1940年冬季某日	1941.1.18 本报	270		270		机枪扫射，全村人口共计为前数
	张家崄	1941.3月至5月某日	本报尚未发表电稿	50余		50余		驱入一室被烧死
定襄	神山、芳兰、青石、王进村、史家岗青五村	1940.4.27及5月4日两次	1940.8.1 阵地报	12	31	43		捕去43人，放回31人，被打成残废，惨杀12人
平定	×××	1940.9月间	1940.10.10 本报	100余		100余	20余村庄	
寿阳	王村	1940.10月间×日	1941.1.25 本报	200		200		全村人口共计3百，杀死三分之二
阳曲	三区、薄营村	1941.1.18	1941.2.15 本报	27		27		惨杀

续表

地区		烧杀暴行发生的时期	材料来源	杀伤人数			烧房间数	备注
县名	区村名			死亡	受伤	合计		
望都	柳纥村	1940.4.6	1940.3.31 本报	59		59		村级干部59名被捕去杀的太惨
	×××	1940.1 月	1940.2.29 抗敌三日刊	20多		20余		被冰水浇死和活埋
高昌		1940.2.16	1940会上				13户	
唐县	回家庄等四村	1940.2月间二次	会上	19	2	21		刺刀刺死，机枪射死
行唐	五、六区	1940秋选时期×日	1940.9.16本报	9		9		区级干部及工作人员被惨杀
	两游击区，东流营，瓦仁，五、七区	1941.3月上半月	1941.3.2本报	5		5		破坏春耕，5人被刺死
平山	县城及东关郊外	1941.4月3日和3月11日两天内	1941.4.18本报	35多个人	90余	125多		强迫民夫修碉堡及城墙被砸死、砸伤，打伤
	回食附近，屯头、河西南望楼等村	1941.4月间	1941.5.14本报	32		32		被敌强迫修点工事，被打死
	西鲍村，邱滨村	1941.4月30日	1941.5.10本报	3		3	10数间	
井陉	横涧西，正丰两矿	1940.3.22日及25日	井陉县1940年工作总结清	2100余名		2100余		矿内起火日寇强迁工人及救火
	二区，北防口	1940.4.19	1940年本报	4	24	28	30余	刺死2人，伤6人，20人藏在石洞内，被敌烧死2人，火重伤18人（晕去）
	南防口	余	余	30		30		捕去30人活埋

地区 县名	地区 区村名	烧杀暴行发生的时期	材料来源	杀伤人数 死亡	杀伤人数 受伤	杀伤人数 合计	烧房间数	备注
正定	×××	1940.8.17	1940.9.14本报	6		6		县区级干部被惨杀
曲阳	曹家疃，沙侯村磨罗村西坡等	1941.2.13日至18日	1941.3.1本报	13	6	19		
平西某县	小峰口二村	1941.1.7	1941.2.1本报	30	20	50		飞机轰炸
徐水	八区，史庄	1941.1.1	1941.2.26本报	8		8		民兵，被喂洋狗丧命
涞涿	毅玉村，王各庄等村	1941.2月	1941.3.5本报	13	6	19		飞机轰炸
定兴	车娄山村	1941.春某月份	1941.5.20本报	30余	10余	40余		惨杀
建屏	东冶村，孝庄，里庄	1941.4.29晚	1941.5.10本报	4		4		刺刀刺死
	×××	1940秋季×日	1940.9.31本报	2		2		妇女被惨杀
安国	安国城流昌	1940.7.17及16两日	1940.8.5冀中导报	32		32		均作壮丁被浇活埋者23人杀死者9人
各地		1940.夏季某月份	1940.9.4会上报	1000余		1000余		敌寇隐避于青纱帐内劫杀村民；一日来近千余名。
滨南		1940.3月至12月十月内	本报电稿，尚未表	914		914		

続表の右上: 续表

地区		烧杀暴行发生的时期	材料来源	杀伤人数			烧房间数	备注
县名	区村名			死亡	受伤	合计		
晋北县	侯城	1940.9月某日	1941.4.11本报	1		1		强迫一个六十岁的老人，强奸他的女儿不肯就剌死
总计	26县	一九四〇年一月至一九四一年五月	（1）本报（2）阵地报（3）冀中道报（4）本报尚未发表电稿（5）并经本年工作总结	死5311① 死伤未曾分开计算者100②	206③	5617④	160 村庄 又13户又 数十间又 8097间	

说明：

(1) 这是非常不完（全）的统计，仅仅包括二十六个县份的零零碎碎的材料，只有文字叙述的实体数字的烧杀暴行事件，尚不包括在内。

(2) 统计的数字：死伤共计5617人，及烧房统计（160个村庄整个烧光，又加上13户，又加上809间，又加上数十间）都是最低限度的统计数字。

①②③④ 原文如此，计算有误。

晋察冀边区敌寇暴行的零星材料之（三）抢掠统计
（一九四〇年二月至一九四一年五月）

县名	区村名	抢掠暴行发生的时期	材料来源	粮食（包括种子）	白面	山药旦	食盐	耕畜（牛、骡、驴头数）	羊	鸡	犁	炊具	锅	用具	衣被	柴火	树木	良田	其他损失折价元	金钱	备注
浑源	×区小道沟	1940，3月	1940，4，10本报		100余斤	500斤															
	南山	1940，5，15，以前不久	1940，5，15本报	8石				48		200只									75000元		
灵丘	昆仑崖村	1940，4，14	1940，5月×日本报	11石				81													
	银厂	1940，3，24	1940，3，31本报					51	170只												
	淮招招柏村	1940，2，22	1940，3，午末报					56													
繁峙	某村	1941，3月底至5月其间一个月内	本报尚未发表的电稿					40													
	数村	合上期间	合上					60													
广灵	第五区	1941，2月间	1941，5，25本报	90石				163					21口	关安口19张 口袋91袋	衣491件	159斤					破坏春耕
	台孤	1941，4月下旬	1941，5，10本报	180000斤																	
五台	东冬器、毛家村、苏子坡、南北大贸等村	1940年7月间某日	1940，7，16阵地报																	白洋1800元	

· 2245 ·

续表

地区		抢掠暴行的发生时期	材料来源	粮食(包括种子)	其他食物			耕畜(牛、骡、驴头数)	家畜及家禽		农具及炊具			用具	衣被	柴火	树木	良田折价元	其他损失折价元	金钱	备注
县名	区村名				白面	山药旦	食盐		羊	鸡	犁	炊具	锅								
忻县	××一村	1941, 4月上半月	1941, 4, 20本报					数十头													
定襄	全县×	1941年春	1941, 5, 23本报论文														100 000余株				
行唐	两个游击区，东流营瓦仁、五、七区	1941, 3月上半月	1941, 3, 21本报	22车										桌椅10余件							破坏春耕
四专区	全专区	1941年3月至4月	1941, 5, 21本报															75440亩			在各汽车路及铁路两旁□□
井陉	二区北防口	1940, 4, 19	1940, ×月×日本报					□头													
井陉	二区南陉，南防口杨清、刘家会、洛阳五个村	1941前五个月内	1941, 5, 14本报						900	1000余件		500口								款280000元以上	强行索款以上数
定南	数村	1941, 3月至5月中的某一天	本报商未发表之电稿																		

· 2246 ·

续表

县名	区村名	抢掠暴行发生的时期	材料来源	粮食（包括种子）	白面	山药蛋	食盐	耕畜（牛、骡、驴头数）	羊	鸡	犁	农具炊具	锅	用具	衣被	柴火	树木	良田	其他损失折价元	金钱	备注
深南	各村	1940.3月至12月十个月中	全区	米麦白面豆玉米等达7769914斤				1816	161	47		85669件			被16640 烧衣服141606件					款196582.66元	
叶城	敌占区	1941春季	1941.5.3本报																	白银30000以上	抢夺富户白银约值上数
总计	一个专区十个县	一九四○年二月至一九四一年五月	（1）本报（2）本报尚未发表之电稿（3）阵地报	109石22车 7769914斤	100斤	500斤	15袋	2295头另数十头	170只	1724千只	1000件	85669件	521口	井安口19张 口袋91条 桌椅10车	衣142097件，被16640 衣被共计：158697件	308 674 24	10000株	73440亩	75000元	白银30000元 白银1800元 款1938266元	

说明：
(1) 这是非常不完全的统计，仅仅□□□的零星材料，只有文字叙述而具体数字的抢掠暴行事件当不包括在内；
(2) 统计的各项数字，都是最低！

5. 晋察冀军区司令部关于防敌鼠疫问题的通知

（1941 年 12 月 14 日）

通知

12 月 14 日于本部

作区字第 5 号

据边区公安局得定县公安局本月 11 日报称"定县敌命令爱护村送老鼠一只，阴谋制造鼠疫菌向我边区散布毒害我军民"，似此险毒阴谋望各部应严加防范为要。

右通知

军区司令部

6. 八路军总司令部关于防范日寇散放毒气的训令
（1942 年 3 月 14 日）

训令　42 年 3 月 14 日于总司令部　　　　　　　　　　　　　地字第 4 号

查近日敌对我华北各个根据地进行大规模分区扫荡中，除到处进行血腥屠杀，奸淫抢劫外，并大肆散鼠疫病菌与各种毒气。现已经我军查觉者，在冀中正定、无极、及束鹿地区相继散放带有鼠疫杆菌之疫鼠极多，该鼠生者若患病状，行动甚为缓慢，死者腰弯曲遍身显有红斑点，猫食之后，猫全身颤抖，发生高热，就地乱转，怪声吼叫，不三日而死。3 月初扫荡冀鲁豫边区时，亦复散发疫鼠甚多。在此次扫荡太行区中，于残留未烧之房屋、桌椅、家器内，大半涂置油状芥子气毒汁。中毒者全身红肿，溃疡以致血肉整块脱落而死。亦有因吸芥子气而窒息者。同时敌于所弃之大米，罐头，军器，服装，鞋袜，纸烟等用品食物中亦多置有毒气，藉以引诱与欺骗，以伤我军民，而我军民因中毒而死或病者为数已属不少。按：鼠疫为世界上最烈性之传染病，系由接触空气等传染，昔日患者死亡率达百分之八十，至今仍少特效药。芥子气号称毒气之王，为烈性、糜烂性之毒质，于此春冬之季其毒性能持续保存三月之久。此类险恶毒辣阴谋至为残暴，而我军中一般对防菌防毒之教育，甚为不够，诸多军人不识此种烈性病菌与毒质之毒害，而疏忽大意不以为然，此实为增长此种菌毒之作用，血的教训，不应重复，兹特训令，并规定下述防毒防菌办法。

一、部队行经或居住敌人到达之村庄，必须事先派防毒或卫生工作人员，着防毒面具等，周密检查，证明确未散放病毒者方能居住。

二、任何人员发现毒质或疫鼠应立即报告该主管首长或卫生机关，立即隔离，设法进行消毒，任何人员不得擅入封锁地区。

三、敌人所遗弃之任何物品均不能随便拾捡与使用，须经专门人员检查与搜集之。

四、已经塗中毒之食品，必须埋藏或烧毁，已经带有毒质的家器，用品，已经完全消毒后并经相当时日确已证明无毒者，方准使用或烧毁之。

五、应将毒气、毒菌之性质、作用，其严重性，及防菌防毒办法，深入教育，使每一战士均能彻底了解，并向附近居民广泛宣传。

以上所述各条，事关我部队巩固，身体安全，以求避免无意伤亡，粉碎敌寇此种阴谋毒计，仰即一体遵行为要。

此令

总司令　朱德

副总司令　彭德怀

7. 八路军第 129 师司令部关于做好防疫工作的通报
（1942 年 3 月 24 日）

第 129 师司令部通报

于本部　队字 1 号　　　　1942. 3. 24

据报：直属单位发生传染性的病员多人，究其原因如下：

1. 春至天气渐暖臭水中脏，内细菌繁殖，对起居饮食不加注意因而生病。

2. 敌寇放毒放病菌于本区，各地若对防毒疫不加注意易中毒计。

为不重复上述现象，须进行下面工作：

1. 军民成立联合卫生委员会，彻底进行驻地卫生，铲除脏物臭水（麻池），换以新水，厕所（军人的）自挖，个人则按时洗涤衣服消灭虱子。

2. 对居民对部队进行深入的春季卫生教育，务使全体军民重视防毒，认识春季卫生之重要。

特此通报

参谋长　　李达

8. 晋绥军区卫生部关于防敌鼠疫细菌流行情况的通报
（1942 年 3 月 28 日）

通报第二号　3 月 28 日于军区卫生部

顷接总部电：敌人在我各个抗日根据地到处施放鼠疫菌，流行甚激烈。为了防疫与治疗起见，现有以下之办法作为各卫生机关部队之参考。

据我们在 1933 年福建永平县发生鼠疫时到处公布之治疗，治愈不少，处方如：

草麻 2 两　鳖甲 1 两　鲜手指甲　甘草 2 两　雄黄 5 钱　携栖 1 两　用水煎服。

又处方　草麻二两　鳖甲 5 钱　口尾 3 钱　甘草 3 钱　用水煎服。

以上之处方，据一般在治疗试验，草麻为治鼠疫有效药品，希各部队及卫生机关注意收集以上之药材，以便预防。

特此通报

军区卫生部

9. 太岳纵队司令部关于预防敌人施放鼠疫的通报
（1942 年 4 月 30 日）

太岳纵队司令部通报

　　＜战抗字第六号＞

　　于本部　　1942.4.30

　　——集参通报——

　　据晋西北报称敌，近来不断收买利用烟赌流民，予以短期之训练后派回根据地，进行散放鼠疫及探我军情工作。现已被我某部捕获一个汉奸，名刘补生，系临县人，去年扫荡时加入了东村的警备队，经训练后于 4 月 11 日派出，共 5 人，携带鼠疫毒气到兴县进行活动，其主要任务是散放鼠疫，建立坐探与破坏我军各种组织，现已在临县白木附近放了一次毒气，利用烟赌朋友，亲戚关系建立了五六处坐探。现我除对这五人所发展的坐探严加侦察捕捉外，并希各部通知所属，预防敌人散放鼠疫法。

　　此通报

参谋长　毕占云

10. 晋察冀军区司令部关于防敌以毒药破坏我军力量的通报
（1942 年 5 月 5 日）

通报 1942 年 5 月 5 日于军区司令部　作军字第 26 号

一、据冀中所获可靠之情报，敌对我敌后抗日根据地之军民实行以毒质之毒害与破坏以减低我之力量。如：

1. 将带侵蚀性的药品溶解于擦枪油内售给我军，用以擦枪后扩大火器口径减弱威力。

2. 置慢性毒药于食盐中，低价输入边区出售，使我军民食后损坏健康与体力。

3. 置慢性毒于手巾、肥皂上，输入边区出售，以损害我军之视力。他如：大量散布毒菌加大我人口之死亡率，减少我兵源等已详前通报。

二、根据敌人这种毒辣手段，我军民应严加防范，兹提出以下几项防范方法以作参考：

1. 擦枪油我方应努力研究代用品，惟根据以往试验经提练之植物油因含有硬质酸成份仍有侵蚀作用。除军区工业部门正在积极研究外，各部亦应注意研究并将所得报来。

2. 由敌区买来之食盐，无论其是否有毒，先在锅内炒一次再吃。同时由卫生部门注意化验其毒质，拟定解毒方法。凡经敌人许可运入边区出卖之盐，尤须注意大量输入者则不宜购买。

3. 手巾与肥皂均可不买敌区运来的，可用布或边区造之毛巾、边区所造之肥皂代替。为了避免牙膏、牙粉中放毒，可以食盐代之。

关于敌人散布毒质毒菌与我之对策另有详细通报。

各部接此通报后，应更进一步的研究防范的各种方法，以免中毒。

上通报

军区参谋长　唐延杰

11. 山东纵队卫生部关于防止鼠疫的指示
（1942年）

一、敌人为了加紧统治华北，配合其新的冒险，日来手段愈加残酷毒辣。除对各根据地进行其烧杀抢掠捕捉壮丁外，最近在冀南及其他地区施放鼠疫，以达到其彻底破坏抗日根据地之毒计。日前在冀南清丰等地向居民每两田赋要鼠两个，制造鼠疫，准备在我根据地内大量施放。为了揭破敌人这种残无人道的罪行和防止鼠疫的发生及传播，凡我根据地军民应广泛宣传动员，利用各种宣传方式如化装街头剧等，使每个军民对鼠疫之危害及预防有足够的认识，随时警惕便于防止，今将鼠疫征状及预防办法列述于下，希各部队详加研究并及时深入动员为要。

二、鼠疫传染后，为害甚大，死亡极速，被染者多在2至5日内死亡，一般死亡率在80%以上。

三、敌人最近利用老鼠散布以下三种病症：

①由鼠疫

②由鼠伤寒

③由非耳氏病（weie disease）即流行螺旋性黄疸症其症状如下

①由鼠疫有败血、化脓、溃烂、咳嗽、咳血、窒息、皮肤发泡破烂、疼痛及高热等症状，被染后即迅速死亡，并无妥善治法。

②由鼠伤寒，如副伤寒，但产生皮肤红斑，传染后亦急速死亡，由鼠传染。

12. 晋察冀军区关于防敌催泪瓦斯事的通知

（1943 年 1 月 3 日）

通知

1 月 3 日于本部　　　　　　区字第 12 号

敌人此次进攻冀中五分区，使用窒息性与催泪性瓦斯，所得预防之经验：

（一）除带防毒口罩外，还要预备防毒药水沾在口罩上，且紧盖口鼻，如中毒而呼吸困难者，注射康福那心；如心脏衰弱者，注射毛地黄；流泪者用重曹水洗服，涂重曹膏；对不省人事者用人工呼吸法。

（二）口罩使用时必须严紧，药水须沾周到，呼吸宜平静。

（三）风度太快时毒气无效。

以上望各部严加注意并深入教育。

右通知

军区司令部

13. 晋察冀军区关于防范细菌传染事的通报
(1943 年 5 月 23 日)

通报五月二十三日于本部　　通字第四十八号

　　接集总转闫司令长官十五日通报

　　敌近日由东京运沪大批毒菌，并指定福民医院为组织细菌培养之场所，以期到处传播，造成巨烈之传染病。其毒菌共分五种：

　　（一）鼠疫，（二）霍乱，（三）伤寒，（四）白喉，（五）赤痢，等该毒菌制成如雪加烟式，分蓝黄白色之玻璃瓶装置，敌利用各种方法阴谋混入我各地区，抛置于井中或农民室内等情，望各部特别注意并转告各当地群众严加防范为要。

　　右通报

军区司令部

14. 晋察冀军区关于预防日军施放毒气的通知
(1943 年 7 月 1 日)

通知

七月一日于军区司令部

残暴的日本帝国主义，除了用其大量的海陆空军向我国进攻外，并在各战线屡次施行其野蛮的毒气战，残杀我军及其战地附近的人民，而尚不以为满足，在最近数月来，更将各种毒药暗地施放在各种食物中（糖、香烟、食盐、辣椒粉等类）以毒害我国军民，并已发现多次的事实，始终没有引起大家的充分注意。军区最近迭据各方报告，发现群众有吃食盐中毒者，当即昏迷不醒人事，生命难保，此种危险若不迅速设法制止，则后患不堪设想，因此特规定如下的办法：

（一）各边区（与敌人交界处）担任警戒部队（自卫军、游击队及正规军），必须严密检查入境小贩，当其到达哨所时，将食物令其先行尝试，验明无毒然后准其通过，否则一律不准入境，并将人物扣留，送交所属上级机关处理。

（二）利用社会关系或内地商人尤其是贸易局到日军驻地内整批去买或想其他的各种办法进入保定、石家庄等地去买。

以上办法希各部队及地方武装、民众团体切实注意为要。

右通知

军区参谋长唐延杰

15. 八路军第129师司令部关于严防敌施放毒药的通报

(1943年8月29日)

第129师司令部通报

队组字第七号 1943.8.29 于本部

在国特敌奸打成一片,大量向我根据地渗入与破坏的情况下,最近后勤部被一汉奸混入厨房,以讨饭为名,乘机下毒,致使全体人员身体痉挛,筋骨酸痛,急救数日,始脱险境。而□县七原村亦发现一个十三岁的小孩,拿毒药三包,向老百姓水缸内投放,被人捉住。□□河南店等地,亦先后捉住往井中放毒的小孩及男女成人各一,上温村则发现汉奸往南瓜、茄子上注射毒针,食之即死。

根据以上情形,实值得我们万分注意与警惕,我们应深刻认识此辈奸徒所施之危害手段,虽属无孔不入,而最危险的,则尚不在外来丑类对我之威胁,而实为我全体人员昧于今日生死斗争之尖锐形势,未将政治警觉性提至应有高度,未将除奸防谍之重要,贯彻于各单位之每一成员,并联系到每一成员之切身利害。

为确保今后根据地全体军民生命安全计,各机关部队应立即讲求以下各种必要之措置,教育所属,严加防范,忽再麻痹疏忽,熟视无睹,必招致更严重之恶恶果,遭受不应有之损失。

一、水井要一律作盖子,(驻军应负责作)水池要派专人看守。

二、村指挥部及驻军,要有重点的进行突然的清查户口和进行抗日联保,并派民兵夜间在村之周围及菜地秘密巡哨。

三、如发现有可疑分子或行人时,应立即扣留详细盘查,并报告有关机关处理。

四、厨房及家中,应随时留人照看,不让外来大小男女随便进入院内,水缸、锅灶、菜缸应特别注意盖好(饭堂一律不让外人入内)。

五、文件、枪支等物应特别注意保管,并应特别保守秘密(尤其是首脑机关所在地)。

六、加强边地游击警备地带具体检查工作。禁止外来灾民随便入境(根据地内灾民例外)。如发现有偷漏进来之外区灾民,应设法阻止其前进,并沿村转送其回籍(遵照边府军区七月廿四日联合命令实施)。

此通报

参谋长 李达

16. 晋察冀军区医疗队灾区疫病调查统计表
（1943 年 9 月）

晋察冀军区医务统计之十五

　1943.8—9 月

　医疗队灾区疫病调查表

　统计室制

1943. 8—9 月
医疗队灾区治疗村数病员数总统计表

区别 数目 区分	灵寿 一区	灵寿 二区	灵寿 三区	灵寿 四区	平山 十区	平山十 一区	行庸一、 二、三、 四区	总计
村数	19	26	47	26	16	27	45	206
病员数	1096	1457	2158	1439	535	527	1352	8564
备注	1. 此数内只有灵寿一、二区是巩固村庄，和三区因时间长久，都有复诊机会，因而能知其治愈数外，其它都因系为游击区或敌占区，又只去了一次，故治愈数不能详列。 2. 行唐一二区也系巩固区，因时间短促，也未复诊，故也不知其治愈数。							

17. 滨海军区关于预防传染病蔓延事的训令

(1944 年 3 月 13 日)

训令

三月十三日于本部

近据卫生处之报告，某些传染病开始蔓延于部队中与地方上，如六团二营发现回归热十七名，教导团特务连三周内送医院之流行性感冒八名，二军分区发现了天花及回归热，干榆谷阳区发现斑疹、伤寒（已死亡廿余名）及流行性耳下腺炎等。因此，为巩固部队之健康，望各部队即行布置必要的预防工作，否则传染病之蔓延，其影响将不甚设想。因此特提出如下的预防办法：

一、加强此项传染病的认识，进行必要的教育。

二、若发现此项传染病或为可疑者均应即行彻底的隔离。

三、最近期间内不防战斗情况下，设法进行灭虱防虱等卫生运动。

四、还未种牛痘的单位，特于地方武装作一预算，迅速派人往军区卫生处领取痘苗，于一九四三年五月以前参加军队的人员，保证完全接种。

五、社会卫生的推动，除加强周密的疾病调查及布置卫生工作外，应进行适当的宣传教育工作，使部队防疫工作能获得社会卫生的配合。

此令

司令员　陈士榘

代政委　刘兴元

18. 晋绥军区关于防敌空投毒气情况的通报
(1944年4月5日)

通报

四月五日于司令部

三月十一日，敌对我冀东滦河东地区扫荡前，曾派一号兵全副武装反正来，到处侦察我机关部队驻地，并投毒，中毒后上吐下泻，全身无力，企图使我失却战斗力时进行奔袭。四月二日军直电台大队在孙家庄之生产队已发现投毒于饭中，全队中毒者七十余人，希各部注意防范。

周士第

陈漫远

19. 太行军区翻印的日军暴行座谈会记录

（1944 年 7 月 28 日）

日军暴行座谈会记录

日人解放联盟太行支部

日军暴行调查委员会的记录

太行军区政治部翻译

1944.7.28

日军暴行座谈会

日本解放联盟太行支记日军暴行调查委员会

——野兽呢?! 恶魔呢?! 罄竹难书的日军暴行录之一部座谈会参加者

第二十九师团第三联队第二机关枪中队一等兵藤原吉江

第三十二师团第二一二联队第二大队本部经理中尉山口一郎

第三十六师团第二二二联队第二中队上等兵木村诚一

第三十六师团第二二二联队第二中队上等兵小沼三郎

第三十六师团第二二三联队第二中队上等兵阿部金太郎

第三十六师团第二二三联队第十二中队一等兵臼井武治

第三十六师团山炮第三十六联队第七中队上等兵西川正夫

第六十二师团第六十四旅团第三十二大队步兵炮中队上等兵飞田二郎

第一零九师团辎重第一零九联队第二中队一等兵三井英夫

第一一零师团第一一零联队第六中队　　伍长　　　　杉山进

第一一零师团野炮第一一零联队　　　　一等兵　　　吉田静男

独立混成第一旅团第七十二大队第二中队　二等兵　　服部和见

独立混成第一旅团第七十二大队第二中队　二等兵　　小林义次

独立混成第一旅团第七十六大队第一小队　上等兵　　内山显治

独立混成第一旅团第七十六大队第二小队　兵长　　　宫本忠

独立混成第九旅团第一大队第一中队　　　一等兵　　后藤光昭

独立混成第九旅团第一大队第三小队　　　伍长　　　饭田太郎

独立混成第九旅团第一大队第三小队　　　一等兵　　冈部稔

独立混成第十旅团第二二九大队第四中队　兵长　　　高桥达三

| 北支特别警备队第二大队第一中队 | 宪兵伍长 | 中村传 |
| (侨民) 华北电报电话公司 | 职员 | 吉岗清三郎 |

前记

中日事变到现在已经进入到第八个年头了，这之间，日本军部嘴里所说的"建设明朗华北""建设东亚新秩序""建设东亚共荣圈"等，是一套套地络绎不绝的出现，可是他们实际上所干的对中国人民的大规模杀戮、放火、掠夺、强奸、放毒……等等的野蛮行为。则也是日甚一日的历害起来，到现在"四恶"——杀人、放火、掠夺、强奸已成为他们的习惯，也变为日本军队的传统，而被他们罪行所牺牲的中国人民的血泪，则已结成一片汪洋的深仇血海！

本来从我们幼小的时候起，曾被父母教育着"以己之痛，思人之痛"的。可是到了军队，到了前线，长官们率先地并且也命令地让我们士兵干那杀人放火强奸掠夺……等等的无耻勾当，因而七年来，四年在中国已经积累下了无可补偿的深重罪恶，当然，这种罪恶，主要的应由日本军部来担负，但我们日本士兵也应该来痛悔自己的懦弱，被军部强制着也做过了一些这种昧心的罪行，曾经丧失了我们过去善良的正直的灵魂！

现在，战局对日本军部是愈亦不利了，日本军部崩溃死亡，是更加迫近了，因而处于灭亡前夕的日本军部，他将愈亦逞其疯狂的最后扎挣，他们今后的每一行动，也将多添上更多的罪恶的血债。为此我们日本解放联盟太行支部日军暴行调查委员会特召开了第一个的日本暴行座谈会，在这里，勇敢地把残暴之极的日军的暴行的一部分先行公布出来，并且以满腔的热情，号召也有热血，也有热情的日本士兵同胞，来正视这一片丑恶的罪行，希望今后能常常忆起父母所教的"以己之痛，思人之痛"，不再重复过去的昧心的罪孽，同时，也以千万分的愤怒，来警告和抗议日本军部这种加诸于中国人民身上的滔天罪行，并且在今后我们还将不断地记录与揭发这种无耻野蛮的罪行，而且约束着在战后，要把那些罪恶的责任者日本军部，以及尚不知悔过的日本军队的刽子手们，不论其逃往国内也好，也一定要捉将回来，送交给中国的人民进行最严正的无容赦的审判，以之来表示我们日本人民和中国人民的真诚友谊与应尽的责任。

杀人不眨眼的日本军部

1. 一九四零年六月中旬，第十一装甲列车队高崎队的石川少尉，为了修筑德石汽车路，宿营于河北省阜城县的龙华镇，每天他强征当地数百的中国老百姓替日军筑路。有一天，正在修路的时候，忽然降了大雨，于是老百姓就跑散躲雨，此时石川少尉，就大发雷霆，立刻命令士兵用机关枪扫射散开的老百姓，一共计射死了百二三十个，鲜血把落在地上的雨水也沾红了。

2. 从一九四零年十月二日到十一月三十日间，三十六师团（井关中将）受到了方面军（多田中将）的命令，有六个大队参加晋中作战，第一二期为扫荡太行，第三期为扫荡太岳。当这个作战开始前，第二二二联队第一大队长桥本正少佐，于山西襄垣县夏店镇的车站前，集合全体士兵，传达了方面军的命令："这次作战目的，与过去完全相无，仍是在于求得完全覆灭八路军及八路军根据地内的人民。因此凡是敌人区域内的人，不问男女老幼应全部杀死，所有房屋应一律烧毁，所有粮秣搬运不走的亦一律烧毁，锅碗等一律打碎、井口一律埋死，或投下毒药。"

于是在大队中新编了二个放火中队，一个撒毒小队，每个士兵各发火柴三盒。在作战中，一看见老百姓，就不问男女老少，或用刺刀，或用枪或用机枪，甚至在窑洞中发现了藏匿的老百姓时就用炮来轰击，这样足足杀死了有二三千的群众。至于沿途的房子，也都被烧光，而抢掠得到的财物，则堆如山积。事后在潞城和来远〈涞源〉镇，开设拍卖行来出卖，除大队长独得一二万外，各士兵也大都分了有八十元左右的赃。

3. 一九四一年十月，在山东省广饶县警备的独混第六旅团二十二大队第三中队的松本军曹，有一天，率队出去到各村进行肃正讨伐。当时为了试试他新买来的军刀是否锋利，就随便的捉了一个老百姓，用刀把老百姓的头砍了，并且特别照了张像，然后又把照片强卖给士兵们。

4. 一九四一年十月，在山西省襄垣县虒亭镇警备的三十六师团二二二联队的第二中队（泉馆留八中尉）在肃正讨伐中，于八路军根据地内捉到了二十四个老百姓，于是就问第一大队副官佐藤中尉如何来处理这些人，这时佐藤中尉就认为带这些人走实在太麻烦，不如由中队直接处理好了。于是该中队长就主动动员中队所有的士兵，把老百姓们带到哨棚前的废井旁，用铡刀把老百姓的头铡了下来，然后投入井内。

5. 在河北磁县彭城镇警备的独混一旅团七十二大队第三中队队部前的废井中，从一九三九年冬到一九四一年十二月为止，有八十多个被杀的老百姓，投入在该井内，该中队的铃木中队长常常向着士兵们夸耀说一定要在最近一个月内完成一百名的数目。

6. 一九四二年四月，驻扎在河北磁县彭城镇的独混一旅团七十二大队第三中队的代理中队长松本良三少尉，每夜一定率领着部下到附近村子去，归来时一定捉回四五个老百姓，用来喂他的军犬。

7. 一九四二年四月，在山西省长治警备的第三十六师团高木联队第一大队长光保少佐，在路上闲行，遇到了三个中国老百姓，就毫无根据地说他们是八路军的密探，令士兵把他们带到了大队本部，然后就在大队的汽车库前的空场上放出四只军犬，把三个老百姓活活的吃死！

8. 一九四二年四月，在山西武乡与榆社间的卯庄，三十六师团二二四联队第二大队的一个中队和十五辆汽车遭到了八路军的伏击而被歼灭。这时师团部立刻命令二二三联队出发应援，在当地进行报复的扫荡，但这时八路军早就转移了，于是井关师团长就下命令把附近的老百姓通通杀光。于是在各中队就展开杀人的竞赛运动，特别是第十二中队长齐藤中尉，当时曾对士兵们说："杀得最多的，给予三天的休息，杀的少的要受到处罚"。因而该中队就杀人达五六百之多，而全联队一共杀了有数千的老百姓。

9. 一九四二年五月，参加太行地区方面军作战的三十六师团二二二联队第十二中队，当他们到达山西武乡县二区某村时，发现了有一个窑洞内藏着十几名的老百姓，于是该中队的柴田见习士官就立刻用枪刺死了五个，于是其他的老百姓，眼看着这样悲惨的情景，立刻逃跑起来，但其中有一个年老的因为逃得不快，终于被捉了回来，于是柴田见习士官就拔出他的日本刀来砍老汉的头，但因为他的刀很钝，结果只砍下了一半，而那个流着鲜血直在地上打着滚的老汉的惨状，实在令人闭眼，不忍正视。

10. 在河北省鸡泽县警备中的独混第一旅团七十六大队一中队本部的夏目上等兵，被第一中队长大丸谷中尉命为伪县警备队的指导官，于是他就和伪副大队长在附近各村子里抽拉壮丁，来充实伪军的兵员，但为了防止这些人的逃亡起见，都叫其家里用性命担保。当一九四二年九月的某天，在城郊和八路军作战时，有二个伪军被八路军俘虏了，于是夏目上等兵就把那二个伪军的父亲叫了来，立刻在鸡泽县的南门外砍了头，向群众和其他的伪军示威。

11. 独混第一旅团七十二大队第三中队的新兵教官岩本少尉，于一九四三年七月，下令各分遣队去逮捕晚上行路的老百姓。有一天，从某一分遣队就送来了二个逮捕来的老百姓，于是岩本少尉，立刻在彭城镇中队本部前碉堡南的空场上，把那二个老百姓，捆在二根木桩上，命令十五六个素来刺枪笨拙的新兵，来刺死这二个老百姓，用以试验这些新兵的胆量和刺枪术。

12. 一九四三年十月第六十四旅团扫荡太岳区时，该旅团之二十二大队的步兵炮中队于拂晓包围了浮山县城附近的某村，这时全村的群众还都在睡觉，于是末长大尉就下命〈令〉把该村的壮丁，完全杀光，其中特别是小野上等兵与臼井伍长各杀了|五名左右的壮丁。

13. 配属于山西阳泉宪兵队的宪兵伍长清水利一，他自从一九四零年起直到现在，经常活动于太谷、昔阳和顺辽县一带，是当地最著名的杀人魔王，仅仅在昔阳与和顺，死在清水手中的老百姓，就有二千名之多。当他住在和顺马坊时，曾经专门挖了好几个窑洞，每个洞约二三丈见方，洞口仅有二寸见方的一个小洞，用以透露空气，洞门是用铁板堵住的——这些窑洞就是闻名的留置场。简直每个窑洞里经常关着一百多人。对于这些人，一天只给几斤剩饭，大小便也不许出来，所以关在里面的人，多半到不了一星期就得饿死闷死，这样清水就每隔十来天来收尸一次，用以喂他所养的军犬。

火之海，成千家园化灰烬

1. 一九四零年十月，独混第一旅团第七十六大队，由大队长长藤大佐率领向太行区进行扫荡，当该大队到达河南武安县阳邑镇时，于是该大队长就下令组织放火班，实施对附近村落的放火。此时，该大队第二中队的岩谷上等兵，闯进一家老百姓屋里，预备放火，但突然发现了一个老太太藏在屋里的门后，于是就想把她拉到屋外，再来放火，但此时正巧遇到大队副官从门外走过，他就命令岩谷非把那个老太太烧死在这间屋里不行。于是岩谷就把老太太关在屋内，用干草点了把火把老太太同房子一并烧成灰烬了。

2. 独混第六旅团二十二大队步兵炮小队浦田少尉于一九四一年七月，受到旅团的命令到附近去扫荡，当他们到达十里望村（山东广饶县）时，说西面一里的某山村里，有几个八路军潜伏着，于是该小队长就发给每二个士兵一盒火柴，命令从村子的四周放火，结果该村就完成〈全〉烧光，但结果并未发现一个八路军。

3. 一九四一年十一月，独混一旅团七十六大队，由池原大佐率领，由武安出发向太行区扫荡，此时各中队各小队都编成了放火班，沿途进行放火，对于那些抬不走的家具粮秣等，都一律加以烧毁。

4. 一九四二年七月，第三十六师团高本联队，完成了方面军的河南作战预备回巢时，在林城东里界村附近遭遇到中国军队的伏击而难以脱围。于是就在当地勉强支持了二天，靠着方面军派来的飞机和其他应援部队的赶来，才算脱了围，因此，为了报复起见，该联队回去时就把沿途所经过的村落，通通放火烧毁。

5. 一九四二年十一月，山西第一军岩松中将下命〈令〉扫荡晋中区，参加这一作战的三十六师团的山炮第三十六联队第七小队的铃木准尉，当他路经襄垣城宿营时，因为天气太冷，就命令士兵把附近的房子二十余间，放火烧掉用以取暖。

6. 一九四四年二月，在山西武乡县蟠龙镇警备的独混第六旅团二十三大队松田中队，由于连日受到八路军的强袭和民兵的不断骚扰，因此无法固守下去，遂于二月二十六日在八路军进袭下只好退却，但当退却时，松田中尉就下命〈令〉把蟠龙烧毁。

疯了的野兽似的蹂躏着妇女

1. 一九四零年在山西襄垣县虒亭镇警备的三十六师团二二二联队第二中队的中队长泉馆中尉，以及中队本部的田中准尉、后川、小松、殿川曹长等，一有功夫就带领着二三个士兵，到附近十几里内的各村去"狩猎姑娘"。凡是遇到了年青漂亮的妇女，他们就实行强奸。但因为在带领来的士兵面前强奸，有失自己的体面，因此也就命令士兵们"也到别处去玩"，让他们也去奸淫妇女。因此不久造成该中队有名的强奸风暴。又当一九四零年十月晋中作战时，泉馆中尉在沿途扫荡中，被他奸污的妇女，总在二十多人。

2. 一九四零年五月下旬，第十一装甲列车队高崎秀夫中佐所指挥的部队，为了修筑德石线，经常在德县与龙华镇间扫荡，有一次，从龙华镇的天主教堂拉来了二十多个妇女，关闭在本部的一间屋子内，然后到夜间就有将校的去奸污，当时有一个中山中尉去强奸时，就被士兵们看见过。

3. 一九四一年一月，第三十六师团二二二联队第一大队在绫部少佐率领下，进行了山西襄垣城附近的大讨伐，当时大队部宿营于县城南面约十二里的小村内，当黄昏的时候，有一个漂亮的二十二三岁的妇女在队部前走过，于是绫部少佐就命令士兵把她拉到屋里加以奸污。翌朝出发时，觉得把那个妇女不弄死，怕说出去坏了声名，于是就由佐藤少尉（大队部的情报将校）及五六个下士官，用棍子刺插该妇女的生殖器，然又用鸡蛋装入该妇女生殖器内，到最后用刺刀插入生殖器，把该妇女的肚子割开。

4. 一九四二年二月三十六师团山炮第三十六联队的第七中队在太行区进行方面军作战时，于黎城县东北约五里的某村，发现了有四五十个妇女隐蔽在一座大窑洞内，于是第七中队长伊藤中尉及其他的中队部干部们，立刻从其中挑选出九个漂亮的妇女，就在另外的老百姓屋子里，加以奸污，然后中队长又命令士兵把窑洞中的妇女都叫了出来，把她们脱得精光，让士兵们看这些妇女们的生殖器作乐欢笑。临走时，又把这些妇女通通杀掉。

5. 三十六师团二二三联队第十二中队长齐藤中尉，是个有名的色鬼，于一九四二年四月底，在武乡附近进行师团作战时，曾于武乡二区的一个村子里，捉到了一个十五六岁的小姑娘，立刻在老百姓屋里，加以奸污，并且当出发回营时，还把这个小姑娘带回防地，连续奸污有一月，终于把这个小姑娘给弄死了。

疯狂的掠夺

1. 一九四零年二月下旬，三十六师团高木联队接到了山西省高平县马村镇有八路军侵入的情报，于是立刻出发讨伐，然而当到达目的地时，却毫无一个人影，于是高木联队长就下令抢掠当村群众所有的棉花、布、砂糖等，结果一共抢了十五辆汽车搬回到联队本部。

2. 一九四一年七月，三十六师团高木联队第一大队的玉田中尉听到了长治军人会馆的主人菊池需要牛，于是他就和大队本部的梅田少尉相勾结，以四辆汽车一个中队的兵力，于半夜包围了高平县关西村，遂在该村抢了十七头牛，三头驴，以及其他许多的粮食和布等。回来后，就把这些东西卖给了军人会馆的主人菊池，赚了一笔大钱。

3. 一九四一年十一月，独混第六旅团二十二大队的步兵炮小队参加了山东省沂水县附近的旅团讨伐，这时旅团下命〈令〉要将附近各村所有的粮食、牛、马、羊等皆加以征收，并要抓几百壮丁送到东北去当苦工。因此士兵们就大抢大掠起来，其中如该炮兵小队的石川一等兵，他就抢得了很多东西，除了缴给上级外自己偷偷留下的东西，卖给沂水城的旧货铺就足足赚了一千多元钱。但这钱较之将校们所得的，则还算少得多了。

4. 一九四二年五月，独混第一旅团铃木少将下令讨伐河北省永年县一带，该一扫荡的目的，乃在于抢掠棉花，于是就在队伍出发前，每一个中队里，都配备了一个日本纺织公司驻临洺关的职员，结果作战结束后，就抢到了几万担的棉花，并且还把很多牛马大车，也都抢了来，全部运到邯郸。

5. 一九四二年七月，第二十九师团第三联队第二机关枪中队，在河北省武邑县潘波镇附近找到了一块西瓜田，于是该中队的角田中尉就下令士兵，把所有西瓜都摘了回来，除了当场吃了外，其余都运回中队部。

6. 一九四三年十月中旬，由山西第一军吉本中将下命〈令〉扫荡太岳区，参加此役的六十二师团六十四旅团二十二大队的步兵炮中队，在凉山县一带大肆抢掠，把抢得的牛羊等用几十辆汽车运回临汾的司令部。同时士兵们也偷偷的留下许多牛羊、鸡、褥子、被子等，如该中队的小野河部二等兵、口井伍长等，回到了凉山城后，就以十元钱一条的出卖了很多被子。

7. 一九四三年十一月，第六十二师团第六十四旅团二十二大队漾矶崎玑中佐接受了奥村半次少将的命令，到山西屯留去抢掠粮食，结果就在该县附近掠夺了大批面粉、小米、玉茭、猪、羊、鸡等，除了把猪羊等沿途吃了外，粮食都叫伪军抬着送回旅团部。

8. 一九四二年五月，三十六师团二二三联队，受到华北方面军冈村宁次的命令，参加太行作战，其作战的地点，是辽县的梁沟，因此当该联队攻入梁沟后就在那里住了九天，在这九天内，全部士兵都到附近各村去抢掠东西，不管粮食、锅、碗都一律抢了来，拿不动的就捣毁烧毁或者在上面拉上屎尿。当该联队退却时还放火把梁沟烧了。

看看悲壮就义的八路军士兵

1. 一九四〇年二月二十日，三十六师团二二三联队的第二中队拨到了大批新兵，于是就在新兵到达的第十二天，该中队于山西壶关县东北门外，把捉来的七个八路军俘虏，由于山冈少尉杀了二个做样子给新兵看，然后又把其他五个，绑在五个柱子上，叫新兵用枪去刺，来试新兵的胆量。

2. 一九四零年五月，三十六师团二二三联队增子队参加了五台山附近的第一军作战，那时遭遇到了收容约百名的八路军的医院，于是增子中尉就下令把那些女同志和伤病员关进一间屋子里，然后用高粱秆引着火，连人带屋子都加以烧毁了。

3. 一九四零年五月，独混第九旅团村上大队第二中队的哨棚，捉到了二个穿军服的八路军和一个穿便衣的人，于是小野中队长就下命〈令〉把这三个人当新兵练习刺枪的靶子用，把他们拉到碉堡附近，喊出新兵来刺杀。

4. 一九四零年五月，独混九旅团村上大队第三中队受编于伊藤大佐的支队参加汾阳作战，当他们作战完了向防地退却时，途经某山，尖兵发现了山上的庙里有敌兵，于是立刻派兵进攻，结果原是一些受了伤在臂上都挂着红十字臂章的伤兵，因为走不动在庙里休息。于是该队就立刻把这些伤兵拉进一间屋子里，放火把他们烧死了。

5. 一九四零年五月末，独混第九旅团村上大队的后藤队，由后藤队长率领到三交镇附近侦察，在路上捉到了一个八路军和二个老百姓，于是当返归防地时，后藤少尉故意对八路军俘虏说，你回去吧，但实则等那个士兵刚回过头，后藤就用手枪把那个俘虏给杀死了，然后又把死尸踢下崖去。

6. 一九四零年八月，驻防在河南省武安县和村镇的独混第一旅团第七十六大队第二中队的藤森中尉，逮到了六个八路军，把他们关在中队部的拘留室内，每天不给一点饭吃，有一天把这些俘虏带到侦谍班来讯审口供，可是八路军俘虏却一语也不说，于是藤森中尉就叫士兵用绳子把他们倒吊起来，然后又用辣子水灌鼻子，用鞭子抽打，但结果依然是得不到什么口供，最后就把他们打得半死半活的投入第二分遣队部前面的井内——在这个井里每月总要抛进去二三十个人。

7. 一九四二年四月，第百十师团百十联队第七中队长楠祐中尉，因为他的部下城本少尉，最近从国内送来了一把军刀，于是该中尉就命士兵拉来了二个八路军的俘虏，然后又命城本少尉用新军刀来砍俘虏的头，试试这把军刀快不快。同时在动手杀头时，楠祐中尉把附近的群众都集合来看，并且示威说："对于敌人就要用这办法！"

8. 在一九四二年五月，对太行地区的方面军作战中，被日军所俘虏的八路军全部被送到太原的俘虏收容所。

在那里日军每天向这些俘虏用重刑审讯口供，但结果谁也不告诉任何军情，于是山西第一军司令官岩松中将就下了把俘虏通通杀死的命令。

于是在七月某日，日军就把许多俘虏拉到了山西省太原的东北门外的坟场，给新兵们当枪靶子来射杀，但在这时候，八路军的将兵们没有一个露出动摇的样子，都浩然自若的喊着打倒日本帝国主义的口号而悲壮地就义了。使得旁边看着的日本军也不得不感佩不堪。

9. 一九四二年五月上旬，驻屯于河北省容城县内的一一零师团一一零联队的第二大队本部，为了教育新兵试试新兵的胆量，就把关在宪兵队的七个八路军俘虏拉到北门外一里的田野里，由教官黑田少尉率领，每十个士兵，向一个活靶子突击，结果就把那些俘虏给活活的刺死了。

无视国际公法的放毒撒毒

1. 一九四一年十一月参加山西第一军太行扫荡的第三十六师团二二三联队，特别地编成了一个瓦斯队，专门进行放毒工作，他该队攻入黄烟洞后，就在该处附近村庄的屋里、井、水池、粮食里撒下了很多细菌和微烂性的毒瓦斯，预备把老百姓毒死。

2. 一九四二年二月扫荡，山西第一军军部特别从南京中国派遣军司令部里请来了一个放毒中队，带着各样毒瓦斯，专门撒在老百姓屋子里、坑上、锅里、碗里，以及水井里，特别是在驻过八路军一带的清泽河沿岸的村子里放得特别的多。

附注：这次座谈会的记录，我们本打算将记录全文原样发表的，但因篇幅关系，摘要地改成这样，但所有各个事实，均符合各盟员口述原意。

20. 新四军关于预防日寇施放毒气的通报

(1945 年 3 月 28 日)

通报

三月二十八日于亭子港本部

敌寇近在华北各地及对我苏中区扫荡，除继续以往之大肆奸淫烧杀掠劫外，并大量施放糜烂性毒气和鼠疫病菌，敌寇此种残酷手段必然将继续使用于其他各战场。兹将其放毒气特点及我军应注意事项摘告于下，以便进行普遍教育。

甲、敌人放毒特点：

① 在残留未烧房屋内及用具（尤其是军队住的）涂置油状芥子气毒质，使我进入房子内即中毒。

②由遗弃涂毒之物件及食品，使我食用后即中毒。

③由在室内敷置毒粉并以钞票置于其上，诱我军民去拿即中毒。

乙、中毒症状：

①由全身红肿起泡，破后流血剧痛后，即溃疡腐烂而死。

②由呼吸短促，声音发哑，重者窒息腹肿头痛。

③由眼睛红肿发痛。

丙、急救方法：

①由使中毒者速离开毒区，到有风的空旷处休息，并将染毒的衣服脱下。

②由用棉花吸去皮肤上的毒剂液点（不可拭擦、免致中毒面积扩大），然后用棉花浸以洋油、酒精或火酒，在有毒处吸擦，再换棉花吸擦数次后，用温热肥皂水冲洗（切勿将水泡擦破）。

③由头发内用肥皂水多多冲洗（最好剃光）。

④由眼鼻口可用苏打水喷射，眼睛中毒可用葱擦眼，使毒气随眼泪流出，勿使中毒［者］，去闭眼熟睡，最好用 3% 小苏打水或 1% 硼酸水洗眼，亦可用清水洗。

丁、消毒方法：

① 由因芥子气比空气重，浮于地面能持久（可经一月），遇养化剂或大量水分即分解。如发现有毒房屋可将泥土翻转，撒漂白粉于室内，大开门窗，使空气流通，即可消毒。若无漂白粉时，即将泥土翻转，盖一厚层砂土即可。

②由欲进入有芥于气室内，须穿高统（到膝盖）之橡皮鞋，将全身皮肤擦

凡士林或猪油，豆油亦可，出室后必须换衣，用肥皂水洗净或洋油擦皮肤，二十分钟内可避免中毒危险。

戊、今后各部应注意：

①由凡属"敌遗弃物品及食品"，应经医生化验证明无毒后方得食物［用］，最好应烧毁或深埋以免遗害他人。

②由凡驻地村庄房屋饮水，须经防毒人员或医生检查或以有效方法试验后方可住宿。

③由敌人住过空房屋最好不去驻扎。

④由如屋内发现有大蒜气味，即为有毒象征，不可进入。

以上各项，望即在军民中进行广泛的深入的防毒教育，以免遭受损失为要。上通报。

参谋长　赖传珠

21. 晋绥军区关于防止发生中毒事件的通报
（1945 年 5 月 20 日）

通报

五月二十日于军区

最近军直在开荒时期中发生几件中毒事件，先后中毒人员一百三十余名。第一次电台大队七十余人，毒药放在稀饭中，当时因大家正在山上开荒，亦未注意稀饭有何变化，结果吃稀饭多者毒重，少者较轻；第二次为教导大队，中毒者六十余人，毒药放在菜内（山药蛋），多黑色味酸硬，食后头晕、面热、呕吐，重者不能起床。另军直总支书记杜子云同志亦于本月十二日发现稀饭内有毒，先吃时觉得味道不好，头有些晕，随即用银筷子侵入饭中，结果侵入之筷子发黑色，因吃的不多，故中毒较轻。以上中毒人员均经医生治疗痊愈。

根据以上情形均系在菜饭中投毒，因此值得引起我全军同志的警惕并注意以下事项：

（一）每个伙食单位做一双银筷子，饭菜熟后由值星排长或经委会的人负责先用银筷子试验后再吃。

（二）严格伙房组织，无事人员不准进伙房，建立炊食员专门负责的制度（如谁做饭，饭有毛病就找他等）。

（三）提高警惕性，在部队中特别在事务人员中深刻进行防毒教育，并根据各单位情形讨论出具体办法来。

此致

周士第
陈漫远

22. 晋绥军区关于严防中毒事件发生情况的通报

(1945 年 9 月 30 日)

通报

九月三十日于军区司令部

查近来各单位不断发生中毒事，如电台八月二十九日三十人吃油羔后中毒二十九名，平剧社九月二十七日在城内演戏请老乡煮饭，吃馍二十九人，中毒二十一名，供给部九月二十一日吃放院内的剩饭（炒了的），二十五人吃后，十六人发生中毒，二十七团机排九月二十八日吃在院内的剩菜，四十人吃后二十二名发生中毒（较重），以上中毒症状电台的是吃羔一小时后身上发生冷热感觉，哭笑与兴奋，颜面发赤，或黄白，尿多，干呕，口渴，心慌，状如酒醉，有四肢强直，口唇抽动，乱打人者，根据中毒症状大约是士的年（中药番木别），其余单位中毒后均觉喉干燥想喝水，胃内发烧，呕吐味带酸苦辣，肚痛，重者泻肚，便黑色，四肢酸软无力等，根据中毒症状均系砒霜中毒，以上经救治，轻者催吐后服些煅制镁、炭酸镁很快就好了，重者三四日才好，这些严重教训过去曾下过通报，但还未引起各单位深刻注意，现再通报，希各单位严格注意以下问题：

（一）严格管理伙房，未到开饭时间闲人不准入伙房。

（二）教育伙夫对食物不可随便乱放，油盐菜等除每次下锅拿出来，应放妥当地方，或锁在房子里，剩饭剩菜不可放在外面。

（三）教育担任做菜做饭的同志，严格负责，不让任何人在作饭菜前玩耍。

（四）出差较多人员要亲自作饭，不要请老乡作饭。

（五）水缸内可捉放几条小鱼，水中有毒时则鱼即死。

（六）各单位吃水之井口要修高二尺，井口上加盖，并有锁。

（七）不吃冷水。

以上事项各单位进行传达教育切实执行。

周士第

陈漫远

23. 晋察冀军区编制的日本法西斯八年来在晋察冀边区的暴行材料（1945年）

日本法西斯八年
来在晋察冀边区的暴行

抗战八年以来，日本法西斯对边区进行了无数次的扫荡和清剿，在这些扫荡、清剿中，日本法西斯极尽其烧光、抢光、杀光之能事，特别在对屠杀边区人民上曾使用了旷古未有的残酷办法。兹将抗战八年来本会现有的一些大惨案材料，分别编次（排列次序按发生时间先后为准）。惟是历年敌寇"扫荡"频繁，其因文件遗失焚毁，无从稽查日期、地点、数字的惨案，还有多起，当俟调查后再行发表。

1. 井陉煤矿大惨案
2. 望都柳陀大惨案
3. 民国三十年（1941）敌寇大扫荡中对我平山五百同胞肆行屠杀大惨案
4. 民国三十年（1941）敌寇大扫荡中在定北之暴行
5. 敌在四专区的"三光政策"与"并村政策"
6. 民国三十年（1941）敌大扫荡中对我妇女同胞之暴行
7. 涞源东杏花惨案
8. 曲阳野北惨案
9. 敌在冀东的暴行
10. 冀东潘家峪大惨案
11. 敌寇五一大扫荡在冀中的暴行
12. 冀中定县北坦村大惨案
13. 敌寇在冀中平原决堤纵水惨案
14. 敌对我妇女同胞暴行的又一记录
15. 北岳区无辜同胞横遭敌机疯狂轰炸的惨状
16. 平西王家山惨案
17. 五台小柏沟惨案
18. 灵丘刘庄惨案
19. 热南冀东集家并村"人圈"的惨状
20. 完县野坊惨案

一、井陉煤矿大惨案

横西新煤矿起火，敌寇施毒手封住井口矿工千余人惨遭烧死

日寇占领之井陉县横西矿井，因日寇最近威吓，利诱欺骗工人，日夜三班加工出煤，以供其各线侵华寇军使用。煤矿窑洞整天出煤，亦不加修理，风窗蔽塞不能通风，终于民国二十九年（一九四零）二月二十五日夜煤矿起火，当时煤窑中正有矿工一千二百余人挖煤，当即鸣钟开窑欲谋逃出，可是日寇恐怕把煤窑烧坏了，不能继续出煤，于是将窑口盖住，一千二百余工人，出既不能，遂全数被烧死在窑中了！这种人间未有之惨祸，惟有日本法西斯才忍心为此！

（民国二十九年 4 月 6 日晋察冀日报）

二、望都柳陀惨案

我五十九个同胞惨遭敌刺杀活埋

民国二十九年（一九四零）四月六日的夜里，敌人包围了望都五区柳陀村。包围之后，搜查出区〈工〉农会主任，男自卫队干部十五人，敌所指引的女汉奸并招出妇女自卫队干部中队长以下十六人及其他群众五十余人。

从房里拖出了区〈工〉农会主任就装在口袋里，几个人抬起来高高地往地下摔，两个主任已经摔得昏迷死过去，鲜血从鼻孔从额角流出来，然后日本人便把他们一齐绑向城里。

半路上望都的县工会主任在另外一个村子发动了四十名青年抗战先锋队员，用着大刀和火枪，发挥了工人弟兄对民族的热爱。他们向着一百多的敌人打去，从被绑去的人中夺回几个群众和区村级干部。尽了他们最大的力量以后，他们就不得不撤出了战斗。

在日本帝国主义血腥的牢狱里，妇女自卫队的同志们互相发誓说："我们只有干去，无论是谁不能投降敌人"。为中华民族呈现她们最崇高的人格。

县政府曾暗里派人前往慰问她们，她们说"回去告诉县长，让他们放心，我们是决不投降。"

敌人把烧红了的铁条烙在她们的身上。

"招不招啊"！汉奸问。

"……"她们流下了眼泪。

敌人把针刺进她们的胸脯，细小的针眼在胸脯上布满……鲜血流出来。"招不招"

"……"

敌人凶狠了，把啤酒瓶子打碎了口，拿着它扣在奶房上用力一转，奶房被划开了，血与肉块从身上掉下来，或者挂在那里，但是她们还是那样的顽强，汉奸狞笑着问：

"好受吧，拥护八路军还是拥护新中央政府！"

妇女中队长的奶头让敌人用铁钳子拔去一个。她已经晕过去，她仍拼着最后一口气领导着十六个妇女自卫队呼喊着：

"八路军万岁！打倒汉奸政府！"

妇女们一致这样呼喊！没有法子可使屈服的女性，敌人和汉奸终于没有得着半点口供。

从五十九个节烈的民族儿女身上，敌人所得到的只是晋察冀边区人民是怎样的顽强和怎样的热爱与忠诚于边区。

过了十天敌人看从他们身上酷刑拷打也不能获得口供，于是在处死他们之前，用开水从五十九个人的身上浇下来，妇女们的头发浇光了，皮虐泡肿起来！四月十六日的下午，敌人和汉奸们押解着五十九人走向城外，到望都城的十字道口上，这天适逢赶集，五十九个人又喊起来：

"打倒汪精卫！""拥护给咱们谋幸福谋自由的八路军！""中华民国解放万岁！"

每个有人心的中国人，望着他们都为他们暗暗的悲泣。出了城关，日本兵把中国人驱开，于是在那里挖好了泥坑。妇女自卫队的小队长王俊英，首先跳到坑里，敌人向着她的胸口就是一刺刀。十六个妇女同志都是青年人，她们每个人身上在临死之前，都受了三四刺刀。有的敌人把她们的肚子割开了；有的用刺刀从阴户刺进去把肚腹一直血糊糊的划开。

男同志在临死之前，敌人把他们的头割下来，泡肿的身上穿满了刺刀。

四月二十日的夜里，望都的英勇自卫队员们，冒着艰险从敌人城根下的大坟里把他们挖出来，回来的时候，久已参加了队伍的柳陀的子弟兵们已经哭得不成声了。

人民、政府，都为着五十九个殉难者而悲愤。

二十一号的时候，柳陀村的人民亲眼看了他们青年的姐妹兄弟的惨死。那一天死者的兄弟们穿上了白色孝装，毅勇的响应政府的号召，结成了一个排，一个边区的有力的保卫自家乡的柳陀排，他们要用着刺刀或者枪弹打穿日本法西斯和汉奸的胸膛。

（民国二十九年五月一日晋察冀日报每周增刊）

三、民国三十年（一九四一）敌大扫荡中：对我平山五百同胞肆行屠杀大惨案民国三十年（一九四一）秋季大扫荡中，敌所到各村，烧杀抢劫，无所不用其极，惨暴毒辣，惨绝人寰。每到一村，所有粮食家具牲畜，能带走者悉数带去，不能带走者，放火烧毁。果木庄稼亦大肆破坏。见房便烧，见人便杀。仅平山十二区、八区，九月十二、十四两日内敌残杀我同胞五百余人。计：东黄泥八十人、通家口七十人、南庄六十人、北庄四十三人、焦庄四十人，西庄三十人，香子沟二十多人，陈家庄十五人，北庄西沟十七人，冷泉七十多人，霍家台十八人，温塘十人，梁家窑十多人，峡峪八人，常峪二人，朱毫二人，窑上三人，梁家沟六人，柏坡陈家峪一带三十多人，受伤者亦极多，仅东黄泥一村即伤三十六人。

（民国三十二年九月二十日晋察冀日报）

四、民国三十年（1941）敌秋季大扫荡中在定北之暴行

开膛挖心无所不至

一九四一年，敌寇自八月十三日集结七万之众，开始向我晋察冀边区进行残酷"扫荡"。本月二十五日，敌寇三百多名，行进至高就村东时，便冲进村中，搜出了十个走不动的老太太，圈在一个院子里，用刺刀威逼着，分别的问："八路军在那里？""你的儿子当八路军吗？"但是她们只是看看面前狰狞可怕的敌人，一声不响。于是残暴的敌人发怒了，把一个由惊慌麻木而昏倒的老太太，用刺刀穿进胸膛开了膛，另外的九个，也这样的被剖解横躺在紫黑色的血泊里。在这些专以杀人为快的和游戏的野兽的面前，是没有人类同情的。他们疯狂的大笑着，用刺刀再挑起那血淋淋的死尸和未断气的人们，抛在水井里，再狠狠的用石头砸下去。三个被解剖的死体，被抛弃在肮脏的猪圈里。

九日敌寇一百多名，包围了不满五十多户的李村，用机枪向我往外跑的村民连续的扫射，在这枪林弹雨中我十二个无辜的人民便倒下了。这还不够，并且将藏人的地窖，用火烟薰，用土塞满洞口，而藏在地窖内的人们因空气的闭塞、烟薰火烧大都死去。

在电水，敌寇威胁着一个八十七岁的老头，流着眼泪，用自己的手一根一根的拔下自己的胡须。在肿起的皮肤上，流着点点的鲜血，而他们却哈哈大笑而去。

赵村据点敌人，为了统治我散居在长八里宽五里梨树林里的新民庄人民，强迫他们迁移并村，到据点附近。而我群众不愿受敌寇的蹂躏与血腥的统治，纷纷搬向我充满着自由幸福空气的内地来。这样，激起了敌寇的愤怒，一怒之下，便有一家老少七口人完全被杀光了。

（民国三十年十一月二十九日晋察冀日报）

五、敌在四专区的"三光政策"与"并村政策"

民国三十年（一九四一年）秋，敌人对边区"扫荡"，采用的手段是极其毒辣的，他不仅企图施行其烧光、杀光、抢光的"三光政策"，并且企图施行其所谓"并村政策"。

为了实行"三光政策"，在四分区，敌人在巩固地区的周围划分了两条线，东面从平山之白塔坡经回舍，西大吾沿滹沱河至北岸之牛城，倾井再经灵寿之朱乐北寨至行唐、曲阳城，西南从盂县华咀经上社、下社、会里至五台之河口耿镇、门限石、石咀，在这两条线之间的地区即称为"匪区"或"无人区"，就是准备"一片光"的意思。在此两线之外，直达敌人据点附近地方，则称为"治安区"。为了区分这两块命运不同的地方，敌人又在这条分界上挖掘宽二丈，深一丈八尺的深沟一条，并在原有来往道路及敌寇认为危险地带的交界处，架上层层的铁丝网和修筑坚固的堡垒，以割绝两方连络。

这样四分区的大部分地区即被划为"无人区"。这些地区是敌人企图全部毁灭的，因此敌人对于这些地区即采取烧光、杀光、抢光的"三光政策"。在平山滹沱河沿岸洪子店至回舍二十多个村子，东黄泥至郭苏二十多个村子，差不多已全部被烧光。而河北的每一条山沟如瓦口川、温都河、柳林河、卸甲河、营里河、灵寿的慈峪河、井陉的一、二区、行唐的口头一带，平定三区的四五百个村子，也遭受到同样的命运。总之，凡是敌人到达的村庄，人们都可以看到他们这种残暴的痕迹。

敌人对于人民的屠杀更是残忍的，仅就我知道的讲，敌人光在平山东黄泥区惨杀的群众就有三百四十多人。在温塘区有二百人，在九区的郭苏与陈家院两地有一百二十人，在古道一带有四、五十人（其他零星被杀与受伤的还未统计在内）。在行唐一百九十余人。在灵寿与井陉被杀死者已都在百人以上。反正只要被敌人捕获，不分男女老少一律加以残杀。而且大部被难同胞都是被敌人用刺刀刺死的。

敌人对于边区人民的抢掠，则更是无法统计。这里我们不必报告具体报导，只要听一下从敌人那里逃出来的民夫的报告，便可以知道了。据说敌人此次抢掠，不分东西轻重贵贱，也不分粮食用具，只要能带的一律用汽车或牲口驮走。陈庄敌人甚至用四、五辆汽车装了许多大葱、辣椒茄子之类的东西运往灵寿。

敌人在边区不仅实行大烧、大杀、大抢，同时更派出大批奸细特务分子，扬言说："匪区"的人民要是跑到被"皇军"保护的"治安区"时，可以不杀。如果"匪区"的老百姓能够做到给"皇军"送情报，"皇军"来了不跑，"皇军"来了开会不跑也可以不杀。然而边区的广大抗日群众是不会受敌人欺骗而屈服于敌人的。他们很清楚，在敌人的魔手统治下，到处都是血腥的。对敌人的屈服和妥协，那只有死路一条。

在接近敌人据点附近的所谓"治安区"，敌人为了骗取群众，于是造谣欺骗说："八路军被打垮了，""聂司令员在六亩园的树上吊死了，""分区刘政委换便衣偷跑了，""皇军是专打共产党八路军，保护老百姓的。"企图用这类无耻谣言，造成群众悲观失望的心理，和离间党、政、军、民的关系，以便实施他的"治安"工作。

同时，敌人为了"强化"与厉行"治安"工作，强迫各地群众回村建立伪区村政权。如在行唐的二区、五区，平定的一、二、四区及三区的西半部就有一些村子被敌人强迫成立了伪村政权，在平山回舍亦有些地方敌人秘密的建立了伪政权。而在灵寿四区甚至敌企图建立伪区公所。在伪政权已建立的地方，敌人即实行清查户口，钉门牌，照像，办理保甲，实施十家连坐法及军事特务等把戏。

最毒辣与阴险的手段，就是敌人把对付东北的一套"归大屯"的统治办法，完全向"治安区"实行了。敌人为了统治的便利，曾前后在井陉二区青石岑及平山屯东，侯家庄一带并小村为大村。强迫老百姓烧掉自己的房子，扔掉自己的土地，带着破碎的家具，搬向敌人的据点和"治安区"去，过奴隶的生活。不过实际上"归大屯"的内幕还不是这样简单的，据本月二十三日×庄被迫并村逃回来的老乡谈，敌人把强迫走的二千五百多个人当中的青年妇女完全送到回舍堡垒上供敌人污辱，青壮年男子送到矿井里去做苦工，剩下的老壮妇女小孩即都完全用刺刀给刺死，这就是敌人的所谓"归大屯"的办法。

（民国三十年九月二十九日晋察冀日报）

六、民国三十年（1941）敌秋季大扫荡中：对我妇女同胞之暴行

敌寇在民国三十年（1941）秋季扫荡中，其烧杀与奸淫暴行，惨绝人寰，旷古未闻。据北岳区妇救会不完全统计，敌寇对我妇女同胞所施兽行，即有如下数种：

（一）奸淫与屠杀：龙华两个村子五百个妇女全被奸淫。阜平两个村子四百个妇女中大部分被奸淫。在阜平方太口一个壮年妇女被三十个敌军轮奸后，用刺刀从阴户刺死。有的妇女被奸或杀死后阴道里还塞满了谷子高粱。有时在孕妇肚

子上用刺刀刺直到刺死为止。有的一刺刀把孕妇肚子里的孩子砍出来。有的用擀面杖在妇女身上来回擀，擀到不醒人事，以至死去。有的从鼻子里灌冷水，有的把妇女吊在树上，用刀子把身上的皮全剥去，但并不一下弄死，叫她在那里惨叫，直到死去，曲阳内河村有两个老年妇女被敌人一片片的割死，很多地方为了奸淫妇女，就把小孩子刺死挑死，有时把孩子皮剥光了。井陉一个儿童被几个鬼子你拉头他拉脚的把一个孩子分成几块，最后鬼子们还得意洋洋的哈哈大笑。抓到很多青年妇女时叫她们站队登记，然后关在屋子里再一个个的，点名叫出去，名之曰"过堂"实际即是强奸。有的妇女连续被叫五、六次。阜平广安村敌人集合了被抓的妇女，高级军官们先将漂亮的，年青的，一个个挨着奸淫，剩下不漂亮的，年老的叫士兵们去奸淫。金家口村的一个十六岁的女孩子被八个鬼子强奸数月不起。阜平×村六个鬼子强奸一个十一岁的女儿童。河南村一个十岁的小女孩都被鬼子强奸死了。

（二）侮辱与玩弄：敌人除掉奸淫和惨杀妇女外，还要用别种方法去侮辱妇女。阜平不老树敌人，挑选三个最漂亮的青年妇女，强迫她们脱光衣服给他们带路。金家口村捉去十几个妇女，逼着脱光衣服转圈子，敌人在四周围用小石头扔她们取乐。完县南寨村敌人叫一个妇女脱光衣服，把衣服烧了，叫她围着火绕圈子。在阜平王快镇捉去一个孕妇，在生小孩时，鬼子们挤满屋子去看。

（三）捕捉妇女，运往东北：曲阳郑家庄敌人用汽车抢走我四百七十二个妇女同胞，运往东北当娼妓，作牛马。在灵寿运走者更多，而各地被捕之妇女被奸后，凡稍具姿色者亦被运走。

（民国三十年十二月六日晋察冀日报）

七、涞源东杏花惨案

骇人听闻的"开脑汤"东杏花二十余群众惨遭开膛

在民国三十（一九四一）年敌人的秋季"大扫荡"，涞源东杏花二十几个英勇的干部与群众被敌人抓起来扒了衣服，绑在广场的木柱上，在一夜秋风的吹打和露水的侵蚀中，他们的皮肤已经变成了黑紫色，但他们没有觉着寒冷，因为他们胸膛燃烧着万丈高的怒焰。

一夜来他们并没有丝毫恐慌动摇的心思，只是更进一步的认识到敌寇汉奸的凶恶无耻可恨，他们并不想央求敌人放过自己的生命，只是想怎么才对得起国家民族，怎样才不愧为中华民族的优秀儿女。他们这样的互相宣誓："咱们谁也不许说实话！"

"对，咱们誓死不投降！"……

夜溜走了，晨风更疯狂的从巨马河上游刮下来，凶猛的怒吼着；野兽们又复活了。疯狂的说着笑着，尽情的吃着抢来的鸡、猪以及其他东西，饭后敌人把从各村抓来的民夫也带到广场上来，像是向他们宣布："你们看看'皇军'的'王道'吧！"

敌人指着二十几个被绑者问："你们东杏花为什么不给皇军出夫？"但回答它们的是坚毅的沉默。

"你们是谁拿的主意？"敌人又问，但仍然是沉默着。

"你们想想，只要你们说出来八路军在哪里，公粮在哪里，我们就不杀你们。"口气有些和缓了，想欺骗和麻醉他们。

"不知道。"非常短促坚决。

"哈！你们还想反抗吗？"说着把绑在西面的那个刺死了。

"你们还知道不知道？"敌人指着那个刺死者恶狠的问。

"不知道。"他们一致坚强而有力的喊出来。

敌人简直茫然了！"呵！你们真顽强。"敌人把他们一个一个的全开了膛，鲜红的血与灰白色的肠肚流下来，狼藉的堆在广场上。敌人狞笑着，看一看这个人肠肚，那个人的心肝；末了敌人还把村副和武委会主任的脑浆砸开取出来放在沸腾白开水里。

"你们看一看！"敌人恶狠狠的问着民夫，"因他们脑筋不开。我们把他们的脑筋开了，今天还叫你们喝一喝'开脑汤'，开一开你们的脑筋。"

敌人把一桶一桶的"开脑汤"放在人们的面前，人们早已气的咬着牙齿握紧拳头，心肝快要爆炸了！

"你们喝吧！每人一碗。"但谁也不动手。敌人指着一个七十多岁的老头说："你喝！"老头突然跳起来"你们这些野兽杀人……"没说完就在敌人刺刀下倒下了！

风怒吼着，河水咆哮着，秋阳暗淡的照着这一堆杂乱的死尸！

（民国三十年十二月六日晋察冀日报）

八、曲阳野北大惨案

百余煤矿遭敌残杀

民国三十（一九四一）年十月间，在敌寇"二期治安强化运动"下，曲阳发生一巨大惨案，其经过如下：十月五日夜半，曲阳灵山敌二百余人，包围西野北村。六日拂晓强迫群众集合开会，进行无耻宣传，进行其"二期治安强化运动"，旋即无理以机枪向我群众扫射。死百余人，伤四五十人。伤重者再用刀挑，两龄儿童亦难幸免，逃往屋内者被用火焚烧，残暴罪行惨绝人寰。按：西野北村挨近灵山煤矿，村民多为煤矿工人，故此次惨案中，死难者大部为工人及其家属，尤以老弱妇女及儿童为多。

（民国三十年八月十日晋察冀日报）

九、敌在冀东的兽行

日寇灭亡中国未达目的，反到处受全国同胞坚决反抗，数年来冀东坚持抗战，更给于日寇极严重的打击。日寇为此恼羞成怒。乃更变本加厉，施行烧杀政策，残忍已极。如在长城线内外三十里地，东起山海关西至古北口，普遍实行集家并村，房子尽行烧毁，人民遭残杀与冻饿者不下数万人，灾情之严重，情形之凄惨，人民之痛苦，形势之迫切，真非笔墨所能写画，非人类言语所能形容。在冀东平原区，敌在各处挖沟筑堡，奸淫抢掠，无所不为。民国三十年在丰润县境潘家峪村，将该村三百户男女老少一千五百余名，层层围困，用机枪扫射，复将该村烧成一片焦土，血肉模糊，惨叫之声远于十里之外。（详见另文）

民国三十一年秋天在迁安上营庄残杀五十多人，葬埋一地。

在卢龙县武×庄将我无辜同胞一百人围住加以屠戮，在迁安滦河线沙河驿东，敌竟作杀人比赛，我数百同胞无幸免者。在大杨营，土宅庄有九百八十几个男女同胞死于敌人屠刀之下。日寇奸淫我妇女，污辱我同胞，更属亘古未有，人间罕有。如在滦县大柳沟村，将全村数百人男女衣服脱光，相对而立，各站一排，用火烧臀部，兽兵则狂笑欢乐。敌将我妇女奸淫后，用木棍强通阴户，妇女不从则施毒打，如此死者不知其数。近又在滦县西南之潘代村杀人一千二百余，全村男女老少无一幸免，老妇幼女被轮奸而死者数十名。尤可恶者，该村一小学校学生一百余人、教员三人均遭惨杀。该县三九区马路南奔城、司各庄一带，几乎每村全遭屠杀与奸淫。三区西部司各庄以东姚六庄一带惨杀人民达二百余名之多，该地已成为平原无人区。在路南张各庄、门各庄竟活埋八百余人。日寇将我同胞成千成百用绳捆紧，每当半夜，兽兵即将我被缚之同胞押至已挖好之坑穴，实行活埋。在门各庄活埋我同胞后，日寇佯退，附近群众即急忙回来挖土救人，但日寇立即返回，当即将挖土救难群众一同活埋。在张各庄，长各庄，敌寇杀人过多，强迫我群众挖沟埋人，当时我挖沟人中，有不忍看者，当即同遭惨祸，被刺死于沟中。三十一年冬在遵化东南之马家峪、上下峪一带，被残杀二百余人。将我同胞掷于严寒之冷水中活活冻死……如此罪行，不胜枚举。

（三十二年三月七日，晋察冀日报冀东军区司令员李运昌
代表冀东十百万人民向世界控诉凶焰兽行摘要）

十、冀东潘家峪大惨案

民国三十年（一九四一）一月二十五日，（旧历除夕的前夜）在敌寇所宣扬的冀东"王道乐土"上，丰润县的潘家峪村，发生了一件令人悲愤的大惨案。计全村被敌寇惨杀者一零三五人。（其中儿童妇女有六五八名）负重伤者八四人，活着和下落不明者只剩三零三人，全家惨死者三十余家。烧毁房屋一千一百间，剩下的只有未坍塌的一百三十五间焦房子。

惨案发生的经过是这样的：

那天敌寇调集了迁安、滦县、卢龙、遵化、丰润等五县的敌伪军，天明后不久，就包围了潘家峪。敌人怀着残暴的狠心，要把全村的人都杀尽，要把这悲惨的血案，去镇压全冀东人民抗日的决心，迫使全冀东人民服服帖帖的受它宰割。因之敌寇是极力要把这次大屠杀，造成最残忍的场面。

乡长的全家先被敌人屠杀了，全村一千多的村民，也被鞭打着，赶到村西头的"西坑"去。

"西坑"是一个一亩多大的大水池，现当时是干涸了，人们满满的挤着，人们哪里会知道，日寇正在布置着一个残酷的大屠杀场呢！

在庄头的石桥边，潘惠林家——惠老爷的大院前，是一堵非常坚固的洋灰门墙，院里的空地上，柴火、玉蜀秸，茅草，松木板，各色各样能着火的东西，渐渐的越堆越多了。在这个大院里平屋顶，站满了敌兵，还架了两挺机关枪，墙头上也有敌兵，拿着手榴弹伏着，敌寇就用这样的布置，来对待我们手无寸铁的同胞。

"西坑"上，敌寇守备队长讲话了，他在宣布乡长的"罪状"。口沫喷射着，用指挥刀敲着地上，一群野兽般的敌伪军就把人们驱赶着赶进那所大院里关上了大门。机关枪就嘟嘟的向密集的人群扫射起来，人整排整排的都倒下去了。墙外的兽军，还把未赶进去的小孩提起来往院里扔，往石头上摔，用硫磺弹把这座院子烧着了。到下午七点钟全村的房屋都着火了，漫天的火烟熊熊的燃烧着，轰隆轰隆的房屋倒塌的声音杂着悲惨的哭声，几里外都能听见。

当我们的丰滦迁县政府调人去调查这次惨案实情的时候，一个负伤的妇人——潘李氏，叙述她遭难的经过说："我娘儿三个逃进猪圈里躲着，火炭直往跟前落，我抱着四岁的四头说：'孩子，有妈就有你在！'鬼子的机枪把锁头的左胳膊打了两个透眼。墙外的鬼子还把烧着的玉蜀秸子直往里扔，锁头赶紧踩着一捆未点着的玉蜀秸子，爬墙逃出去了。一直到天上出星星，我才抱着被烧的要死的四头冲出火堆"。

潘喜宝十三岁的闺女金东子，也在枪弹密集射击的时候，背着三岁的小兄弟在火堆里，人堆里，躲来躲去。不幸一颗子弹把她的小兄弟打死了，鬼子还要追她，她丢了弟弟就跑，一颗子弹又打中她的腿骨子，她终于倒下去，爬着行。她说当他逃出火炕的时候，"鬼哭狼嚎的声音听不见了，只看见通红的炭火烧着人肉"，当我们县政府的人员慰问她的时候，他的亲戚告诉说："这孩子从白天到黑夜只睁着眼睛，不休的叫唤着，因为她的伤口太重了"。

在这次的大烧杀中，人民为了反抗敌寇的暴行，孩子们曾用石头反击着。一个五十多岁的老头潘国生，他抱着孩子向敌人机关枪阵地冲过去，负了伤倒下了，挣扎起来又向敌人扑去，但他终于怀着仇恨挟在火群中死去了。

当敌寇骑着潘家峪牲口，吃着潘家峪的葡萄，抢了潘家峪人民的财物走了以后，附近的村民都含着无限的悲愤来抢救潘家峪，但是火烟熊熊的烧，浓烈臭腥味散放着。他们再没有办法找出一个活着的人来。只有在东西平房里，救出了三四十人。这三四十人是当敌人放枪放火的时候，他们披着水浸湿的褂子，逃进了这间平房，用米罐抵住门，拿着一切家具要和他们拼。鬼子来推门没有推开，就把门锁起来，要把他们都烧死。幸喜火没有把这间房子烧着，这些抢救的人就凿了墙壁，把他们救出来了。

潘贵的全家都死了，只剩下一个七岁的女孩子，她是在第二天人们认尸的时候，才把她从爸爸的尸首下翻出来，满脸是血，后来夜里尽是说梦话："爸爸呵！别压着我。"呵，多么可怜的孩子呵！

关于人们被屠杀的惨景，难以尽述，据一个去认尸的人说："烧杀后的第二天，这一亩多大的院子里，是死尸盖着死尸，满满的。火苗还旺，烧着的人肉吱吱的叫着，死尸堆中有一个孩子只有上半节身子，还有一个小孩，头，四肢，肝肠，心脏，什么都被烧光了，只剩下一块约一尺长四寸宽的灰色的肩背。人们认尸也认不清了；有的尸体拿起骨头都酥酥落落的折断了。"

敌寇屠杀了我潘家峪一千多同胞，全冀东党政军民各界，无不悲愤，八路军的战士们为了给他们报仇，他们在滦河岸边，曾经对敌人进行过无数次激烈的战斗，政治部还捐出了三千元的医药费，派去医生去救活那些负伤的同胞，当丰滦迁县政府派人去慰问与救济并主持公葬的时候，人们的抗日情绪激昂到了极点。

三百多的难民回到潘家峪了，那村子是那么的荒凉呵，只剩下大南街的壁上还有"日本军告民众书"的大布告，还有伪新民会："排共激底""亲日和平""庆祝华北明朗化"的标语。人们含着愤怒走过了大南街，出了村，在山坡上挖了两个人坑，东坑埋男尸，西坑埋女尸，公葬了自己的父母妻子，公祭的典礼是在庄严悲愤的夜里举行，在西北风的怒吼中，人们默默的站着。

（民国三十一年四月九日晋察冀日报）

十一、敌寇"五一大扫荡"在冀中的暴行

民国三十一（一九四二）年五月一日，敌寇对冀中发动了大扫荡，五万敌军在冀中践踏了四个多月，从此老百姓由快乐的生活，坠入苦难的深渊，下面几件事实仅仅是不完整的一些记录：

一、痛心的暴刑和屠杀

在白洋淀，四月十一日扫荡队到了郝关，从人群里拉出四个人，指定是干部，当众灌了几桶凉水之后，却又故意找到他们的叔父和儿子来活埋他们，在刺刀威胁下，坑里躺着的人却说："好！埋吧，中国人有的是！"

藁无的"皇军"有著名的棒子队，在六区贤庄，一天就打死了十一个人，腿折股断的还有四十多个。抓住刘元庄武委会主任吊在梯子上，下面烧着竹扫帚，这样烧焦了。当天又发明了一种"宫刑"，阉割了一个壮年人的生殖器。

日本狗比鬼子还厉害，五月十一日敌人铁壁合围深南的那天，北黄龙二十多个老乡葬身在洋狗的嘴里，剩下一堆殷红的碎衣服和烂骨头。

这次扫荡，在六区据六月至七月的统计，全区屠杀百五十余人，刘庄一村被杀二十五人。其中一个王剑同志死的最惨，枪把一落，头上喷出血来，然后浇上三瓢开水，又用劈柴砸成肉饼。"死三分钟"是博野敌人的新创造，专对付民夫。皇军一怒，便拉出几个来用土埋半截身子或全部，讲好了价钱再刨出来。看人命简直不如蚂蚁，怀安敌人为一副麻将牌没有找到，维持会全体十二人都死了三次。

五月二十八日敌人在定南北坦地道里大放毒瓦斯，可怜八百男女老幼直挺挺的塞满了地道，这是日本强盗最得意的杰作。（详见后面另文）

二、惨无人道的淫辱

扫荡白洋淀的敌人宿在端村，没有跑脱的妇女一夜被强奸了五十多个，其中五十岁到七十岁白发苍苍的老太太有七个，三尺高的女孩子十一岁至十三岁的三个，十三岁至十五岁的五个，都鲜血淋淋的半死了。高阳教台鬼子竟捉着一个十一岁的女孩子，因为强奸不便，狠狠的用刺刀挑开孩子的阴户，这样结束了这个孩子的生命。

淫辱的方式是无奇不有的，定南敌人是淫佚无度的，木佃村七月份的统计便被奸淫四十多个，鬼子经常光着身子满街乱转。一个妇女被拉上岗楼轮奸一天之后，阴户里塞上土推出来。

（民国三十一年十月二十二日晋察冀日报）

十二、冀中定县北坦村大惨案人类史上旷古未有的暴行

敌向地道中施放毒气八百同胞同时惨死

民国三十一年（1942）五月二十八日，敌寇从新营市庄（定县属）等据点出动三百余人向定南北坦村方向大举合击。北坦附近的南坦东西赵庄，东西城村及马福才等十余村庄的人民，见敌来势凶猛，乃纷纷来到北坦进入地道隐蔽。我县游击队与民兵曾予敌以迎头痛击，自上午八时迄下午一时历时之久顽强的抵抗了敌人，战斗接近了北坦，我游击队民兵准备进入地道，凭藉地道与敌继续坚持战斗。乃敌人蓄意屠杀我隐蔽在地道内之无辜人民，预先使汉奸潜入人民中间，造放谣言，谓敌从东方打来，使我人民拥挤一处，游击队与民兵斗争无法展开。此时敌寇则将大量窒息性毒瓦斯放进了地道，在敌寇此种罪恶的毒手下，我八百余手无寸铁的妇孺老弱全部毙命。县游击队及民兵，亦有一部牺牲，敌寇法西斯此种野兽行为，更加深了我广大同胞的无底仇恨，誓为北坦殉难同胞复仇，与敌寇坚持血战到底，并应激起国际正义人士的义愤，使日寇得到应得的制裁。

（民国三十一年六月二十一日晋察冀日报）

十三、敌寇在冀中平原决堤纵水惨案千里沃野尽被淹没

民国三十一（1942）年七月下旬，北岳区各地天雨连绵，山洪暴发，冀西诸河大水直泻入冀中平原，又值八月上旬冀中大雨，滹沱河、沙河、唐河、潴龙河、子牙河均暴涨，白洋淀水亦与岸平，敌为淹毁我冀中军民，密令沿岸，各敌决堤，引水向低洼处横溢，计白洋淀三十二连桥，淀南之孟中峰堤，滹沱河沿岸、潴龙河沿岸之高晃。大汪村各堤及沙河、唐河均同时溃决，肃宁以北，河间以南，安平至饶阳公路一带，沙河、滹沱河中间地区，唐河西侧，津保路以北至白洋淀，沧石路两侧与建国地区，悉成泽国，千里平原复成茫茫大海，房屋田园多被淹没，一般被水地区都是水深五六尺，文安县不少村庄则水没屋顶，掘堤之后敌寇复继之以出扰劫掠屠杀奸淫，冀中民众莫不恨之入骨，受害至为深重，总计此次大水灾敌共决堤 128 处，使全区三十五县无县无灾，全区平均在八成灾以上，只十成九成灾者即达十五县，被灾村庄 6752 个，占全冀中及总村数 95%，被淹田园 1538200 亩，被冲房屋为 168904 间，损失财物值 160000000 元以上，灾民有二百万人，是历史上的空前巨灾。

（冀中行署五年来政府工作报告）

十四、日寇对我妇女同胞暴行的又一记录

民国三十（1941）年秋季大扫荡中，山西盂县杏花村，当敌军围村的时候，逃出了他们虎爪的妇女只有两个，那好几百个老的小的贫的富的姑娘寡妇统统被他们奸淫了，一个十三岁的小姑娘曾被十三个鬼子轮奸。

在日寇所谓治安区里，他们建筑起堡垒据点的地方，他们强迫着全村的妇女去修堡垒，长的好看的，叫他放下工作到堡垒里去，中常的交给伪军，其次的强迫民夫奸淫他们自己姐妹姑婶，他们还利用"照相""慰劳皇军"女报告员等名义，招呼妇女利用破鞋穿着华丽的衣服去勾引妇女，这些妇女被污辱后，有的给洋五角，或分给一些高粱（五台），有的抓给一把食盐（三专区），也有给顿剩饭吃的。玩得不高兴了，就抓几把土放进女人的阴道内，或塞三个鸡蛋进去（定襄忻县），当着再也无人被诱上堡垒时，他们就下条子，向各村要。在雁北，离据点二十里左右的村子，无一幸免。上寨是敌盘据过八个月的地方，全村一百多妇女都被奸淫了，奸后并强服毒药。在龙华（易县之一部）二区马家庄、源泉一带村子，鬼子每夜都要十五岁以上十八岁以下的妇女，以村为单位分配每村至少十五个，在五台东峪村敌搜不出一个青年妇女时，七个鬼子便去轮奸一个六十多岁白发苍苍的老太太，在定襄一个妇女遭到二十四个敌人强奸，在敌人据点堡垒附近一些农家妇女到田园去劳作，鬼子会成群成伙的到田地里去捉到堡垒里强奸。

在盂县杏花村，日寇捉住一个妇女，她正在月经期，他们威胁逼迫着一个老头子在大众的面前去将那月经吃掉。在灵寿被征调去的妇女大小便不得自由，有的实在忍受不住了，鬼子强迫男子用手去捧着妇女的大便，他们在一旁哈哈大笑；在五台敌人更异想天开，召开什么摸奶大会，将好多妇女弄去，脱光衣服，赤身露体的，在河里把身子洗干净再去，让鬼子摸奶头，兽欲涌上来时，就当众干出那下贱的事来，再不足兴就强迫儿奸其母，父奸其女，全村男女实行集体的杂交。

在河北灵寿、行唐一带，曾发生过这样的事，日本鬼子把抢去的妇女用大车拉到据点去，用布幕罩上标价出卖给汉奸、特务、伪军，价钱是五元至二十元，只许看脚不许看头，一个伪军他化钱买了一个，揭开幕布一看正是生他的母亲。

太平洋战争爆发后，伪军动摇了，日寇为了巩固其对伪军的统治，不惜出此下策，允许伪军到各村公开奸淫，威胁良家女子嫁给汉奸。在日寇进入我根据地时，他们的军官曾下令给士兵放假三天，随便奸淫。

（民国三十一年九月十七日晋察冀日报）

十五、北岳区无辜同胞横遭敌机疯狂轰炸的惨状

民国三十一（1942）年九月二十日上午九时许，敌机两架由石家庄起飞，分批轰炸我滹沱河北岸地区，一架飞陈庄上空盘旋，恰逢陈庄集市，各地赶集老百姓络绎于途。闻敌机声四处逃散时，敌则投弹数枚，用机枪扫射，死伤老百姓十六人。

该机继飞大庄一带投弹，炸伤牲口十余只，再转会口大沟侦察，至吊儿即用机枪沿途盲目扫射，一无所得，十一时许始向西逸去。下午二时许又有敌机一架，在南甸一带侦察投弹，该机继由南甸飞会口等地，伤一小孩和一男人。至苏家庄敌机又投弹伤两小孩，在村南炸死两人，一男人被炸得血肉模糊，在他周围一丈远跳动着他的肉块，肉丝和伴着土块，另一女人自腰部以下，被炸弹炸开了一个大洞，血像水一样汹涌着，霎时即毙命，至下午四时敌机南逃后，其亲属们去找他们，但见两团血肉模糊的人，含着深湛的仇恨躺在血泊里，都不禁大哭，弯腰一块一块的拾取那破碎的肉块和骨片，想合到他的身上。

（民国三十一年九月二十五日晋察冀日报）

十六、平西王家山大惨案

老弱妇孺四十九人被敌焚毙

民国三十一（一九四二）年十二月，平西宛昌敌寇因强迫人民并村编织大乡，遭受人民反对失败。东斋堂敌中队长以下寇兵五十余人，于本月十二日突然包围斋堂北十里之王家山。村中青壮年已事先外出，尚有老弱及婴儿四十九人未能逃出，被敌迫入一室，纵火焚毙，哀号之声惊动万里。

（民国三十一年十二月二十四日晋察冀日报）

十七、五台小柏沟惨案

二百二十余群众惨死

民国三十二（1943）年一月二十三日拂晓，敌皇协军第六中队和第二中队还有附近据点的敌伪二百多人，突袭五台五区大柏山、山柏沟，村人因警戒疏忽未及转移，全被包围。敌伪们把男的打死的打死，其余都推到一个屋子里用手榴弹炸用火烧死，另外把七十三个妇女进行轮奸后每人被挑了三四刺刀，有的妇女肚子被开了膛，肚里的胎儿被挑出来，敌唯恐他没有完全死去，又把他们推到一块用火烧死，惨叫之声令人发指。总计这次惨案只大柏山、小柏沟两村即被屠杀一百九十多个（小柏沟只有四十多户，被烧死的有八十多人，杀死的三十人，共一百一十余人，大柏山亦仅四十多户，被杀死八十多个），被敌杀绝之户有四十多户，附近村庄如南沟村、智村沟、西沟、腰庄铺都杀了一些人，共计有二十

多人，总计这次惨案被敌屠杀与杀死之群众为二百二十人。

（晋察冀边区农会调查报告）

十八、灵丘刘庄惨案

烧杀群众二百余，灭门二十一家

民国三十二（1943）年三月一日拂晓，灵丘北泉敌据点出敌四十余人，汉奸四名，突将距北泉八里之刘庄包围，该村平时即支应敌人，群众受汉奸欺骗，对敌阴谋表现麻痹，故未退避村外。敌入村后即按家搜索，强迫伪组织人员打锣召集群众开会，然后将群众赶进一个院子，用枪刺威逼群众进屋，该院仅有房屋六间，二百多人无法容纳，敌即将门窗紧闭，从墙上穿洞，将群众强行投入，敌布置已毕即以火烧房，计烧死村民二百一十五人，内男一百零八人，女一百零七人，负伤者七名，灭门者达二十一家之多。第二日敌又到该村，将附近村庄前往慰问及收尸者打死七名，附近各村群众闻此消息后悲愤异常，灵丘县政府及县群众团体，即派干部前往慰问，调查救济，并发表宣言，揭发敌人暴行，号召附近村庄的群众接受刘庄惨案血的教训，坚决不支应敌人，跟敌人顽强斗争到底。

（民国三十二年三月二十一日晋察冀日报）

十九、热南冀东集家并村（人圈）的惨案

敌寇制造无人区（无住地带）

热南冀东四万二千平方里的土地灭绝人烟

敌寇对中国人民的残杀、统治是无奇不有，无所不为的，但是中国人民的英勇斗争决不会因此而压制下去，相反的时刻打击着敌人，特别是分散在各个山沟的人民，凭借着山地的有利条件开展着对敌的周旋，因此敌人认为最美妙的也就是对中国人民最残暴的作法——制造无人区！

民国三十一（1942）年的春天，敌寇在我冀热辽区从古北口到山海关长约七百余里的长城两侧，包括承德、密云、迁安、兴隆、平泉、青龙、滦平、遵化、陵源等县，长城以北四十里以南二十里，均不让有一个中国人存在，开始了残酷的"集家并村"办法：第一阶段先把三家五家太分散的零碎户，集中到村庄里，这是"命令"，不去就是烧杀抢。但老百姓不是那样温驯的，除开展非法斗争外还利用了一些合法的斗争，拖延时间。三十一（1942）年开始了"集家"的第二期，不只零散户要集中，而且要把所有的小村子都集中在离长城四十里以外山沟口较大村里，名之曰"部落"，亦名"人圈"。但中国人民能够服从这个"命令"么？绝对不能！因此"杀光、抢光、烧光"的三光政策，残暴的施行在这块辽阔的土地上。敌寇的兽群每天在山沟里山顶上进行扫荡与搜索，见人就杀，见房子就烧，就是一所茅草窝铺也难免灰烬的命运，牲口和财物抢掠一空，就是不通人事的鸡犬也难逃活命，这样的搜索扫荡一个村至少几次以上，在马尾沟竟烧杀了十四次。不甘屈服的中国人民，第一次被烧了房子，他们又搭起茅屋来，但是狠心的敌人又来个二次放火，经过数次的"搭"与"烧"的斗争，群众的力量使尽了，只得隐避在水沟里，大树下，土谷里，以减小目标，略避风寒，但是敌人还有更残酷的办法，在每个山头上分布着碉堡，监视着人们的动静，只要发现人影必追逐杀死而后已。因此躲在山谷里的人们连火都不敢生，恐怕烟火暴露了消息。母亲抱着小孩，时刻不敢让他离开奶头，恐怕孩子的哭声把敌人引来。有的孩子在止不住哭泣时可怜的让他母亲长久的用奶头塞死。马尾沟只四个小村，七十户人家竟被杀死五十余人。好多村庄被杀在半数以上，全家被杀的也为数不少。有四万二千平方里的土地上成为人烟罕见的一片凄凉了！

住在部落附近的人们不得已跑到人圈里，都过着非人类的生活，（部落都在千户以上），人圈里有严密的特务组织，规定有"思想犯""政治犯""运输犯""秘输犯"等犯罪条款，谁要表现任何一点活动或是看见那个人不顺眼时就加上某一罪名结束了他的生命。从到人圈的一天再不能与外面发生任何关系，就是相隔咫尺的村庄也不许互相齐来往，十里以外的土地即不让种，凡是一个能拿动枪的男人都要编为自卫团，每晚巡查不能睡觉，白天才能抽点时间休息，但是如何休息得下呢！因为他们又都是"勤劳奉公"队的队员，每月都要抽出十五天到二十天的功夫"勤劳奉公"。不是修人圈外的壕沟，就是修山头堡垒；不是修汽车路就是修火车道；不是到附近县城做工，就是到东北矿厂，他们的劳役没有服完的时候，以至于死。人圈里的生活完全是配给制，白面大米根本不让吃，其他用品的配给，着实可怜，每人每年的布匹配给，至多不过三尺。他们所打的粮食还不够交税，如住宿捐每户每年八十元，军需捐每人每季七元，飞机献金每人七无，每人还定交钢钝五个，如没有交款每个折五元，一年一次募捐每亩地十七元，还有附加捐等等，这仅是所知的数种，总计全年每亩地至少负担八十多斤粮食，他们穿什么吃什么即可想而知了。人圈里的女人们，一般定有两种制度，一种是"跑人圈"，在每天的早晨，所有的青年妇女，掷下她的可爱的小孩子，先到人圈外跑一个圈，然后才能回家做饭奶孩子，不然就要犯罪。第二种是"跑山"，每礼拜一次，把妇女们集中在一个山麓下，发号赛跑，但山头早已暗藏着一些丧尽良心的狗腿警察，在妇女快到山顶时，砰砰……的枪声，把女人们吓个抖搂而后快，这就是所谓"锻炼"，谁要不去，马上定个思想不良的罪名成为刀下鬼，人圈的妇女们被敌人的奸淫污辱已成为"公开合法"，因为抗拒被处通匪罪者不是少数。人圈的生活此仅一二，实难尽述。

在这块地区里，以九个县计，其中最重要者四县，有六百万亩土地在敌人践踏下荒芜了，每亩以产粮三大斗计，以四年计算，共减收粮食七百二十万大石，一千余村庄的房舍片瓦无存，牲畜不见一头，衣服不能遮体，目前有将近五十万的人们受着衣食住无法解决而死亡的威胁，此种嗷嗷待哺的惨象，令人心寒！

（冀热辽行署调查报告）

二十、完县野坊大惨案

历史上旷古未有的暴行

一百一十八个同胞惨遭屠杀

民国三十二（1943）年五月七日，对完唐一带"清剿""扫荡"的敌寇，在我军民不断给予严重打击被迫窜退之际，在完县野坊村东北石沟地方造下了空前酷毒的惨案，野坊龙王水、王家庄、解放等村被圈约二百人，除十余人幸得重生外，有一百一十八个同胞当场受害身死，五十四个受重伤，其中妇孺占死伤人数四分之三以上，事情的经过是这样：

当天早晨，敌人控制了石匣岭一带的制高点，到处搜山，每个山头和沟道都布满了敌人。敌人用刺刀驱逐着搜出来的人群，把人们集中到石沟的一小块地捻里去。人们以仇恨的眼望着站满山坡上嘻笑着的敌人，男子们沉默着，但妇女孩子们见了鬼子架在山坡上的两挺机枪和把守在各山头上的敌人胆却了。叫着自己的亲人们靠拢去。上午九时，看看从各处搜来一串串的人们都齐了，一个拿着八卦旗的翻译官站在重机枪旁边开口了："喂！喂！你妈的皮的，别嚷。"但谁都不听，声音仍乱轰轰的。从山坡上气呼呼的冲下两个鬼子，拿着枪把向人群里乱打，不许人叫唤。但娘儿们却仍唤着，有的男人说："嚷什么？反正还不是一个样？"人们都静下来了。"叫你们来没有别的，"翻译官摇着旗杆子："你们知道八路军的枪枝、子弹、鞋袜、衣服都在哪里？""说呀！你妈的说呀！"然而人们像石沟的崖石一样的沉默着，"说""你们都没有嘴吗？"翻译官用杆子敲着地嚷着："谁知道，谁就领着去，大家好活命。""说了就放大家走，谁领着去找去！"问了好几次，都没有人理睬。谁都知道，在敌人面前反正都是个死，即使像王家庄的王俊那样，不要脸地领着敌人去找过洞，结果仍被敌人刺死的。

"不说，我们就开枪。"翻译官急了，看了看坐在重机枪尾座上的敌人，鬼子压上了子弹，人们气极了，一个妇人骂着："咱们什么都有，就是给你们贼强盗们抢光了。"鬼子上去就把她刺倒了。王阳明是七十岁的老头了，吹着胡子说"没有，就是没有。"他十五岁的侄子孙儿不愿他在敌人的面前说话，叫着："大爹，来吧！咱们不知道，打死就打死吧！"翻译官又嚷着，"知道不？不说就开枪了。"而人群的回答"不知道！""打吧，反正是死，"翻译官流着汗，大阳晒在头顶，它向鬼子作了一个鬼脸。鬼子哗地开起枪来，人们乱嚷着都倒了。然而枪是向上打的，这是威胁，没有伤人。敌人又用枪柄子叫人们站起来，排好。"怎么样？不说可真的要扫射了。"翻译官说。没有回答。"不要你们多说，只要你们说出一双袜子一双鞋就行了。就饶了你们了！""怎么样呀？"翻译官换了口吻，声音又软和了些。一个老婆子吓得声音都软了，"你们知道吧？"向一个青年说："说了也许好救大家的命。"但青年的回答是："放屁，你别做梦！"村长的儿子王兰经，这个十五岁的孩子，牢牢记住他曾经宣誓的公民誓约"谁也不能说，死了好啦，知道也不说！"村长的媳妇张竹子在妇女中鼓励着："咱们妇女们谁也不能说，反正是死，不受敌人的骗。"青年人互相鼓励着："谁说谁是汉奸！"神圣的誓语在人群中低哑的流传着："反正是死，死也不能当汉奸！"龙王水一对六十多岁的老夫妇相互看了一眼，拉拉手，苦笑在脸上一闪，阴沉的说："死、死也死在一起！"他们靠得更紧些。上边翻译官还在问着"没有一个人吗？"它摇了摇头，勉强地打着哈哈："哈哈你们边区的老百姓倒真坚决哪！"它向鬼子摆了摆手，鬼子狠狠的说："杀不完老百姓，就杀不完八路的，统统的是八路！"重机枪响起来了。人群乱了，尘土扬起，喊声一片，血肉和脑浆……而坐在机枪尾上与站在山坡上的敌人却哈哈的笑着。一个负伤的妇女郝称意乘敌人换子弹的短促时候，抱着一个只打剩半截的孩子，跳起来指着敌人骂着："王八羔子们，我们死吧，我们的孩子是会报仇的！"但是她一看到自己的半截孩子她哭倒了。敌人紧接着又用机枪扫射了两次。最后，还下去了几个鬼子，见有动着的用刺刀挑死。一个婴孩还在死去的娘身上吃奶，也被敌人用刺刀把两只脚掌都削断了。中午的太阳还在明亮的照着。而石沟却吹起血味的腥风，地堎里遍泼着血肉脑浆和发片。四月四日"阳五月七日"，人们将永远拿眼泪和仇恨来纪念这个日子。……

（民国三十二年五月二十七日晋察冀日报）

二十一、民国三十二年（1943）"秋季大扫荡"日寇对晋察冀边区北岳区人民的暴行

"阜平平阳""易县寨头""平山岗南""灵寿大寨""井陉黑水坪老虎窝""平山焦家庄"等诸大惨案纪要。

一、日本法西斯强盗在民国三十二年九月，以四万大军，更使用了一切敌伪军事、政治、经济、特务力量，对我晋察冀边区北岳区进行了三个月最野蛮、最

残酷的"毁灭扫荡",企图一举而把我根据地摧毁,或变为无人区,我晋察冀党政军民,经过了三个月紧张激烈的反扫荡斗争,八路军、民兵作战四千多次,响地雷四千多个,毙伤敌伪九千四百多名,日本法西斯强盗,终于被我们从晋察冀边区北岳区神圣的国土上赶跑了。但是,日本法西斯强盗,在这次大"扫荡"中,所干的滔天罪行,是远没有得到应得的惩罚和最后的清算的。他们所犯的罪行,在二十一个县份约一百万人口的地区,据不完全的统计,惨杀我人民六千六百七十四人,(内负伤者九百七十六人),烧毁房屋五万四千七百七十九间,抢掠与烧毁人民粮食二千九百三十四万斤,抢走耕畜一万九千三百三十七头,猪羊五万七千八百七十九只,抢毁农具十七万二千六百二十五件,衣被四十八万七千五百三十件,其他如日常用具、窖藏物品,敌寇蹂躏地区所存实在无几,许多村庄变成瓦砾,大小什物尽成灰烬。他们野蛮下贱的百般凌虐妇女,任意侮辱和轮奸,甚至逼迫子奸其母,父奸其女,驱使男女裸体集体性交。他们凶恶残暴的屠杀方法在百种以上,有刺杀、打靶、砸死、活埋、肢解、剥皮、剜心、凿脑、灌水涨死、毒气毒死、铡死、碾死、烧、烙、锯、喂洋狗、腰斩、悬崖摔死……日本法西斯强盗,这次在我根据地所实行的烧杀抢是怎样的骇人听闻啊!

二、日本法西斯强盗这次在北岳区所制造的惨案,不能一一列举,这里只举出经本会调查的几个典型事例:

(1)阜平平阳惨案。当我将敌人赶出了平阳,井里没有人敢去打水,死尸还没有完全捞出来,井边那个菜园子,就是敌人的一个屠杀场,白的萝卜上都染着深红的血迹。另一个院子里,满地鲜血和土凝结成一寸厚的血层,有的死尸抬出去了,地上留下一个完全血的人形。在下平阳到上平阳的路上,还倒着横七竖八的死尸,上平阳更是死尸遍地,臭气薰人,村里敌人留下五个大屠杀场;一个土岸下躺着十五具死尸,一个小院子里塞满了二十几个光着身子的女死尸,七个山药窖都填满了死人。十月十八日,日寇在平阳南山土洞里搜出二十四个妇女和小孩,逼问:"八路军到哪里去了?粮食枪枝藏在哪里?"大家一齐都说:"不知道。"敌人从一女孩子身上找出了一个字纸片,狞笑一声,便把她的头砍下来了,把人头放在椅子上,叫大家围着椅子跪着,说:"你们看好不好?"叫妇女们去拿,大家都哭了。敌人用刺刀威胁着,打着,最后女孩子的母亲用手去拿它,敌人知道这五十岁的老太婆是女孩子的母亲,把这老太婆也砍了,敌人挑了五个漂亮的妇女,把其余的妇女和小孩赶回洞完全烧死在里面。十月二十四日平阳西沟露水峪的土洞里,十六个公民因为不肯暴露秘密,也完全被敌人烧死。十二月四日荒井(平阳惨案的直接罪魁)从贾口开会回来,"红部"——敌寇的杀人队忙起来了，被捕同胞一个个牵到屠杀场，一天内被杀的就有一百四十人。十二月九日，敌人临退的前夜，集合了六十多个妇女问道："你们愿意跟着，还是愿意回家？"结果敌人把她们都脱光了衣服砍了头，因为她们答的是："要回家！"不愿让敌人侮辱。在这里敌人把捉去的男人妇女，脱光了衣服逼迫跳"秧歌舞"，更强迫这些男女在众人面前性交，稍微推辞，屠刀就砍到头上；山咀头十五个公民是被敌人把头装在裤子里，踢下山坡滚死的；土门李小更几个人的心肝被敌人挖出吃了，并且强迫捉去的妇女共吃；罗峪刘耀梅，拒绝敌人奸污，敌人割下她腿上的肉然后砍了头扔在井里，她腿上的肉被敌人用来包饺子吃了；一个妇女抱着孩子，敌逼她把孩子抛下深崖，最后也把她踢下去；一个十六岁的少女，被敌人轮奸四夜，皮肉肿烂，不成人样了。死的最惨的是一个怀孕的妇女，敌人把她按在一个红漆棺材里，叫二十多个妇女脱光衣服围在她的旁边，敌人用刺刀开了她的胸前的皮肉，撕到奶旁，开了她的膛，摘出她的心，破了她的肚，挑出肚内的胎儿，血流满了棺材底。二十多个妇女不忍看这非人的屠杀，敌人还威胁她们说："你们要回家！这样的杀了的，心炒了吃！"敌人在平阳一个区就屠杀了我一千多同胞。

（2）易县寨头惨案。敌人在寨头村外挖了十个大坑，十一月九日黄昏，用绳子把所有被捕的人赶到一片广场里问："不愿意跟皇军想回家的到这来！"大家都过去了。"统统的死了的"。敌兵像狼一样的扑向被绑的人群，用刺刀威胁，用皮鞋踢打和辱骂着，分头把一百二十一个无辜人民赶到挖好的坑前，寇军们撕下妇女们的衣布蒙着她们的脸，作着无耻残忍的侮辱。后来他们狂暴的把老头、妇女、小孩子、壮年用刺刀挑到坑里去，另一部凶手向坑里填土，砸着大石头，我们的同胞挣扎着怒骂着，一个个被屠杀或活埋了。一个妇女抱着她未满三岁的小孩子惊叫着："妈妈！"被敌人用刺刀一齐挑向坑里去，那个未满三岁的小孩子挑在空中打了几个转，然后掉进坑里。

（3）平山县岗南等村惨案。十二月十二日拂晓，敌人包围了岗南村，全村除了三〈少〉数逃脱外都给圈住了。有二十七个同胞，被敌人带到村东，叫他们解开自己的纽扣，立时反缚两手，推入路旁一条宽纵五尺的沟内，寇军们便居高临下的刺起来。一个十五岁的孩子，不忍见邻人临死的挣扎，刚把脸转过去，躲在沟边的土上，刺刀就插入他的肋子，随即被扔进附近的火堆里。另有几十个同胞，被敌人大队捉到离堡垒五里的上家湾村东，叫他们背高粱秸去，敌人把高粱秸投入两个各一丈多高三丈多宽的洼地里，"你们排开坐下休息吧！"敌人说。人们排成单行面朝西南，背靠洼地，坐在上崖上，"杀呀！"野曾们突然发出狂叫，持枪从五十步外，向坐着的人群奔来，当中是熊熊的大火，四周是敌人的刺刀，被投下的同胞立刻皮焦肉烂，把几十个同胞活活烧死。

（4）灵寿县大寨惨案。十月二十二日，二百多敌人窜进了大寨村，抓住没有逃出的青壮年、妇女、小孩子和十八岁的妇救会主任白进兰，共十五人，野兽们把他们带到大寨旁一个陡峭的悬崖上，面向着十几丈深的崖底，要他们投降，要他们说出那里有八路，不就摔死他们。白进兰号召大家，中国人死也不让鬼子侮辱，也不投降。五个野兽过来按住白进兰，剥下她的裤子，要强奸她，她拼命挣扎顽抗，最后敌人用粉笔塞进她的阴户里，掷下悬崖。其余的人也没有一个投降的，都被野兽们推下悬崖摔死了。

（5）井陉县黑水坪、老虎窝惨案。黑水坪一家的房梁上倒吊着一个被烧死的人，破墙角里躺着一个六七十岁的老太婆衣服脱得光光的，阴户里塞进一支木棍。另外还有一些死尸，有的是被开水从头上浇下烫死的，有的是被石头砸死的，有的是喂了洋狗的。村西三口三丈余深的水井已填满尸体，捞出之尸体血肉混杂面目不可分辨。老虎窝有一百几十个无辜同胞，死在禁用的极无人道的烈性瓦斯弹下，肌肤变成了紫色腐烂了，化成了血水。

（6）平山县焦家庄等村惨案。日寇盘据一月，先后杀人二百余，大部以铡刀铡死。日寇退去后铡人所用之门板，血迹尚殷殷未干，血土厚达半尺，两个水井填满断头缺肢的死尸。苏家庄，敌盘据三月，先后杀人三百余。敌退走后，在河滩上、猪圈中、街道上还有三十多个死尸没有埋，全系刺死和砍杀的。十二月八日，敌一个大队拂晓合击柏叶沟，把整沟的人都绑走了，在路上下令，男子一律杀掉，妇女脱光衣服跪在旁边陪杀，一次屠杀了百余人，使那整沟村庄断了人烟。阜平白发村有两个婴儿活活的放在开水锅里煮死。在平山上高田里，两个妇女被轮奸后，也活活煮死。……够了！这种极端残暴的行为，一切人类的言语文字再找不出恰当的字眼来叙述。

这滔天的罪行，血债，人类的正义和我晋察冀人民的复仇火焰，一定要叫日本法西斯强盗，杀人凶犯们得到最后的清算，和应得的惩罚。

三、日本法西斯强盗这些滔天罪行，完全是按照其军事计划进行的，东条、岗村宁次是这些犯罪的主谋者，六十三师团长野副昌德，六十七旅团长柳，六十六旅团长田中信勇，六十二师团长清水田，六十三旅团长津田义武，独立第三混战旅团长毛利末广，二十六师团长佐伯，十一联队长今掘，十三联队长安尾，百十师团长林芳太郎，一六三联队长上板胜，一九三联队长下枝龙男，一一零联队长黑须元之助，独立一混成旅团长山松奇，及其参加此次毁灭扫荡的军官，是直接杀人放火的凶手，特别是制造平阳惨案的刽子手荒井，他是执行东条、岗村杀人阴谋最疯狂的一个。我北岳区人民三十二年九月至十二月在"扫荡"中所受的一切损失，他们要负全部责任。这些凶手，虽逃至天涯海角，一定要追索归案，交付晋察冀边区人民公审，对其滔天罪行，作最后清算。

（中华民国三十三年三月十五日晋察冀边区行政委员会控诉书）

二十二、繁峙老汉坪惨案

暴敌血洗老汉坪

民兵英雄任忠等三十六人壮烈殉国！

民国三十四（一九四五）年二月十一日的拂晓，五台敌伪百余，奔袭包围我繁峙老汉坪（四十户一百四十四口人的小山庄），进村大肆烧杀，并分出一小部敌人同时到麻子山烧杀，敌人漫山遍野的压下来，大杀大抢，一阵子血肉横飞，死人满街，死状十分伤惨。有的用木棍石头活活打死，有的用枪打死。第一次行凶后还来二次检查，发现重伤尚未死的，索性拉在大火堆里烧死。这种悲壮场面，人类不忍目睹。敌人抓住村民无耻用枪口逼住每个人的心口问，"你们的民兵队长是谁？枪与子弹放在哪里？"可是他们异口同声的回答说："不知道。"民兵任存安更坚决英勇的痛骂敌人说："你们狗日的，打死我也是不知道"。鬼子将他们拉到广场上，用枪打、刀刺，又把他们推到火坑中，他们爬出来，又把他们拿石头砸死。当时有几个老乡藏在尸体的底下，满身血污，不成人样，一个中年妇女，丈夫儿子一齐遇害，自己负了重伤，臂膀也打断了，她却绕街乱跑，疯了。在这次惨案中，任家弟兄任刚（民兵游击队）、任彬（小学教员）、任忠（战斗英雄）拼死抵抗，任彬用斧子砍死三、四个鬼子，任忠在屋中用手枪打了敌人两枪，敌死一伤一，任刚更只身抵抗七、八个鬼子汉奸，当下打倒两个，顺手夺过一支枪来，最后才被敌人打死。我们的民兵英雄任忠死的非常壮烈，他坚强不屈，敌人把他一刀一刀割了肉，以至于死，没有任何屈服，十足表现了英雄的本色，视死如归，他的精神将永远的活着。罗来有子（十六岁）等四人，当敌人子弹磨一粒炸一粒的时候，受难者们的头稀烂了，他们无法逃脱这危险，便佯装死去。最后才从死人堆里爬出来，他的皮衣上仍留有血痕。总计这次惨案中，死难英雄、烈士任忠等六十三人，轻伤十人，重伤五人。敌人更于走时把该村牲畜东西抢劫一空，计被子二十四床，衣服十一件，白布三十二匹，棉花六十斤，毡二领，鞋六四双，毛口袋七条，麻油五十斤，白面六十斤，猪羊肉二十斤，盐十斤，白洋三百零五元，边币一二九二元，牛三头，羊一七零余只，驴六头，总计价值达边币二百余万元（当时价格），惨案发生之后，繁峙党政军民，即召开沉痛悲愤的复仇大会，群众都愤慨的说："死的死了，活着的人要报仇呀！哭不顶事"任刚的父亲任世太老先生，在街上见他儿子与敌撕打，不住的说："任刚是好孩子，英雄好汉。"还有的老乡说："咱村虽遭不幸，可是不泄气，要求上级帮助咱们继续生产战斗，打走鬼子杀尽汉奸，报咱们的血海深仇。"

（民国三十四年三月九日晋察冀日报）

二十三、敌在我晋东北一带制造无人区的情形

（一）日寇为了加强其占领区的血腥统治，在其治安强化后总力战的指导方针下，于一九四一年秋季扫荡时，提出并实施"三光政策"，即对我中国人民施行杀光、烧杀、抢光的惨毒办法。日寇在区域上是这样划分的，谓其占领区是"治安区"，称我之抗日根据地谓"匪区"，对敌我接交地带，惨施"三光政策"，制造所谓"无人区"。日寇在华北敌后制造所谓"无人区"的地带是广大的。在"无人区"的广大地带中，中国同胞不知被日寇杀死、烧死、打死了多少！每忆往事，不禁令人发指鼻酸。其杀人之惨之多，试举数端以资作证：

一九四一年秋，日寇在五台进行扫荡，施行"三光政策"，制造"无人区"时有下面一些材料：

敌人纠合狐峪沟等数据点之敌，向双宙三角城一带扫荡，将中国人民五十三人（包括男女老少）赶到双宙村一个农家院中，放火大烧，只该家十口人中即被烧死九人，其未死之一人，又被日寇用刺刀刺死。在三角城村一家四口，被敌烧死两口，被杀死一口，一个女子是被兽奸之后又被刺死的。就在这一次扫荡中，只此一沟共死一百二十名，其中绝大部分是被敌寇赶到东大地集体烧死的。

敌人在狐峪沟将七个自然村的人民都圈在沟口，老百姓因为害怕，企图逃跑，日寇即集体烧死九人，用来镇压。又在榆树坪村杀死八个人，其中除两个是孩子外其余都是女人。只在这一次的敌人扫荡中，该沟被敌惨杀的共三十四人之多。日寇在施行其"三光政策"，制造"无人区"时，是进行连续反复的扫荡与杀烧的，除了如上所述那样的大杀大烧之外，人民所有的粮食衣被等皆都一无所余的被敌抢光了，虎口余生的人民处在这样恐惧悲愤的环境里，无心农作，也无力农作，满山满坡荒草，高与人齐，山药冻在地里，无人收获，人民无衣无食，三五十人避居一个山洞中，衣不蔽体，采食冻山药，大黄菜（一种野菜名）、野草籽、山留菜，苦菜是上等食品，吃这些东西，不能大便，时间稍久，便都生病，患病者占百分之八十到百分之九十，冻死病死很多。马家庄一村三百二十人，在一个月内便死去一百二十名，死亡比例为八分之三。一九四三年狐峪沟有

百分之七十闹病。女人被敌人强奸轮奸致患花柳病者占百分之三十。敌寇制造的"无人区"，简直是把人间变成了地狱，其凄惨景象，非笔墨所能形容。日寇在晋东北制造的所谓"无人区"的地带，北从龙泉关以南到盂县上社以北，长二百余里宽五六十里。

（二）日寇在制造成为"无人区"之后是怎样去对待此地区尚未死完的中国人民呢？

五台一区前坪村共四十户，男女老少共 120 名，壮年劳动力 32 个，半劳动力（青壮年妇女）16 个，共劳动力 40 个。在风雨及时与努力耕作的情况与条件下，每人每年平均收获粗粮 320 斤，合小米 224 斤。绝大部分生活资料是依靠糠菜度日的。自从经过日寇制造"无人区"占领后，1944 年 1 月至 4 月，共四个月的时间当中：

出款（共十二项）1837.97 元（银洋）

第一次出 148.42 元（四项）

第二次出 818.86 元（三项）

第三次出 483.54 元（二项）

共出黑钱 280 元

应酬与花姑费 107.65 元

共出工 3600 个

出粮（1943 年 9 月至 12 月共四个月）1930 斤。

从上面的材料当中可以看出和估计出来几个问题：

一、按 1837.97 元银洋，合边钞 91828.5 元（当时每银洋一元合 50 元边钞），平均每人在四个月内，负担 765.23 元强，边钞每人每年平均负担 2295.69 元，当时边钞每 2 元买米一斤。以此计算每人每年负担米 101.3 斤强。

二、每人在四月内负担米 16 斤，每人每年负担米 43 斤。

三、连款合成的米 191.3 斤共为每人每年负担小米 239.3 斤。在好年成每人每年平均收入细粮为 224 斤，这样便不足 15.3 斤。

四、再看劳动力使用在农作上的时间有多少呢？

全村 40 个劳动力在四个月（120 天）内为敌作工 3600 个，即每劳动力为敌作工 90 天，全年为敌作工 270 天，作四分之三，只有四分之一时间去农作。

在日寇统治区的人民，每人每年向敌负担占其全部生活资料的 106.67%，劳动力使用于农作时间为四分之一。

（边区农会调查报告）

24. 八路军总政治部控诉敌寇暴行材料
(1945 年)

控诉敌寇暴行

国民革命军第十八集团军总政治部编

控诉敌寇暴行目次

一、写在前面

二、几次骇人听闻的暴行实录

三、平原上的血迹

四、敌寇对根据地经济文化的破坏

五、虐杀战俘、火焚医院、淫辱妇女、放毒传疫

六、虐待盟国侨民

七、人间地狱的敌占区

八、附录（略）

一、延安日本工农学校"日军暴行座谈"

二、我们所亲眼看到的日本军部的野兽面目

三、上田正雄、佐藤的控诉书

一、写在前面

中国有句俗话"天下老鸦一般黑"，这句话也适合说明世界法西斯——不论德寇或日寇——残暴性是一样的。日本法西斯强盗，对中国的侵略战争，已经八年，特别是冈村宁次这个罪魁提出"三光政策"以来，兽蹄所至，庐舍为墟。日本法西斯匪徒的残暴，达到了文明人脑子所无法设想的程度！我们现在无法完全罗列日本强盗所制造的每件罪行，下面揭露的事实，也许是大海中的涓滴吧，然而，就这些，难道还不足使全世界正义人士看清日本法西斯匪徒的狰狞的真相吗？

爱契尔博士（联合国调查战争罪行委员会委员）说："这一回，战争罪行并不是个别人物由于战争而有心理上或道德上的不平衡，因此而发生的孤立的行动。这一回，罪行曾经是，现在是，而且将要是感染一种罪恶传染病的人们的行动。这种传染病，叫做纳粹主义或法西斯主义"。因此，为了那些无辜受害的善良人民，为了那些失掉慈母的孤儿，为了千万无家可归者，并且，为了整个文明世界，我们必须早日扑灭这种传染病——法西斯主义！

在苏联及某些欧洲解放国家，已经有不少战争罪犯被人民的法庭所裁决。我们要警告日寇法西斯凶犯：你们决无法逃脱最终的审判的日子。那时候，你们将会懂得：血债是要用血来偿还的！

二、几次骇人听闻的罪行实录

①由毁灭人性的"扫荡"

日本法西斯强盗，在侵略中国战争中所制造的惨案，实无法完全统计。仅一九四四年九月至十二月对晋察冀的一次大"扫荡"，据不完全统计：在二十一个县份约一百万人口的地区，惨杀我平民六千六百七十四人（内负伤者九百七十六人），烧毁房屋五万四千七百七十九间，抢掠与烧毁人民食粮二千九百三十四万斤，抢走耕畜一万九千三百三十七头，猪羊五万七千八百七十九只，抢毁农具十七万二千六百二十五件，衣被四十八万七千五百三十件，其他如日常用品、窖藏物品，在敌寇蹂躏地区，所余实在无几。许多村庄变成瓦砾，大小杂物尽成灰烬。日寇野蛮下贱的百般凌虐妇女，任意污辱和轮奸，甚至逼迫我同胞子奸其母，父奸其女，驱使男女裸体，集体性交。他们凶恶残暴的刺杀方法，有百种以上，有刺杀、打靶、砸死、活埋、肢解、剥皮、剜心、凿眼、灌水涨死、毒气毒死、铡死、碾死、烙、锯、喂洋狗、腰斩、悬崖摔死、煮死……敌人称这次"扫荡"为"毁灭"扫荡，实际是毁灭人性的"扫荡"。我们在这里只举出几个较大的惨案：

平阳惨案：平阳是阜平县属的一个行政村。十月十八日，日寇在平阳南山土洞里搜出二十四个妇女和小孩，逼问："八路军哪里去了？粮食枪枝藏在哪里？"大家一齐都说："不知道。"敌人从一个女孩身上找出一片字纸，狞笑一声，便把她的头砍下来了，把人头放在椅子上，叫大家围着椅子跪着，说："你们看好不好？"叫妇女们去拿，大家都哭了，敌人用刺刀威胁着打靶，最后女孩母亲去拿它，敌人知道这五十多岁的老太婆是女孩子的母亲，便把她也砍了。敌人挑下五个青年妇女，把其余的妇女和小孩赶回洞里完全烧死。十月二十四日，平阳西沟露水峪的土洞里，十六个公民也完全被敌人烧死。十二月四日，荒井从贾口开会回来，一天内即命"红部"——敌寇的杀人队——将被捕的平民一百四十人杀死。十二月九日，敌人撤退的前夜，集合了六十多个妇女，问道："你们愿意跟着，还是愿意回家？"结果敌人把她们都脱光了砍了头，因为她们答的是："想回家"。敌人把捉去的男人和妇女脱光了衣服逼迫跳"秧歌舞"，更强迫他们公开性交，稍微不愿，屠刀就砍到头上；山咀头十五个公民是被敌人把头装在裤子里踢下山坡滚死的；土门李小更等几个平民的心肝，被敌人挖出炒吃了，并且强迫捉去的妇女们共吃；罗峪刘耀梅拒绝敌人奸污，敌人割下她腿上的肉，然后砍了头，扔在井里。她腿上的肉被敌人用来包饺子吃了。一个妇女抱着孩子，敌人先逼她把孩子抛下深崖，最后把她也踢下崖去。一个十六岁的少女，被敌人轮奸一夜，皮肉肿烂以致毙命。最惨的是一个怀孕的妇女，敌人把她按在一个红漆棺材里，叫二十多个妇女脱光衣服围在她旁边，敌人用刺刀剥开了她胸前的皮肉，撕到奶旁，开了她的膛，摘出她的心，破了她的肚，挑出肚内的胎儿，血流满了棺材底。二十多个妇女不忍看，敌人威胁她们说："你们若要回家！这样杀了的，心炒了吃的！"……当八路军把敌人赶出了平阳，井里没有人敢去打水，因为井里满是尸体。井边的菜园，白的萝卜上染遍了殷红的血迹。另一个院子里，满地鲜血，和土凝结成了一寸厚的血层。

易县寨头惨案：敌人在寨头村外挖了十个大坑，十一月九日黄昏，用绳子把所有被捕的人赶到一片广场里，说："不愿意跟皇军想回家的到这边来！"大家都过去了。敌兵用刺刀皮鞋和怒骂把一百二十一个平民（内有许多妇女）赶到挖好的坑前，先把妇女们奸淫，然后把所有的人用刺刀挑到坑里去。人们的呼号怒骂声乱成一片，最后终被一个个处死。一个孩子未满三岁，在母亲怀中高喊："妈妈！"被敌人将母子两人一齐用刺刀挑下坑去，那个孩子挑在空中，打了几个转，才掉进坑中。其他法西斯凶手们向坑里填土，砸着大石头。

平山县岗南惨案：十二月十二日拂晓，全村人被敌包围，有十七个平民被敌人带到村东，叫他们自己解开纽扣，立时反缚两手，推入一条宽纵五尺的沟内，寇军便对他们居高临下刺起来。内有一个十五岁的孩子，被刺死后扔在附近的一堆火里。另有几十个人被敌人大队捉到离堡垒五里的上家湾村东，叫他们背高粱秸去，敌人把高粱秸投入洼地，并将他们推入一丈多深三丈多宽的洼地中，活活烧死，或先刺死再烧成灰。

灵寿县大寨惨案：十月二十二日，敌在大寨抓住未及逃出之村民十五人（内有小孩数人及妇女数人，包括十八岁之妇救会主任白进兰），野兽们把他们带到一座悬崖边，面向十几丈深的崖底，逼他们出卖自己的同胞。白进兰号召大家不要丧了良心，五个野兽过来，要强奸她，她拼命抵抗，敌将她杀死后，用粉笔塞进她阴户，掷下崖去。其余人也都被摔下崖去跌死了。

井陉县黑水坪惨案：黑水坪一家房梁上，倒吊着一个被烧死的人，破墙角躺着一个老太婆的死尸，阴户里塞进一根木棍。另外还有些尸体，有的是被开水从头上浇下烫死的，有的是被石头砸死的，有的是被砍了头的。老虎窝有一百几十个无辜同胞，死在国际法所禁用的糜烂性的毒气瓦斯弹下，肌肤变成紫色腐烂了，化成了血水。

平山县焦家庄等村浩劫：敌人在焦家庄盘据一月，先后杀死平民二百余，大部以铡刀铡死。敌寇退走后，铡人所用门板血迹尚殷殷未干，凝血厚达一寸，两个水井填满断头缺肢的死尸。苏家庄敌盘据三月，先后杀人三百余，敌退走后，尚在河滩上、大街上、猪圈中发现三十多个死尸，全系刺死或砍杀的。十二月六日，敌一个大队拂晓合击柏叶沟，把全沟的人全绑走了，一次屠杀一百一十多人，使柏叶沟村庄断了人烟。关〈阜〉平柏崖村有两个婴儿，及平山蒿田里两个妇女（被轮奸后），都被活活煮死。

刀锋转向山阴游击区：代县敌军队长白彦、伪警备队教官和田宝男（被称为白阎王、和阎王）从一九四四年一月五日至二十日，大发兽性。五日至七日，在阳明堡、川下、雁门关一带"扫荡"八个村子，平民一人被杀，妇女二人重伤。九、十两日，山底平民十二人被杀（四男八女，内有十一岁儿童一人被刺死，一八十岁老太婆，被用柴禾围捆，活活点了"人油蜡"），十二人受伤（四男八女），被烧被抢甚多。

阿家梁这个小村黑夜被围，九个平民男子被刺死。一个七十多岁的老太婆五个儿子被杀了四个，哭得哑不成声。另有某村被俘去平民（男子）六人，押到离城五里的韩曲，四个逃回，二个被杀死。

日本法西斯强盗这些滔天罪行，完全是按照其军部计划进行的。冈村宁次是这些罪行的主谋者。六十五师团长野副昌德、六十七旅团长柳、六十六旅团长田中信勇、八十二旅团长清水田、六十三旅团长津田义武、独立第三混成旅团长毛利未广、二十六师团佐伯、十一联队七排、十三联队长安尾、百十师团长林芳太郎、一六三联队长上板凸、一三九联队长枝龙男、一一零联队长黑须穴之助、独立第一旅团长山松奇及其他参加此次"毁灭扫荡"的军官，是直接杀人放火的凶手。特别是制造平阳惨案的荒井，他是执行东条、冈村杀人阴谋最疯狂的一个。

②血洗潘家峪

一九四一年一月二十五日（旧历除夕的前夜），天明后不久，敌寇突然包围了冀东的潘家峪。

乡长的全家，先被杀光了。全村一千多村民，被赶到村西头的"西坑"去。这是一个一亩多大的干涸了的水池。

在庄头石桥边，潘惠林家大院有坚固的洋灰门墙，院里由兽军们收集了柴火、玉蜀桔、松木板，各式各样的燃料，平屋上架了两架机枪，房上墙上站满了兽兵，拿手榴弹伏着。敌守备队长在"西坑"训了话后，就把人们赶进这所大院，开起机枪。墙外兽军把小孩往里面扔。硫磺弹引着了火，悲惨的呼号响成一片。到下午七时，全村都着了火。

当滦迁（滦县、迁安）县政府事后派人到潘家峪调查时，一个负伤的妇女——潘李氏叙述她这次死里逃生的经过："我娘儿三个跳进猪圈躲着，火炭直往跟前落。我搂着四岁的四头。鬼子的机关枪，把大儿锁头的左胳膊打了两个透眼。墙外的鬼子，还把烧着的玉米秸子往里扔，锁头赶紧踩着一捆没点着的玉米秸子，爬墙逃出去了。一直到天上出星星，我才紧抱烧得快死的四头冲出火堆"。

潘喜宝十三岁的闺女金东子，背着三岁的小兄弟，在机枪密集射击中躲来躲去，不幸小兄弟中弹死了，她丢了兄弟就跑，一颗子弹又射中她的腿骨。她说，当她爬出大院的时候"哭喊的声音听不见了，只看见通红的炭火，烧着人肉！"她的亲戚说："这孩子一夜睁着眼叫唤着，她的伤口太痛了。"

当敌人骑了潘家峪牲口，抢了东西走后，附近村庄的村民赶来救火，满村烟火与腥臭，火焰仍在烧着。在村东平房里，居然救出三四十个活人。他们是在敌人放枪放火的时候，披着浸湿的褂子躲进去的。敌人锁了门，想把他们烧死。幸喜火没有把这间房子烧着。

潘贵全家都死了，只剩一个七岁女孩，名叫炳子，她是第二天人们认尸的时候，从她爸爸的尸首下翻出来的，满脸是血，以后夜里总是说梦话："爸爸！啊，别压着我。"

第二天，院里火苗还旺，人肉烧着吱吱叫，烧得剩了断肢残腿，认尸也无法认了。有的尸体一拿起，骨头就酥酥落落往下掉。

共计全村被杀平民1035人（内妇女及儿童658名）；负重伤者84人；其余下落不明及幸免于死者，合计只303人。全家死绝者三十余家。毁房一千一百余间，只剩未塌的焦房一百三十五间。这样"血洗"整个村庄是常有的事，这只是一个例子而已。

③由小渠大屠杀及其他

一九四四年十月中旬，敌寇在冀鲁豫九分区的"扫荡"中，向我濮阳、滑县地区合围，我被围民兵突围而去，敌将被围群众压缩在前后小渠，敌强迫群众集合讲话，六百多老百姓全跪在场里，敌先用刺刀、砍刀屠杀了一部分，将尸首扔在村北水井中，最后把未死者用柴火围起，放火焚烧，平民尽遭毒手。

敌向北进至外路砦，将村庄包围，滑县五区民兵与之对抗，毙敌十六名，经五小时，民兵三十余名战死。敌进村后放火烧房，屠杀和平居民一百三十余人。

二十日，敌骑兵又一度回到上堤沙区，在井店、千口、聂固一带，见人就杀，见房就烧。

在晋西北的暴行：

一九四三年十一月，晋西北临县的三交敌人，杀死坪头村和平居民一百余人。同年冬季，敌对三、八分区的"扫荡"中，将翟家庄二十几个男女，拉到一个土窑里，刺死以后，每人身上还压了一块大石头。一九四五年一月十五日，贺家湾（临县南）老弱妇孺躲在洞中避难者二百余人，被敌人用棉花掺上煤油，放了辣椒末，在洞口点着，全皆熏死。二月十日晨，敌到宁静区（宁武、静乐）的磨管峪大肆烧杀，将杨孩儿婆姨的手上的娃娃（三岁）夺去丢入沸水锅中，父亲去救，也被推入，结果子死父伤。王贵家的半岁孩儿被摔死，杨二仁（抱该孩儿的）被刺伤。五十余岁的赵雪被砍头。在黑土塔搜寻山洞，斧劈六三老人，强奸孙贵德婆姨不遂，将她脸上肉割走一块。在任家村枪杀二妇女。二月十二日，包围双路村，杀平民十余。在杜家村，火烧煤窑口，企图熏死在内的八百多老弱妇孺，未成功。

戈山厂惨案：一九四五年我光复旧水后，敌恼羞成怒，于二月五日拂晓以三百多鬼子附炮五门，重机枪二，轻机枪百挺，进攻戈山厂（在山东邹县），居民奋起抗击，敌人从晓至午，屡攻不逞。午后一时，始冲进围子，开始疯狂屠杀，所有牲畜、家具、房屋全烧毁，未及逃出的老弱妇孺，被集中在三个场上，轮番的射死。谭凤发一家五口，烧死在一间房子里。李凡瑞被敌人剖腹而死，三个小孩被扔到火里去，另一小孩被劈成两段，田付成和他四岁孩子一起被烧死。凡未逃出的，无一幸免。

敌寇对太行、太岳区的烧杀部分统计：

（一）一九四零年"百团大战"后，敌报复"扫荡"中的破坏：

太行八个县不完全统计：

惨杀平民1782人，伤135人，烧房62765间，窑洞4676孔，抢走及毁坏粮食32000余石，抢及杀耕畜1372头，猪羊2073只，毁农具40000件。

太岳区五个县统计：

惨杀平民4381人，伤258人，烧房165500间，窑洞3310孔，抢毁粮食166800余石，抢杀牲畜2800余头，猪羊鸡9100余只，毁农具车辆15600余件。

（二）一九四一年十一月，一九四二年二月、五月等三次"扫荡"中，太行区的损失：

惨杀平民4541人，伤848人，烧房32760间，抢杀牲畜5658头，猪羊

12000 余只，抢毁平民粮食 80000 余石，毁农具 30000 余件。

（三）此外，就个别县份举例，如太行黎城县，从一九三八年到一九四二年之间，被毁房间 45000 余间，抢毁平民粮食 35000 余石，抢掠牲畜 800 余头，毁农具约值 100 万元（按当时物价计算），黎城县平均每人在四年中损失六百元（亦按当时物价）。

一九四二年二月初，敌寇一万四千余，发动对晋东南太行区的"扫荡"，反复搜山，逢人便杀。辽县桐峪街市上被杀老弱妇孺即达八十余人，后庄、王家峪村民全遭惨杀，武（乡）东县石门村，一百余居民皆杀死，只逃脱了一匹牲口。敌以蜡烛油浇在被俘民众的头上，点火烧死。当时石门村长被捕去，随走随割，真正到了体无完肤，倒毙路旁。武东二区拴马村捉住一个留有长发的居民，敌人用绳索拴住他的头发吊在树上，扭动他使之旋转，最后头发一根根拔断，倒地而死。在交口地方，敌人将刺刀刺入小孩腹中，高举绕场而行，看两只小手挣扎而死。又武东二区滨庄一个窑内，被敌熏死十九人，洪水附近一窑洞内被烧死五十多人。武乡大有镇被杀四十六人，其中一人被剥了皮。潞城县有三个小贩，被洋狗活活咬死，据说这是"军犬教育"。损失最重的武（乡）东县，被屠杀者数千人。

三、平原上的血迹

冀中平原上的人民，是经历过多次血的灾难的，而特别严重的是一九四二年"五一""扫荡"。敌寇在这次"扫荡"中，杀人之多及其残暴为以前所未有，造成了平原上居民"无家不带孝，处处闻哭声"的惨状。而北坦村惨案，尤其惊人。五日二十八日，敌人三百多向定南北坦村方向大举进犯，北坦附近的南坦、东西赵庄、东西城村及马策平等十余村庄的人民，纷纷跑到北坦以北的地道内躲避，敌人包围了北坦，将大量窒息性瓦斯放入地道，八百余手无寸铁的老弱妇孺全部毙命！

"五一""扫荡"以后，敌人对冀中平原，又曾经采取了以建立"联庄"为中心的对我"突击"进攻。这是敌人在其军事"清剿"与堡垒政策失败后对我进攻的新花样。敌人计划从一九四三年十月中到十一月，作为"联庄势态整备期"，十一月中到十一月末，为"联庄本格展开期"；一九四四年一月初到三月末，为"联庄组织完成扩充期"；而以任丘、高阳在潴龙河两岸的地区，作为它的"突击示范区"。这个"突击示范"，就是最残酷的屠杀镇压。这是一个狂风暴雨，要把潴龙河两岸地点变为血腥世界。

一九四三年十月四日，敌寇"华北派遣军"和"剿共委员会"，在敌酉冈村宁次直接指派之下，由一个特务头目山奇带领的"政治工作队"三十余名，到了高阳的旧城。这一批穿着"中国服装"的日本特务和高丽流氓，就是向任丘、高阳地区我广大同胞进行屠杀抢掠的刽子手。与它们"协同动作"的，还有北平"新民会总会"和保定"新民会"的汉奸狗腿们。那个日本特务头目山奇，据说只是一个"中尉"，但是驻在任丘、高阳地区的敌军第六十三师团六十六联队一百三十七大队的有马大队长和他所属的部队，都要听从山奇的调遣。这也说明了敌人对于这个地区的一切行动，都以特务为中心。它们在各县组织了"清剿班"，从保定拥来一部分机动兵力，首先向高阳开始了"突击"，进行了一次"扫荡"，用高度的镇压手段，在群众中造成恐怖，然后施展其政治上的阴谋。

十月八日，敌人增兵到高阳的旧城。第二天就到良村捕杀群众，捕走二、三十人。第二次又到雍城杀人，并且抓走几十个。第三天又到西畏各村破坏地洞，捉去几个人。当他们突然包围这些村庄的时候，都要强迫全村群众集合开会，逼问村干部姓名。找地洞，找八路军坚壁物资的地方，不说就打，说了打得更凶，继续拷问，有的当场被刺刀挑死，会后把青年壮丁捕走，并且预告"十八号要到城里开反共誓约大会，不去就来讨伐"。同时又叫汉奸欺骗群众说："要是去了，会也可以不开，只是不去的可就不行。"

山奇指挥的一群走卒，急忙忙的要实现它们的阴谋计划，要伪组织人员"一体协力"，却又怕他们不尽心，于是先来一个"清内"工作，把高阳、任丘伪组织中科员科长以上的人员及伪小学教员，都召集去开会，鬼子在会场上大骂："你们统统是通八路的，要赶快自首反共！"并且当场打了高阳伪县长一个耳光，骂他"办事不力"。两三天以后，任丘、高阳边渡口、旧城等各重要据点，又纷纷召开伪村长和伪连络员的会议，许多伪村长和连络员都受了毒打，说他们"不尽心替皇军作事"。任丘县的伪连络员开会时，被饿了一天，不准吃饭，打瞌睡的也要挨打，闹了一天一夜，他们头晕眼花的听鬼子最后在叫唤："混蛋，你们的脖子早离开了的，以后一天要送一次情报，谁没有送的，脑袋的没有！皇军讨伐不许跑的。"会后分发了许多反共传单和誓约表册、回心条例等，限定各村都要派人去城里参加十八日的"反共誓约大会"。三百户以上的村庄，至少要去一百五十人，二百户以上的至少一百人，一百户以上的至少五十人。同时发动"谣言攻势"，威胁各村的群众说："去开会什么事情也没有，不去的就要烧光杀光。"高阳敌伪在十七日就叫人去开会。有一部分村庄的群众去了，敌伪认为人数太少，给去的人手上打了印记放回来，继续诱骗其他群众，十八日去开会。许多群众因为没有及时的认清敌人的阴谋，没有接受抗日团体的劝阻，去了七千多人。任丘的老百姓虽然经过抗日团体与武装的劝阻，叫他们不要去上敌人的当，但大多数群众在敌伪的威胁与欺骗之下，对敌人的狠毒阴谋仍然没有充分的认识，所以也去了一万八千余人，只有一部分被游击队抢救回来。有一部分人走到半路，听到敌人确有阴谋计划，才跑回来。那些进了高阳、任丘城里去"开会"的老百姓，却没有一个回来，全部都被敌人扣押起来了。

山奇的翻译官恒尾，这个父亲日本人母亲台湾人的杂种混蛋，狰狞地向被扣的群众喊叫："我看你们都是鬼呀，没有一个是人呀！你们都是没有脑瓜了的。几年来没有骗到你们，这回可骗到了！哈！哈！""你们骗皇军，现在皇军可骗着你们了。""五六年来皇军打八路军老打不完，都因为有你们老百姓，八路军有保障，我们一点没有保障，八路军是鱼，你们是水，这回要把水熬干了才好打鱼。""你们任丘、高阳的老百姓，都是八路，皇军现在只讲强化，不讲治安了。"群众当时才知道自己完全上了敌人的当。大家心里都是悔恨自己不听抗日团体和干部的劝告，现在后悔也晚了。他们变成了愤恨。敌人强迫他们十三岁以上六十岁以下的，在"反共誓约"上都填了名字打了手印，还说："以后皇军到你们村里讨伐，谁要是背不上誓约，就挑死谁。"接着把他们都关起来，不给他们吃饭喝水，一直把那两万多人饿了五天五夜。家里有些去送饭的。年纪老的被打了回来，年青的也就被扣进去了，送去的饭也不给吃。任丘、高阳两个城里，先后饿死了五十多人，有的渴得没有办法，把自己的尿盛起来喝。在这种情形下，敌人对他们轮番加紧拷问："什么地方有地洞？""哪里有八路军？""哪里有坚壁的东西？""村干部是谁？"群众坚决不说，许多青年遭了毒打。

有一部分人开始被敌人从城里驱送出来了。敌人曾经威胁利诱他们，要他们回村进行各种的破坏活动，并掺杂了个别的特务分子在他们当中，充当以后配合敌人"清剿""示范"时的内应。后来老头和小的也被放了出来。最终只剩下了一部分精壮的青年壮丁，任丘有三千多人，高阳有二千多人，敌人把他们一起送进所谓"感化院"里去了。

敌人企图用进一步的威胁利诱来"感化"这些人，强迫他们听讲，讲的是"反共"。要在这些人当中"树立新民思想"。山奇的翻译官对他们说："将来皇军到你们村里去，不准跑，协助皇军捉干部。""你去，要成立情报网，成立武装剿共委员会，两小时送一次情报，不许不送"。"每个村要组织一个搜索班，搜索附近村庄道沟和坟地，看看有没有八路军，协助皇军搜查。""皇军派去的人和协助皇军的一切人员到你们村里，要保护，不保护的要杀头。""抗日干部到村，马上要报告皇军知道。""回去马上要照皇军说的去办，皇军实行连座法，十人一甲，百人一保，你们如谁不照办的，一村人都要杀死的。"这样的"感化"之后，每人给了一张证明书，就要他们回去组织什么"武装反共委员会"，并且也仿照抗日团体的形式成立伪"儿童团"、"老年队"、"青年队"、"壮年队"等等。敌人特务机关夸称他的这种政策叫做"一切抗日组织向后转"作为他的进一步"清剿""突击"的准备。于是那些人们，都被遣送回村了，他们大部分见到抗日团体和抗日政权的干部，痛哭流涕的说："我们干了没出息的事了，可恨自己的糊涂，上了鬼子的当了。"青年的人们更是气愤填膺，都喊起来了："咱们赶快作堡垒吧，从此不见鬼子的面了。大家一条心，拼他们的！"第二天敌人要召集"清剿大会"，再找不到人了。就大骂伪连络员："该死的，老百姓到哪里去了？八路军捉去的？你的该死！"但是这个时候，敌人计划中的"联庄势态准备"的时期已经结束了。

十一月三十日，山奇集中起他的"政治工作队"，连同敌伪军二百余人，在旧城又召集了任丘、高阳两伪县长、伪保安队和"新民会"的喽罗们，一连开了三天会。山奇气的直跳："怎么的，态势整备得好，现在时候到了联庄本格展开！你们要协力的！"他在会上咆哮了起来。它们派了一架飞机，每天在旧城附近盘旋，要造成一种恐怖的空气。九日，各村伪村长和联络员又被叫去了，敌人正式宣布成立"联庄"，以所谓"武装反共委员会"为"联庄"，的基本组织，要各村指定一个"主任"和"老年队"、"壮年队"、"青年队"的正副队长、班长，规定昼夜巡逻，搜索村庄。设立"情报室"，每两小时送达情报一次，要风雨不停。设立"偷听组"，夜间到各村偷听有什么人谈话和点灯。此外还设立了"通讯侦察组"，打听八路军和干部的活动。还要每村派三个识字的青年，随着敌人"参观突击示范"。要各村交村落详图和七七事变以后到最近的抗日团体名单。第二天，宣布首先在旧城地区开始"示范"。召集各村代表，每村要三人，检查"反共誓约"。从十一日到二十四日，先后到东留各庄、小庄、博士庄、博家庄、傅家营、西留各庄、陈庄、南北坎苇、石庄、齐王庄、三龙化、石氏、良村、雍城、小王果庄、李各庄、皇亲庄、贺庄、高庄、尹庄、于堤、王福、张果庄、出岸、庞口等村庄疯狂"突击"，进行血腥的"示范"。

每到一个村庄，敌人先通知该村伪联络员等，要他们准备，随后就大举出动包围村落，由伪军先行，敌军和"政治工作队"等特务分子随后，带着一些"参观人"，由伪警察充当后卫，山奇及翻译官等也都出马指挥。在村边，先挖下埋人的大坑，然后把群众搜捕到一起，进村看不到人，就封闭房子；看见人就是扣和杀。用种种借口活埋老百姓。并采取无奇不有的"刑罚"。

这是一幕最残酷的斗争。敌人宣传"只要听皇军的话，一定叫你们安居乐业"，但是敌人到留各庄的时候，叫群众背"反共誓约"，很多背过了之后，有的却被活埋了，大多数都遭到毒刑。敌人说是："八路军叫你们背的。"同时在南北坎苇村，又因为群众不会背"反共誓约"而被毒打。伪村长被活埋了。许多村庄的老百姓，一听到敌人来，都跑了。敌人就到处捉人，小庄被捉到的人活埋一个，打死九个。博士庄跑了一部分人，就有一百多户被封门了。三龙化庄人们全跑了，敌人就拆毁了村里的房屋。有的村庄人们没有跑，敌人就把他们围起来，加以惨无人道的蹂躏，称为"开会"，但是那会场却成了伤心惨目的刑场，有的老头子被强迫去爬长绳的梯子，掉下来就打死。有的爬房檐，跌下来要打，打过再爬。有的被捆起来，头向下，抛进井里去，叫做"打洋井"。有的被脱光了，拿冷水从头浇下，在那样的冬天，放在房底下冻着。张果庄等村的人们，还被推进村口潴龙河里去"洗澡"。至于王老头顶着拆下的屋梁或大车，直到头破血流昏倒下去，以及用砖石砸脑袋等等，那就更多了。

　　敌人用尽了一切血腥的办法来发泄它那残酷的兽性，造成了一种普遍的恐怖与悲惨的场面。那几天，各村活埋了的已有六十二人之多。各村口的人坑里，都填满了尸首。到处可以听到哭叫的声音。有一天，敌人要活埋陈庄的一个伪村长，当时他的家属和许多群众，一起都跳到人坑里去，哭喊着"我们一起死吧！"良村的伪甲长听见敌人通知要到他村里来"示范"，把妻子推下井去，自己也上吊了。还有许多老百姓自杀了。恐怖的空气更迅速的扩展了起来。敌人的"联庄"也就在这血腥的恐怖中宣告"成立"，并且很快从旧城向四周蔓延。到十二月初，整个高阳与任丘两县以旧城和边渡口为中心，逐渐都轮到了。敌寇这种血腥的"突击"地区圈外，列为"特别匪区"，那是准备进行新的"清剿""扫荡"的地区。敌人着重在"实验区"进行"联防突击示范"，它的口号是实行"淘水战术"，因为它认定了"八路军光打不行，不淘水就打不到鱼"。因此他要向群众"突击"，以极端恐怖的手段企图使群众与八路军分离，造成一个"绝缘体"。

　　任丘、高阳的许多村庄，在敌人的突击之后，几乎变成了坟场。高阳南龙化全村被拆毁了十分之八的房屋。任丘西八方全村被烧掉房子二千八百间。许多人被活埋，许多人自杀，许多村连鸡狗都杀光。任丘某村一个老太婆还剩下两个老母鸡，因为不甘心为敌人杀光，索性自己杀掉吃了。老百姓所遭到的痛苦是不堪言状的，特别在旧城周围，敌人已经建立了"联庄"的村庄里，老百姓晚上睡觉都不能脱衣服，白天不能吃饭，每天晚上总有五次被迫跑步到旧城去集合，去得晚了，头上没有汗珠子，就得挨到敌人的毒打。各村每二小时要向旧城送一次情报，因此路上络绎不绝，都是跑来跑去送情报的人，老百姓实在没有一刻能够安生。村里人一见到抗日的干部，就不禁放声大哭起来了。青年们不愿遭受敌人的屠杀，纷纷向外逃跑。某村有一个青年要逃跑，他的父亲抱住他痛哭的说："你跑了就没有爹了"。那青年含泪答道："我要是在家，你就没有儿子了"。父子们终于抱头大哭："难道全家都等死吗？"在敌人的屠杀之下，就连伪村长、伪甲长等都逃跑了，没有人敢出头。雍城有一个伪联络员被敌人杀死，把血淋淋的头颅包起来，沿途转送到他的家里，吓得谁也不敢和敌人见面了。敌人在西良淀村，就曾经因为找不见人，把全村房子都拆毁了。从村外捉到一个瞎子，敌人就要请他担任伪村长。

敌人建立"联庄"的计划，虽然十分残暴与毒辣；但在冀中子弟兵与群众的配合行动下，终于被打垮了。山奇只好狼狈的逃回北平去。

四、敌寇对根据地经济文化的破坏

1. 敌人对我根据地之经济破坏

敌人对我根据地之破坏，穷凶极恶，除在大"扫荡"中企图摧毁我根据地人民的生存条件，使我全体根据地军民冻饿而死外，还有许多破坏方法。兹列举其较大者如下：

制造灾荒：日本法西斯有计划制造灾荒，已非一次。远者如一九三九年河北平原的大水灾，乃由于敌人掘破永定河、大清河、滹沱河、沙河等河的堤防，造成空前水灾。以时间论，此次水灾自七月起至十月中，绵延四个多月；以地域论，冀中区（共三十九县）被灾者达三十余县，被灾面积153 852 顷，被灾村庄6 725 个；冀南区被灾亦达三十余县，被冲三千余村，被灾面积55 096 顷。以人口计，冀中灾民达1 912 800 人；冀南区直接间接被灾难民2 500 000 人以上，入春陷于饥饿者尚有250 000 人。难民被迫以麦苗、棉花子、糠、野草充饥。生命财产之损失无法统计。该地政府与军队实行赈济，着手治河挖渠，调济粮食，发动移民，以工代赈，渡过了严重灾荒。以上乃是尽人皆知的事实，无庸赘述。

又如一九四四年之河南大蝗灾。在我根据地，经全体军民抢救突击，太行区达到了肃清蝗虫。河南林县以北地区未收复时，敌人不叫人民打蝗，使河南三十几县田禾受严重损失，济源、孟县、沁阳、温县这些地区及平汉路两侧，一片荒芜，赤地千里，高达六尺的黄蒿，从田野长到村中，人民草根树皮吃尽，弄得互吃人肉。太行区自三月至六月，努力剿蝗，刚大功告成，宣告肃清，八月中旬，敌人又驱来大批飞蝗，情形严重，超过今夏，广及十余县，少则一股，多则三股，每股占面积十至七八十方里不等。经我军民全体动员剿除，始将该蝗消灭。

破坏生产：凡春耕时，敌必发动"扫荡"，破坏春耕，名曰"春耕扫荡"；凡秋收时，敌必发动"扫荡"，破坏秋收并抢粮，名曰"抢粮扫荡"。这是一贯如此的。自一九四三年敌对晋察冀"毁灭扫荡"后，手段更为毒辣，着重在抢掠耕牛、破坏农具，使人民无法从事生产。"扫荡"以后，许多村庄耕牛、农具、种籽被抢光，若不是政府救济，势须〈必〉坐以待毙。一九四四年一月，敌寇计划在山东全省强征"收买"耕牛一百万头，掠夺机关为伪"山东牲畜运销合作社"。这一计划，虽被我军打破，然可看到敌人之毒辣。一九四四年春耕时，临沭敌人即四出抢牲口。又一九四四年五月间，晋西北五寨敌，派大批密探到根据地，企图抢走全部牲口，民兵提出"保卫耕牛"的口号，到处袭击敌人，夺回耕牛。其他对农具之破坏，更无法统计。

抢毁粮食：敌之抢粮与我之护粮，是个严重的斗争。以晋察冀四分区为例，该分区为边区之粮食，产麦甚富，一九四四年，敌计划在该区抢麦三千五百二十吨，单行唐一县，就要抢 1080 吨。多半在半夜分路包围村庄，警戒派在村沿，沿家搜索。有时假意撤退，等村民都放心回来时，突然回头，找地洞挖粮窖。或以骑兵远袭，各村来回搜查，造成恐怖与混乱。这种抢粮，是有组织的有计划的，且规模相当大，如一九四三年十二月，太行区辽县敌于十七日于黄土川抢去粮五十石，牛三十五头，驴五头；十八日又在南梁铺一带抢去粮食二百七十多石，牛驴二十头；二十五日，和顺敌带驴子三百头到和顺西抢粮。一九四四年二月，绥远西部游击区，以载重汽车及骑兵大批抢粮，对在场未打，不及载走的禾谷，就付之一炬。冀中区也发生敌人烧毁大批已熟麦禾，未割即成灰烬。类此事实几乎在每县每区每村都有，不胜枚举。如太岳区晋城敌人，于一九四四年旧历正月初，一月出发抢粮五次，一次比一次抢得多。第五次，到三潘河、瓮山一带，抢去一百四十余石。晋察冀四分区的贾木护麦战（一九四四年七月）中，上下庄的老乡，因麦子被敌抢去，无以为生，想跳井自杀，幸我军夺回粮食，如数交还老乡，才救了他。四分区群众，特别是麦主，敌人常将他抓去，勒令用麦子赎取。其他如河北平原地区，也通行此种绑票行为。如一九四三年十月，敌在冀中的任丘、高阳两县，扣押了当地人民一万七千人，当地居民缴了大批粮食，赎回了一万五千多，其余二千，没粮食去赎，就陷入了可悲的命运——送命。

抓捕壮丁：日本法西斯强盗复活了奴隶制度，在根据地及游击区大批抓丁，抓去以后，即作为奴隶，或当炮灰，或当苦力。抓丁计划，甚为庞大，一九四四年十月，山东区缴获了敌济南陆军联络部"战时重要紧急动员对策"之密令，得悉：敌企图自一九四四年八月至一九四五年三月，在华北各地抓捕壮丁二十万，（山东十万，河北八万，其他二万），驱使壮丁至日本及伪满作工。现已由日本军、日本大使馆、日本宪兵队和特务机关全体动员，并直接指示伪"新民会"、伪"华北劳工协会"开始进行。

山东情形，如日照郯城等地，一九四四年一月已经第三期抓丁，在敌占区普遍登记，不登记不"配给"洋火；在解放区的边缘区，则于拂晓包围村庄，抓捕拉捆。有的就地编伪军，有的送往南京。山西敌抓丁，则用"急进建设团"名义，成立"干备队"，欺骗青年去"受训"。一到太原，就当了兵或当了苦力。伪山西省公署成立"征集委员会"。凡十八岁至二十五岁青年，皆须登记，分批征调。另外，在冀南十三县也大批抓丁。华中如安徽无为民众，六十余人上街去"领盐"，全部被捉；铜陵伪大队长以派夫为名，捉去一千余人。其他办法，如太行区昔东冶头敌于一九四四年旧历新年乔装八路军，奔袭南百岩、小东峪，俘去平民五十余，押回凤居据点，要把他们活埋，幸被八路军解救。又有于集上突然围捕，于大路上乱抓，伪称"开会"，召集居民载上汽车开走，不一而足。抓走壮丁，一是补充伪军，一是送南洋充当"工兵"，一是送入矿场做苦役，也有被当肉靶做为训练新兵刺杀用的。被捕者有反抗，即杀头、剥皮或喂了洋狗。

2. 敌人对我文化教育事业的破坏

日本法西斯强盗，对我解放区教育最为仇视。华北敌人起初仿效亡韩故技，计划将十二岁至十五岁间的中小学生一万人，载回日本施以奴隶教育，再驱之回国，以便为虎作伥，因此，各地小孩常有失踪者，或被敌人捕捉者。对我根据地小学教员，大批屠杀，更属常事。在冀中区，敌人将学龄儿童集中在堡垒中，实行奴化教育，并常常测验他们，如儿童稍有抗日思想，即遭杀害。所用课本，是四书五经，"新民课本"。山东某据点日寇问一小学生："你将来长大干什么？"答："当八路军。"问："当八路军干什么？"答："打日本"。该敌大怒，即将学生及其家长全处死。北平伪报，有所谓征文的把戏，以极大悬赏金为饵，诱青年投稿，限定注明真实地址。敌伪在徵文中检查思想，据调查一九三八年十一月止，因征文被捕者已达七百名之多。

至于以后敌人对根据地的毁灭扫荡中，见人就杀，更不论是否小学生；见房就烧，不论是否小学校。这就更不必说了。

敌人在"治安强化运动"中，进行思想战，无非也是残杀。最典型的例子：一九四三年十一月六日，"北支派遣军政治工作队"到了冀中，开到旧城，向村民宣布：凡背不了"反共誓约"的人受罚，不实行的就活埋。在旧城活埋了一人，十一日到东留梁庄，"开会"进行欺骗宣传，活埋了二人。十二日到小庄，活埋了一人，九人被摔死。以后又到皇亲庄，大家都背出了"反共誓约"，敌人说，不行，也得活埋一个，叫大家一定"选举"一个。结果老村长挺身而出，代乡亲受死，乡亲中有人愿代他，敌人狞笑话〈说〉："不要客气，谁来都一样！"结果把村长活埋了。敌走后，村民将他挖出，已死了。这就是日寇的"思想战"。

摧残宗教：山西五台（佛教圣地）被敌人占领后，大寺院如青岩寺、台麓寺、昭提寺、普济寺、益受寺等都成废墟，大小佛像，支离破碎，名贵遗物被劫一室。北山寺五丈长的金字塔，菩萨顶的金佛，八宝藏经和古金刚经等稀世珍藏，也在"中日佛教一体化"的名义下被劫走。僧人和尼姑遭到了凌辱和屠杀。冀中献县之敌，曾将张庄、云台等地的天主堂捣毁，捕捉神父、修女及学生数百人，掠夺了教堂财产，修女被强奸，并迫令她们嫁给汉奸。另一个村子的神父、被敌人枭首示众。太行区武乡上司村的教堂，一九四一年十二月间，也被敌捣毁，劫去财产，教徒被毒打。武乡南虹桥教堂被封闭，财物没收，教徒十八人被驱入旱井中活埋了。冀中献县的一个回教清真寺，遭敌人在该处杀猪的污辱，回民恨之入骨，冀中回民支队，杀敌最勇敢，也是这个缘故。以上只是一斑，类似罪行不胜枚举。

五、虐杀战俘、火焚医院、淫辱妇女、放毒传疫

敌人费尽脑力，想出各式各样的办法来处死战俘，因为他们认为消耗一粒子弹在中国俘虏身上是很不值得的（除非他们为了训练新兵练习射击）！

他们或是用刀割，或是用烧红的火筷刺，或是活埋，或是"训练军犬"……这些都是惯用的办法。其他的刑罚还多得很。

一九四二年三月间，灵寿某村有个游击小组长被俘，敌人灌他许多冷水，肚子膨胀大了，然后仰卧在地上，用板子来压，压得肚子里的水从口中射出，这种刑罚被叫做"人造自来水"；还有一种刑罚叫"睡钉床"，是在木板上钉满尖头的铁钉，受刑者裸身躺在上面，用皮鞭抽，使他乱滚；另外有种叫"拉蛤蟆弓"的刑罚，在地上插把长刺刀，刀尖向上，使受刑者弯腰，刺刀紧接着肚皮，两手垂下，拉着手榴弹的火绳，人如支持不了时，稍一向下，刺刀即刺进肚皮，稍一向上，手榴弹就被拉响。一九四一年冬天，阜平敌人普遍实行水牢，把被捕者全身脱光，吊在九尺多深的坑中，坑中灌了一半水，因为气候严寒，经过一夜，人便活活冻死在水里……

敌寇这些残杀战俘的罪行是很多的，后面的附录一、二、三有许多目击者的

详尽的叙述，就不必在这里重复了。

但野兽们不仅惨杀战俘，他还捕捉了许多和平居民当作"军事俘虏"。太行名为"工程队"的俘虏营中，有七百多人，真正的士兵只占三分之一，在三分之二的老百姓中，老弱又占一半，还有许多妇女。他们被捕去之后，刚进大门，身上所有的财物就全被搜光，稍为值钱的衣服也被剥光，不管天气怎么冷，只发一床又薄又脏，虱子布满了的破毯。一天两顿吃不饱的饭和臭酸菜，卧病的经常有二百多，每天都有三五个死尸拉出去。年轻力壮的被强迫无限制的输血，多数都因抽血过量而死了。没有被饿死或被虐待死的，最终还是被成群地拉出去屠杀了。据逃回的俘虏说：每十天左右即有一批"俘虏"（多数是老百姓）被押到城东北乱坟岗去，把手捉捆绑，衣服剥光，当做肉靶子，让新兵练习刺杀。这件事情，日本同志月田曾加以证实，他在太原时，一个月内曾目击这样刺杀的俘虏就有二百余人，而这个罪行是冈村宁次大将亲自主持的！

活着的俘虏，每天被拉到太原街上做苦工，或被卖到山西、河北的矿坑里或东北去做苦工，过去曾有部分身体硕长，体格强壮，年在十七至二十五岁左右的青年，被运到德国去换军火。

日本法西斯匪徒对医院的破坏和对伤病员的残酷，在程度上甚至还超过他西欧的盟兄——希特勒匪徒。华北派遣军最高司令官冈村宁次，就是一个最残暴的凶徒，他曾在一九三八年八月攻陷武汉时，把一个野战医院的数百名重病号都用铁铣和枪打死了。华北曾发生过无数次这样的惨剧。譬如：混成八旅团的田中中校，在一九三九年"扫荡"晋察冀的时候，曾袭击高悬着红十字旗的八路军医院，把病人钉在墙上，挖掉眼睛，割掉鼻子、耳朵、生殖器，然后烧死。一九四零年十一月，一一零师团上板上校，在河北省满城县，把八路军的医院和病人都烧了。

日本法西斯匪徒对妇女的兽行，特别令人发指！他们对于中国妇女不仅仅是屠杀，似乎这还不足以发泄他们的兽欲，他们要用尽各种意想不到的办法，残酷的凌辱她们，以获得兽性的满足。这些兽行，除上面已经提到一些以外，在这里我们还要作更多的揭露。

敌人占领上寨的时候，曾经强奸妇女二百人，占全村妇女总数的十分之八。曾经有一个妇女，被四十三个野兽轮奸过。在焦烂沟，敌人奸死了一个十二岁的女孩，九个五十多岁的老太婆亦难幸免。有二个妇女，为保持贞操，被野兽们刺死了。被强奸过的妇女，半数被传染了梅毒。

敌驻灵寿"清剿"时，强奸了河西的一个妇女，又用打气筒塞入阴户内打气，把肚子涨裂了。白石一个妇女，一日遇到二十个鬼子的队伍三群，每次都被轮奸。

在牛城村，曾有一个二十三岁的少妇被三个兽兵轮奸后，割去一个奶子，然后才死去，三个禽兽还将割去的奶子挑在刺刀尖上，一边跑一边狂笑狂喊："大大的葡萄哇！大大的葡萄哇！"行唐西瓦仁村一个老乡说：他们村里有个七十一岁的老婆子，也被五个鬼子轮奸而死。

一九四一年秋末冬初，兽蹄踏进了平山，在冷泉村，四十个妇女被剥光了衣服来跳舞，野兽们在旁大乐一阵以后，用刺刀把她们一个一个从胸到腹开了膛。在北洋沟，敌兵百余轮奸了三十个妇女之后，其中有一部分也用同样的方法送了性命，另外的则被关在一个堆有木柴的窑洞内，点着的草把从洞外掷进去，她们被烧炙得扭成一团，最后仅剩下红的和白的颤动着的肉块，也黏结成堆。

去年"扫荡"太行时，涉县有妇女八人，被强奸后复遭杀害。姚门口一个十三岁的女孩，被几个敌人轮奸后，又刺了三刀，没有死，辗转呻吟于半山草丛中。偏城北区，野兽们将一孕妇的肚子剖开，用血淋淋的刺刀将胎儿挑出来。涉县江沟有一个带着乳儿的妇人，被敌人割去一个乳房，正要割第二个时，身边的孩子哭喊道："不要割，我要吃的奶奶！"

去年五月间，敌人"扫荡"山东清河区，向广（饶）北进犯时，路上碰见个老汉，带着他十四岁的闺女，七个鬼子就将这个女孩强奸了，老汉上前拦阻，当场就被杀死了。栖（霞）东夏季"扫荡"时，三个村被强奸了五十五个妇女，其中一个十四岁的幼女曾被三个法西斯野兽轮奸，一个产后才七天的产妇也被轮奸。东齐一个妇女，敌人将她强奸后，又将萝卜插进阴户中，衣服剥得精光，四肢绑起来，挂在村外。牟平双格庄，有九岁至十二岁的女孩十二人被强奸了。

冀中"扫荡"时，敌曾将妇女多人绑在树上，用手榴弹塞入阴户内，然后在六丈来远的地方拉线，炸死她们。

去年"扫荡"晋察冀时，敌安达中将在狼牙山搜出五十名避难的妇女，将她们剥得精光，强逼着送水，送弹药，并于强奸后枪毙了。

晋西北去冬三、八分区"扫荡"中，在交城西三道川中庄，敌人搜出二十多个女人，用刺刀强迫她们脱光衣服，每人刺了四刺刀，然后推到一个土坑内，用石头砸烂。二道川有三个妇女被几十个敌人从山里搜出，轮奸后，把衣服脱得光光的，绑在树上，活活冻死了。

白草庄四个妇女，被轮奸后，用刺刀剖开肚子，把肠子拉出来，挂在树枝上。

野兽们的丑恶的罪行，是人们所意想不到的。他强迫父亲奸淫自己亲生的女儿，哥哥玷污自己的妹妹，强迫儿子去淫辱自己的母亲，不从就立刻残杀，这是人类历史上从未有过的兽行呵！

在灵寿南文城，敌人强迫公媳俩脱光衣服在街上碰。东金山二青年男女，被迫脱光衣服拉手游街，敌兵跟在后面，鼓掌欢笑。昔阳马场"留置场"被监禁的男女，每日下午四时被迫出外"游戏"，脱光衣服，围成一圈，拉几个老汉和媳妇闺女，进行"猫捉老鼠"，"瞎子找拐子"等"游戏"，野兽们围在外圈狂呼大笑。

日本法西斯匪徒将俘虏的妇女奸污后当作商品出卖。太行区武安去年夏季"扫荡"中，被敌掳去的妇女，强奸后，将姿色较好的留下，继续践踏，姿色中等的贱价出卖。平定的敌人曾将劫去的妇女，不分老少美丑，一律用麻袋装好，卖给伪军做老婆，并且出卖"彩票"，每张五元，凭号领"彩"。井陉敌人将掳得的妇女用苇席卷了出卖，有一伪军花了三百元买一个老婆，揭开苇席一看，原来是自己的母亲，两人抱头痛哭。

谁无妻子？谁无慈母？敌人的毁灭人性的行为，造成怎样悲惨的结果呵！

此外敌人对平民曾经施放毒气，传播鼠疫。这一项罪恶日寇比起希特勒更为毒辣，因为希特勒企图放毒，况且受到盟国的警告，而日寇对我却肆无忌惮呵！

敌人对我军施放毒气，已无数次。举其大者，一二零师师长贺龙将军，即于一九三九年冀中的河间战斗中中毒，其余旅长、团长中毒者不计其数，如一九四零年八月二十九日桑梓桥战斗，敌放毒气，我三八五旅旅长陈锡联将军中毒。抗战以来，中毒官兵至少有三千六百人以上。最惨无人道者莫如对平民施放毒气，大批屠杀。一九三九年十二月四日，冀中的驻蠡县、张登、大百尺敌人二百余，到城北十五六里的车里营、王辛庄、林堡、潘营等五村，将村包围，一部分老百姓被敌人赶至王辛庄一家院内，八十多壮丁在三个屋内，被敌人用窒息性瓦斯毒死，死者六十余人，余负伤。这是开始的一次。一九四二年冀中百坦村惨案，是最严重的一次放毒案件，已如前述。一九四二年敌"扫荡"晋东南太行区，撤退时，到处放毒药及毒瓦斯。涉县河南店一水井内，敌人放了毒药，喝了这水立即毙命。此外，还施放了糜烂性毒汁，中毒者全身红肿，接着糜烂。敌人还留下一些放毒了的纸烟、大米、罐头、军器、服装、鞋袜等物，涉县东崖底民众中毒者多人，后经化验证明为"芥子毒气"。吸了含毒纸烟的人，开始恶心，几天后呼吸困难，肺部水肿而死。某些村子居民，有因中毒而全家毙命的。太行区武乡县柳沟、东堡、桥南塔等十一村，中毒死的更多。

一九四四年八月二十日，冀中河间肃宁间，我军伏击俘敌伪百五十人，敌于二十六日出动报复，正午突然包围我前后丰梁堡村，当时该村四面涨水，青壮年已跳水逃走，老弱妇孺未及逃走，敌进村，见一人杀一人，将不满周岁的婴儿，投入水中淹死。在后梁丰堡捕和平居民七十余，全赶进一间房内，随即锁门放毒气，将七十余人毒死后，又放火焚烧，半天中，杀人八十二，烧房三百余间，又决提九处。火延烧三日未息。

"扫荡"冀中的敌人，曾在油坊及韩口等地留下鼠疫及投下鼠疫菌，猪传染后，号呼不止而死，有猫八只吃了病鼠，全身发红斑后死亡。"扫荡"太行区时，敌人也曾在武乡等地放菌，冀南及冀鲁豫地区也放过该菌。在沦陷区，敌人曾向老百姓征鼠，规定每亩田赋缴活鼠两只，企图大规模制造鼠疫，以毁灭根据地人民。

六、虐待盟国侨民

太平洋战争爆发前，日寇即派遣特务，监视在中国各地的英美侨民。对英美教会，日本特务往往假装中国信徒，混到里面去，侦察英美人的行动，详细调查他们的财产，作为以后压榨和掠夺的准备。太平洋战争爆发后，日寇即把英美侨民通通拘禁起来，把英美人开办的一切教会、银行、工厂、商店等都贴上"大日本皇军管理"的封条，在那些洋楼的屋顶上插上了太阳旗。

平津一带的集中营

日寇把平津的英美侨民拘留以后，分为两部分，一部分被送到山东潍县的集中营，一部分是由于老弱或其他原因拘留在北平。被拘留在北平的英美人士，很早就与其他的外国人隔绝了。他们已经被剥夺了居住行动的自由。有一个时期，只允许他们可以买东西或到医院去看病——但也得在左臂上缠上一块写着"英"或"米"（美）国字的红布，以表明他们是敌性国家的人民。

大约是在一九四四年夏天，在平北红十字会尼波尔博士那里，有人曾遇见从前协和医校的建筑师奥斯顿先生，他是负责管理拘禁在英国大使馆内的十八位英国人士。

据他说，这些被拘禁的人们是连对一般外国人应有的配给也得不到的，他们被迫至黑市上去买二等的面粉吃，价格要比配给面高两倍半（去年七月份配给面价每袋八十元，黑市价二百元）。他们的经济来源，说是通过红十字会的帮助从他们本国搞来的，这笔款项是算做同盟国政府借给个别的私人，战后再偿还。但是日寇在兑换上故意和他们为难，硬要以美金一元伪钞一元来兑换，以致这些受难人士的生活陷入不可想象的窘状。这种僵局一直拖延好几个月，都得不到合理解决。

至于日寇对待几个特殊人士是更严厉的，这几位盟邦人士是包括燕京大学校长司徒雷登博士，协和医校校长鲁文博士，助理胡顿先生，这三位人士在太平洋战争爆发之初，被监禁在北平东城三条胡同内一所协和医院的住宅内，他们被禁绝一切的来往。据说鲁文博士，由于长期拘禁的结果，现已神经失常，病势极可忧虑。在北平同盟国人士比较自由的，只有门头沟煤矿给敌人服务的柯汉先生。另外在开滦矿务局，听说还有一些比利时人和英国人士被拘禁着。

潍县集中营

山东潍县城东三里有一个"乐道院"，该院原为美国房产，内设教堂、医院、中学、小学、住房等。在那里被拘禁的美国人最多，英国人次之，此外尚有荷比等国侨民共约千余人（这些被拘盟国侨民多是由平津、青岛、烟台等地送去的）。由日寇驻潍领事馆派遣的三四十个武装警察管理和监视。这些侨民，长年被关于"乐道院"不能外出。敌寇每月每人发给生活费五百元。但所需食物及日用品，都是由看守者卖给他们，其价格常常高于市价三倍至五倍，所以生活极度困难。于是他们不得不在日警的严密监视下，冒险向墙外的小贩买食物。以后小贩们因日警的开枪射击，白天都不敢再到墙外卖东西了，只好夜间悄悄的爬过电网，向院里大批的运送白糖、鸡蛋等食物。那些被囚的侨民，在墙下接到了东西，便马上分散，严密收藏。偶而为日警所查获，除将物品没收外，还要罚坐黑房。这些盟国侨民在外面的小贩中有很好的信用，他们互相通信做买卖。此外，他们并得到教会中中国教友的资助，否则仅凭日寇所发的生活费，加以日人从中克扣，要想吃饱是很困难的。一九四三年夏季以后，由于物价飞涨，他们的余款越来越少，不够贴补，而日寇又不分昼夜的严禁小贩不准和他们发生买卖关系，并把他们和北平等处被拘留的盟国侨民经常对调，所以侨民自己的组织团体也就因此被拆散，与外面的联系也就慢慢被断绝了。现在他们都处于半饥饿状态中。敌寇近来为防范游击队和侨民的"不规行动"，在周围约二里长的高大墙地上，架起很高电线，四个墙角上高高悬起探照灯，墙外约四五尺的地方，掘成一丈余深、七八尺宽的壕沟，大门前的东西交通大道已被阻塞，不能通行，守卫的日警像警犬一样吆喝着一切，人不许走近门口。一九四三年六月间，有两个盟侨（一个美国人一个英国人）在夜间越墙逃走了，从此敌人警戒更严。

上海外侨情形

上海大非昔比了。居住在上海的英美人、犹太人以及其他盟国友人，都同样尝到日寇法西斯的无比残酷、阴险和毒辣的滋味。亲眼看到他们扮演的各种丑剧。

最刺目的是一连串插在外滩洋楼上的太阳旗。有一个时期，在马路上的人丛中，还可以看见几个缠着红臂章的英美人；但在去年三月一日以后，他们也绝迹了，因为都被赶进集中营里去了，只有绝少数的医院的大医师、技师，还能继续服务，因为敌人一时找不到代替人的原故。

同时，犹太人也遭了同样的命运。敌人规定他们的区域是虹口，并要把他们的生命线——开设在租界的商店一律"退让"了。

同样的厄运也落在意大利侨民身上。去年五月五日早晨七时，意大利领事馆接到巴多格里奥的命令，七时零五分，一只著名豪华的意大利邮船"康梭瓦地"便沉入黄浦江底了。这消息如疾风捲起上海人民的兴奋。下一天，意大利人便失却了自由，挂着意大利旗帜的三北公司轮船，全部给敌人没收了。

屠杀教徒

日寇在大都市中对盟国侨民的虐待既如上述，对穷乡僻壤中的教会和传教师更是尽情破坏和随便屠杀。如一九四二年一月间，敌在长治某村就杀死十个荷兰籍的传教师，没收教堂财产，并将教堂中的妇女儿童标价拍卖。其他各地教堂被捣毁，修女被强奸，财物被没收，神父被捕捉或屠杀之事是屡见不鲜的。

七、人间地狱的敌占区

现在，让我们的眼睛转到敌占区看看吧！

自从侵略战争发动的第一天起，日本法西斯匪徒就摆着伪善的面孔，告诉全世界说：他们侵占中国是为了"宣扬文明"；说：他们已经在满洲、华北、以至全部占领区建设了"王道乐土"。但究竟这是些怎么的"乐土"呢？

露骨的掠夺

只要稍微有点正义感的人们，一踏进敌占区便可以看到，在那里统治着的是露骨的掠夺和无厌的诛求。七年多以来，敌占区的矿山全被霸占了。一九四二年以后，每年有千万吨的煤和二百万吨的铁被运回日本。大城小镇的商店，在粉饰着的景气下面，度着悲惨的岁月。人们几乎无法预测下一秒钟自己和自己财产的命运。举几个较近的例子：

晋东南某县城内晋元公司等四大商号突被没收，存货二百余万元全部被洗劫，经理被扣押，勒赎巨款。

济南恒丰布庄（全部资产值二千万元）、锦市东街元盛染店（资产二百余万元）及福康街某布庄（资产千余万元），都在一九四三年被没收。

南京附近栖霞山的江南水泥厂——我国大水泥厂之一，一九四三年被迫将全部机器拆卸，自费运至伪"满"，损失了机器，还要出大批运费，厂主只有将一把辛酸泪咽进肚里，而对于这样的盗匪行为，日本法西斯匪徒却制造了许多特异的语汇：或者是"××密谋抗日"，或者是"军事需要"，"借用"，更可笑的是"恐将来遭英美空袭，致受损失"！

　　在上海，许多外商都在"委托经营"的名义下，被变相没收，计有：上海造船厂，马勒造船厂，黄埔机器造船厂，永备电筒厂，留声机械制造厂，慎昌公司工厂，华懋工业制造厂，白礼氏洋烛公司，利华肥皂公司，永光公司，平和洋行酒精厂，颐中烟草公司，怡和啤酒厂，昌华玻璃厂，上海皮革厂，上海啤酒公司等十六家，还有些是用"指定管理"方式没收的，如：安迪生电料公司，五洲固本肥皂厂，中国化学工业社，江苏药水厂，美光火柴厂，中国纸板制品公司，正广和汽水公司，海宁洋行，上海电力公司，沪西电力公司，上海自来水公司，上海电车公司，上海制造电气公司等。

　　一九四三年夏天，在所谓"对华新政策"的幌子下面，敌人高唱"发还工厂"，"物资开放"，成立"全国商业统制协会"，把金城银行总经理周逆作民和前交通银行董事长唐逆寿民拉进去，说是"中国人办中国事"。工厂由"中日合股"开办，规定日资只占百分之四十九，华资占百分之五十一，这在表面上似乎提高了那些大汉奸财阀的地位，（他们的确也在经济上得到些好处，因为敌人给他们一些剥削中下层民众的机会！）但敌人的锦囊妙计，是为了吸取敌占区的资金，先叫这些大资产者积极起来，为敌人服务，让他们自己也相当发展，等到适当时机，就可以随便找个借口，将他们的财产全部没收，这好像是叫猪仔吃得肥肥胖胖的，然后整个儿的杀掉一样，无怪上海人称之曰"喂猪猡政策"！

　　敌人的"新政策"失败了。因为"交还"的工厂，号称百余家，而这些工厂的重要设备已在敌"军管"期间被抢走了，各厂家如果开工，先得出一部资本，恢复工厂设备，加之工业原料全部为敌独占，物资通行权掌握在敌特务机关手里，这些，"猪猡"们都是很清楚的，比如周作民、唐寿民等以伪币四千万元，组织蚕丝公司，估计可以大赚钱；但敌之"华中蚕丝组合"，即出面向周等警告不要下乡收茧子。他们要茧子，日方组合可以供给，并且可以比市价便宜些。但不让他们和农村直接发生关系，免起"竞争"。日方独占江泰一带茧子来源，压低茧子价格，周逆等觉得前途困难，只得将公司规模缩小，职员均半薪留职，每月减为五百元。

　　工商业的命运如此，一般民众的负担更是惊人！捐税名目，日新月异，各地亦不同。请看一个铁路爱护村的账单（一九四三年二三月）：

招待费（包括大米白面、酒肉、各种菜蔬、油盐酱醋、烟卷等）——44 831.6元；送礼费（包括话匣针、庆祝新加城陷落、"皇军"生日、婚丧、被服、子弹等）——4 970.35 元；购置费（内 32 项，从略）——12 827.45 元；各炮楼用费（内喂狗费等四项）——5 233.7 元；办公费（内开会、受训、照相等十六项）——14 085.2 元；派款（内黑款、薪金等四项）——50 547.35 元；雇人费（雇治安军等六项）——83 066.5 元；米（三项）——443 832.5 元；建仓费（内四项）——63 714.7 元；杂支（买电线、唱戏等四项）——3 463.67 元。合计：726 662.95 元。

而这还只是临时的负担；正式的损税则有（例如在大同）：房捐，地亩捐，门牌捐，户口捐，户别捐，牲畜捐，屠宰捐，斗捐，称捐，碾磨捐，井捐，锅，狗牌捐，车税，大烟税，营业税，烟酒税，婚姻换贴捐，入葬捐，衣服捐，被服税等。平定榆次一带，还有饭捐，金牙捐，平头（理发）捐，劳动税等。根据邓小平同志的估计，敌占区民众的负担较重的超过其收入的三倍。民众不得不鬻地卖产，勉强支持，如冀南某县小王村一个地主，一顷地已快卖光了。

敌人对粮食的掠夺，愈来愈露骨，在"日满华粮食自给体制"的口号下，一九四二年在华北抢粮二千万石，一九四三年动员了华北敌伪全部力量，抢粮数目，更为惊人，仅山西一省即强派二万四千吨。采取的办法是软硬兼施，首先强制摊派（主要的是给敌军就地解决给养）：河北平山敌规定每两银子（田赋）征麦四十斤，各堡垒敌又就地按每两银子勒索二十斤；灵寿敌规定每亩征麦一斗五升；而实际掠夺的数量是不受这些规定的限制的。另一个办法是低价收买——这是敌人抢粮的主要方式，由华北敌酋亲自主持的，规定价格往往不及市价二十分之一，而收买的数量常常超过产量三分之二；再加上他们使用特制的大称和意外的敲诈，给的钱又是伪钞和不兑现的"物资交换券"，因此，实际"收买"的数量便更无限制了。阳曲敌占区人口不过六万，征麦四百二十万斤，交城覃村全村麦收最多不过三十五石，被征小麦一万零九百二十斤，大麦六千五百八十斤，还要杂粮五万零五百六十八斤。因此，有八户农民，情愿将全部麦田交给伪村公所。

在掠夺的目的没有达到的时候，敌人便露出了更加狰狞的面目。交城敌用开会名义诱捕伪村长，用毒刑强逼他们写信，叫老百姓交粮；静乐敌实行绑票，抓走一个大人要用二百斤米去赎，小孩一百斤；太原敌每日出发各村，先将村子包围，将伪村长逮捕拷打，然后逼着他带到各家去搜查。太行区内丘县在一九四二年二、三月间，伪村长被逼上吊、投井者就有二十四个。敌人曾经派大军包围过清（源）太（谷）徐（水）三县旧城，换户搜索，所有粮食均被查封，限三日内送进仓库，第二天，三城不见炊烟，居民扶老携幼，啼饥号寒，相率向我根据地逃亡。一九四一年至一九四二年上半年间，太行敌占区边缘，由于大批民群逃入我根据地，出现了"无人区"。昔（阳）西敌占区之"无人区"宽达三四十里，冀西一带"无人区"亦宽达十里至二十里，满目荒凉，野草遍地，凄惨已极。

无限制的徭役

在"王道乐土"上统治着的是奴隶的劳动和无限制的徭役。法西斯匪徒在占领区建筑了新的"万里长城"——铁路和公路两旁的一丈多宽的护路沟以及隔绝我根据地与敌占区的无数的封锁沟墙。华北敌人挖的封锁沟共长一万一千余公里——比"万里长城"还长四倍，有地球周长的四分之一！此外还有上万的碉堡。这样毁掉的耕地约占全华北耕地面积的百分之4.65，仅冀中一地即达九十余万亩，冀南约十三万五千亩。当然，这是没有支付任何代价的。而修筑这些封锁沟墙碉堡所驱使的劳力，数目实在庞大得惊人。以太行区之邢台、沙河二县为例：大柏沟，一九四零年二月至一九四一年十一月（390 天）共被敌征服劳役 12 237 工。崔家庄等共 35 户，116 人，同时期内共出 6238 工。沙河西赵村 130 户，523 人，一九四二年三月十二日至七月十三日，共出 2230 工；纸坊 210 户，980 人，同时期内共出 16 740 工。这四个村每天都有八分之一的人口给敌寇做苦工。如果十八岁以上五十岁以下的人口（敌人规定的支差年龄）占全人口十分之三，那么，每个在这个年龄内的男人，平均每个月就有十五天为敌寇作了无代价的劳役。

在公路、据点附近的村庄，被征服劳役的时间还要更多，晋西北方山，一九四二年四月份内，有不少村庄每人每月作了二十天以上的苦工，七八月间，霪雨连绵，公路多被水冲坏，七月份，公路旁边的村庄竟有每人为敌人做了二十七天苦工的。

除了修公路、沟墙、炮楼之外，还有"支长差"，"受训"，守电线杆，"扫荡"时搬运子弹等劳役，所谓"支长差"，多数是派到敌炮楼内去做工，敌人的碉堡炮楼多在山顶上，交通不便，柴水两缺，于是就强迫附近村庄每天给他出多少民夫，执行这些劳役。如邢台土岭据点，经常要五匹牲口支差（五个人，三天一换），专从城里运给养，买东西。另外，每天还要八十个民夫担水、打柴，二十五个民夫劈柴烧火，而这些却是每天一换，自己带吃的。在"扫荡"时，例如一九四二年五月，敌突击沙河，曾强迫邢台、永年、沙河三县，派出壮丁一万三千余人，"随军服役"，先后四十多天，打死、累死、饿死及被敌杀死的共一千二百余人。一九四四年冬天，敌人向山西阳城要三千民夫运铁，规定自带十多天粮，老百姓原来就闹饥荒，这一来，就只好变卖田地房屋，买点米糠，有的甚至饿着肚子去送，阳（城）晋（城）大道上，饿死一百九十多，病了三十多个。

矿区附近的老百姓，还要被强派到矿坑里工作，井陉煤矿，在青石岭以西十二个村里强征了一千四百民夫；仅南寨一村就有二百三十五人。敌人规定两月一换，实际上常延长三四个月仍不放还。

除征派临时的民夫外，还大量的捕捉壮丁，运到关外去做苦工。据敌人透露出来的数字：一九四二年一月至八月，华北送出关外的壮丁共1028377人，五年来出关的总数已达五百六十万人以上。因为生活上的虐待和过度的劳动，工人死亡率极大，需要不断的补充，于是，伪"满"成了填不满的杀人的陷阱。

敌人抓捕壮丁的办法，可谓"花样翻新"：或者化装便衣，四处捕捉，或则在集会场所包围抓捕。一九四四年二月底，宿迁敌人关闭城门，抓捕壮丁一百三十余人；三月中旬某夜，苏北新浦敌伪特务，在戏院客满时，突然登台叫喊："我们有重要东西被人偷去，大家不要惊慌，一个一个出去，让我们检查一下"，所有壮丁都被"检查"去了。敌据点全椒城，现经常发生老太婆找儿子、妻子寻丈夫的事情，这些失踪的人都是被鬼子偷偷拉去，到了夜间，以戒严为名，把他们用汽车押送出境。这些事实是笔不胜书的。

饥饿，死亡，人吃人！

敌占区的大多数人民都是生活在饥饿和死亡的边缘上。汾阳陈家庄地主梁宫，因为交不出款子，被灌冷水和狗咬，回家自杀了。沙沟郭某，摊不起款，把儿子杀了，自己也上了吊。沙河县一些老百姓被逼得饮砒霜自杀。

食粮和布匹用品都是"配给"的，食粮方面，过去在"配给"最多的上海，全年每人也不过米三斗四升，白面粉二十九斤半，豆四斤，玉米粉二斤——还不足所需的十分之一。而自今年起，敌人实施所谓"重点配给"制，除伪警察、保安队、公务员、医院、报社还可享受"重点配给权"外，其余的人民连吃不饱饿不死的少量"配给"米粮也不可能得到了。山西交城一个老汉，在街上跑了一天，买不到米，悲痛自尽，全家都跟着自杀了！

北平，这个在沦陷前的宁静的古都，如今，大多数人只能吃"假粮食"——就是豆饼麸子、豆腐渣、榆皮面和几十种草根树皮做成的杂合面，而这样的粮食也难买到，市民常常天一亮就出去，等着买粮食，等了一天，还是空手回来。有的人家，丈夫出去买"配给"粮，一去几天，妻子已经在家里活活的饿死了！洋车夫往往拉到半路就昏倒死了。

一九四二年冬天，市内冻饿而死的每天有一百多，起先伪"实报"社还假仁假义的施棺材，后来施不起了，便登了一则启事："请仁人君子多多捐助棺材。"连齐逆燮元也不得不承认："京市日前时有饿殍载道情事。"一九四三年，竟发生人吃马粪的惨剧。据王逆荫泰自供：在北平近郊日本兵营附近，"营内军马吃大麦豆子没有消化，拉出来的粪，被老百姓抢去，洗了充饥！"

太原市内，大街小巷，商店多关门闭户，街上穷人乞丐占十之八九。一九四三年旧历十一月十七日，天气转寒，一日之内，冻饿而死的达三百余人。

上海大小工厂被迫停业的结果，失业工人饿死的很多。大世界路旁，常常跪着很多蹲在尸体旁要钱的乞丐。大马路上，常有人用麻绳系着自己亲人的尸体，像拖死狗一样的边走边哭，向路人行乞，特别是去年冬天奇寒，街道上冻饿而死的日以数百计，许多都一丝不挂地裸露在街头。丝厂女工则沦为旅馆里的"向导女"（变相的妓女），全沪有三千余名，她们每小时只能收入二十六元，如果每天做两小时，能赚五十二元，其中付旅馆茶房十三元，另加送头十三元，向导社老板十三元，来回车费数元，伪方捐税五元，旅馆娘姨一元，向导社茶房一元，收支相等，如无外赏，则还要自陪饭钱胭指花粉等费！

去年（一九四四年）五月，在山西晋城（敌占）发生了一件最悲惨的事情：城内有家肉铺出卖人肉人油，肉铺在一九四三年七月间开张时，收养街头无衣无食的难民，关入黑房，到夜晚口塞棉花，砍下头，劈开四肢，挖去五藏，下入锅内炖熟，剥肉凝结，叫做"五香牛肉"，炼出的人油叫"日本鱼油"，贱价出卖。五月二十日，一妇去该铺买肉，在后院中看见小伙计正拿着一条人胳膊剥肉，她很害怕，出街就传开来，一下子惊动全城，好多人挤到肉铺里去看，发现床下筐中有人头二十七颗，黑房中关有养胖的小孩五个，老百姓气愤不过，到伪县署去告状，县署拒绝不理。后来才知道肉铺是城里大汉奸的妻舅夫妇买通敌人开的黑店！

毒化，奴化！

除了把中国人民束缚在饥饿的死亡线上而外，敌人还施行了最卑恶的毒化奴化政策，为了毁灭中国人民的精神。例如在太原，敌人将飞机场变成了一所毒品批售处兼秘密杀人场，总计太原市的料面店有416家，日以继夜，门庭如市，料面的来源都是从"飞机场"的修理间里批发的。隔不上十天，就要从天津飞来一架运输机，里面满载着"××会社出品"等字样的火印木箱，箱里全装满了包封精致的料面。日本浪人在"尊重中国主权"的欺骗政策下，就得将这些料面秘密运进城去。秘密手段，凡是日本人能想得出的，就能做得出。去年五月间，有一个日本浪人批发了一大包（内有几十个小包）料面，看见飞机场旁，有一个五岁的小孩在玩耍。这个暴徒竟"妙想天开"地跑去把他的小嘴塞住，悄悄地抱到偏僻无人的凹地里，把孩子的肚子剖开，掏出心肝五藏，然后将小包包的料面，装进肚里去，把衣服扣好就抱着走了。此时，孩子的父母正慌乱地到处叫喊着寻找，恰见这个日本浪人抱着死孩子匆忙地走过，两夫妇就急奔上前，将他拉住，逼近一看，孩子死了！女人当时就昏过去了，她丈夫死命的扯住那个浪人，引起了过路人的愤恨，大家一涌上前将浪人扭到伪警察局去，但伪局长竟把浪人放走，若无其事地说："飞机场是日本大皇军的秘密要地，谁叫你管教不严，让孩子跑到那里去呢？走，滚走！"

对知识青年，敌人一方面是欺骗、奴化，改篡学校课本，高中以上，国文都是读古文，教授日语，组织赴日"观光团"，用鸦片、女人使青年堕落。加强特务统治，各学校均由敌宪兵队特务机关派日本教官、教务、训育掌管一切；一方面则是残酷的镇压，每班派特务，以抗日面目出现，诱捕进步青年，送入"反省院"，或就地处死，敌人对凡是住过中学大学的知识分子，起初都是勾引他们加入伪组织，以亲戚朋友关系拉拢，用金钱地位收买：如初中程度者给以乡长职位，高中程度者给以股长科长等衔。如不愿工作就施行威胁使其上钩；然后经常进行思想检查，利用座谈会形式，以国内外大事为主题，强迫发言，稍有不妥，就被送到特务机关。大同曾经发生了好几次"坑儒"案件。一九四三年初，大同敌宪兵司令部假请客名义，活埋了三百九十七个知识分子，因为他们懂得英文，被认为是"亲英美派"。同年十月三十一日又捕杀了一百数十名，据说是"怀有热烈抗日思想的分子"。又如浮山、翼城之敌，一九四三年，曾包围青城四、五两区，捕杀小学教员达百余人。总之，敌人是一只手拿着金钱、美女、地位，另一只手拿着屠刀来施行他的奴化政策的。

走狗也不能幸免

敌人为了巩固占领区的血腥统治，防止伪军伪组织的离心倾向，于是采取"杀鸡警猴"的办法，常常以"莫须有"的罪名捕杀伪军伪组织人员。如冀南七乡的伪村长，因拒绝敌人强奸他的家属，被毒打昏死三次；昔（阳）西在一九四三年八月，因"通匪"罪大批伪组织人员被捕；华泉伪闾长胡策山，被脱光衣服绑起来，用开水从头烫到脚，全身皮开肉绽，里思村情报员刘毛科，被迫将裤带解开，将头弯进裤内，用绳捆住，投入深潭，名曰"虾公见龙王"，到落水后，数度挣扎，浮出水面，仍被敌人用乱石打死。潞城敌于十一月十三、十四两天，捕伪组织人员十人，把他们当作肉靶，叫新兵刺杀。这样的事实也是没法说完的，而且，更多的事实的罗列是不必要的，人们已经可以得到这样的概念：日本法西斯匪徒统治的地方，不会有一片干净土，他们所宣传的"王道乐土"是用成千成万中国人的眼泪、汗、血、骷髅所建造起来和哺养着的；而他们所宣扬的"文明"就是"中世纪的黑暗"的代名词。

总后记

历时多年的《抗日战争时期中国人口伤亡和财产损失调研丛书》终于问世了。参加这套丛书编纂工作的，主要是承担《抗日战争时期中国人口伤亡和财产损失》课题调研任务的各省、自治区、直辖市及其下属市、县的领导同志和课题组成员，以及部分著名专家。他们以高度的责任心和使命感，竭尽全力，攻坚克难，终于完成了各自承担的任务，并按统一要求，形成了调研成果的 A 系列书稿。同时，有关省、自治区、直辖市还从实际情况出发，编纂了主要反映市、县调研成果的 B 系列书稿。由于各地情况不尽相同及其他原因，呈现在读者面前的丛书，将分批陆续完成和出版。

为了保证质量，我们对本丛书中由各省、自治区、直辖市完成的 A 系列书稿（即省级调研成果）实行了四级验收制，即：所有的省级调研成果，先由有关省（自治区、直辖市）课题领导小组及其聘请的省级专家验收组分别审读通过、写出书面意见；然后提交到中共中央党史研究室课题组。中共中央党史研究室课题组审读后，再聘请国内知名专家审读书稿，提出书面意见。对每次审读提出的意见，各省、自治区、直辖市课题组都认真研究落实，对书稿进行反复修改，或是说明相关情况，直到符合要求。由一批专家完成的 A 系列书稿（即带全局性的专门课题调研成果），也通过类似的办法验收。主要反映市、县调研成果的 B 系列书稿，则由有关省、自治区、直辖市党史研究室组织验收。各种调研成果验收修改的过程，同时也是调研的深化过程、提高过程。经过反复修改补充的成果，在质量上都有明显提高。

中共中央党史研究室课题组在中共中央党史研究室室委会和分管室副主任的具体领导下开展工作。中共中央党史研究室几任主要领导同志即曲青山和孙英、李景田、欧阳淞主任，非常关心和重视本课题调研工作的开展。分管这项工作的室副主任李忠杰同志始终严格把握政治方向，精心部署和安排，明确提出创建"精品工程、基础工程、警世工程、传世工程"的要求，给工作指明方向，还及时领导解决调研过程中遇到的种种困难和问题。各地同志和有关专家同中共中央党史研究室课题组保持密切联系，对中共中央党史研究室课题组的工作给予了积极配合和支持。

中共中央党史研究室课题组由李忠杰、霍海丹、李蓉、姚金果、李颖、王志刚、王树林、杨凯等同志组成。先后担任中共中央党史研究室第一研究部领导职务的黄修荣、刘益涛、蒋建农同志参与了课题调研部分和审改的工作。中共中央党史研究室科研管理部、办公厅的部分同志也参与了有关工作。特别是在北京市和山东省召开的两次全国性会议，中共中央党史研究室科研管理部、办公厅的有关同志自始至终参与了繁忙的会务工作，付出了大量心血和辛勤劳动。

在李忠杰同志直接领导下，中共中央党史研究室课题组承担了组织指导与协调推进各地课题调研和联系有关专家完成全局性专题调研的繁重任务。在人手十分有限的条件下，课题组同志们近10年如一日，以对民族负责、对历史负责的自觉精神，克服困难，埋头苦干，为圆满完成任务做了大量工作。计先后编发213期达60多万字的《工作简报》，同各省、自治区、直辖市的同志和有关专家进行了数以千次、万次的电话联系及当面沟通，先后到10多个省、自治区、直辖市实地调查、参加会议，了解情况，当面指导，协助各地完成调研工作，或邀请有关地方的同志到北京进行座谈；还组织22个省、自治区、直辖市课题组编纂《抗日战争时期全国重大惨案》，同中央档案馆联合编辑《抗日战争时期解放区人口伤亡和财产损失档案选编》，同中国第二历史档案馆、中国人民解放军档案馆联合编辑其馆藏的相关档案资料，撰写有关专题报告，等等。将近10年来，课题组成员虽有变动，但工作始终如一，没有延误和懈怠。

需要说明的是，《抗日战争时期中国人口伤亡和财产损失》课题，有时也简称为抗战损失课题或抗损课题。虽然有学者认为"抗战损失"或"抗损"通常只能反映抗日战争中财产方面的损失，人口伤亡不能称作损失，但考虑到当年国民政府习惯采用"抗战损失汇报"或"抗战中人口与财产所受损失统计"等表述，所以本课题参照前例，以"抗战损失"或"抗损"作为课题简称。

2014年初，根据中央领导同志的指示精神和中共中央党史研究室室委会关于做好出版和对外宣传全国抗战损失课题调研成果准备工作的要求，我们组织部分省、自治区、直辖市的分管领导和课题组成员对已经印出样本的A系列书稿再次进行复审和互审，并邀请部分承担了抗战损失专题调研任务的专家参加审稿工作。这次集中复审和互审的主要任务是：审核已经印出样本的A系列书稿，对相关数据、史实严格把关，保证课题调研结论的真实性，保证书稿没有重大差错。中共中央党史研究室主要领导同志和分管领导同志也提出要求：把工作做得再深入、再扎实一些，统一规范，责任到人，把问题消灭在书稿正式出版之前。

在复审和互审过程中，地方同志和邀请的专家以多种形式及时沟通，围绕审稿发现的问题研究讨论，和中共中央党史研究室分管领导进行交流，对一些重要的共性问题达成一致。经过复审和互审，对有关的A系列书稿做出进一步修改。在此基础上，中共中央党史研究室课题组同志又对拟第一批出版的每一部A系列书稿进行多环节的审读、检查、修改、校对，严格审核把关，尽可能如实、客观地反映调研情况和成果。

中共中央党史研究室的其他同志及一些外聘同志、从地方党史部门借调的同志，如徐玉凤、谢忠厚、杨延力、郭明泉、戴思厚、王俊云、梁亿新、宋河星、毛立红、王莹莹、茅永怀、庾新顺、李蕙芬同志等，满腔热情地参加了本课题调研的部分工作。不论是调研选题的讨论、同有关各方的联络，还是资料的整理、归类、建档等，他们都付出了辛勤的劳动。

这里，还要特别感谢国家社会科学基金规划办公室、国家新闻出版广电总局有关领导和同志对本课题调研工作的支持和帮助，感谢有关部门对丛书出版经费的支持和保证。中共党史出版社的领导汪晓军以及陈海平、姚建萍等同志，也为这套丛书的出版花费了很多心血。

我们相信，本丛书 A 系列和 B 系列各卷的陆续公开出版，必将大大有助于抗战损失课题调研成果的推广利用，有利于固化历史，更好地发挥以史为鉴、资政育人的作用。但是，我们也深知，本课题调研迄今所取得的成果，还只是阶段性的、部分的、不完全的成果。在已经取得的来之不易的成果的基础上，今后，这一课题的调研工作还要深入不懈地继续进行下去。

中共中央党史研究室课题组

2014 年 4 月 30 日